영어 문장의 결정적 패턴들

서영조

한국외국어대학교 영어과, 동국대학교 대학원 연극영화과를 졸업했다. 영어 교재
출판 분야에서 유익한 영어 학습 콘텐츠를 개발해 왔고, 전문 번역가로서
영어권 도서들과 부산국제영화제를 비롯한 여러 영화제 출품작들을 번역하고 있다.
저서로《여행 영어의 결정적 패턴들》,《거의 모든 행동 표현의 영어》,
《영어 회화의 결정적 단어들》,《디즈니 OST 잉글리시》,《디즈니 주니어 잉글리시 - 겨울왕국》,
《디즈니 주니어 잉글리시 - 토이 스토리 4》,《디즈니 영어 명대사 따라 쓰기》 등이 있고,
번역서로《브레인 룰스》,《조이풀》,《철학을 권하다》,《일생에 한 번은 가고 싶은 여행지 500》 등이 있다.

영어 문장의 결정적 패턴들

지은이 서영조
초판 1쇄 발행 2021년 8월 2일
초판 3쇄 발행 2023년 5월 15일

발행인 박효상   **편집장** 김현   **기획 · 편집** 장경희, 김효정   **디자인** 임정현
본문 · 표지디자인 고희선
마케팅 이태호, 이전희   **관리** 김태옥

종이 월드페이퍼   **인쇄 · 제본** 예림인쇄 · 바인딩

출판등록 제10-1835호   **발행처** 사람in   **주소** 04034 서울시 마포구 양화로 11길 14-10 (서교동) 3F
전화 02) 338-3555(代)   **팩스** 02) 338-3545   **E-mail** saramin@netsgo.com
Website www.saramin.com

책값은 뒤표지에 있습니다.
파본은 바꾸어 드립니다.

ⓒ 서영조 2021

ISBN
978-89-6049-905-8 14740
978-89-6049-783-2 세트

우아한 지적만보, 기민한 실사구시 사람in

영어 문장의 결정적 패턴들

Sentence Patterns for Reading

서영조 저

I / saw / the cat / go over the wall.

사람in

왜 문장 패턴을 알아야 하는가?

영어가 모국어가 아닌 우리는 영어를 10년, 20년 넘게 배워도 우리말처럼 하기가 힘듭니다. 말하는 것뿐만 아니라 의미를 해석하는 것도 쉽지 않습니다.

왜 그럴까요? 문법 지식이 부족해서이기도 하고, 어휘력이 부족해서이기도 합니다. 그러나 무엇보다 큰 이유는 '문장 패턴', 즉 '문장 구조'를 파악하는 능력이 부족해서입니다.

문장 구조란 '문장을 이루는 요소들, 즉 단어와 어구가 결합하여 쓰이는 방식'을 말합니다. 쉽게 말해서 단어들이 어떤 위치에서 쓰이는지를 얘기하는 것이죠. 문장 구조는 사람이나 건물에 비유하면 뼈대라고도 할 수 있습니다. 문장 구조를 파악할 수 있어야 주어가 무엇이고 동사가 무엇이며 목적어가 무엇인지 등을 알고 문장의 뜻을 이해할 수 있습니다. 예를 들어 '사과'라는 단어가 쓰인 문장 3개를 볼까요?

> 1) 사과가 식탁 위에 있다.
> 2) 그 아이는 사과를 좋아해.
> 3) 그 사람이 쥐고 있는 건 사과야.

사과라는 단어가 1) 문장에서는 문장 맨 앞에서 주격 조사 '가'와 결합하여 문장의 주어로 쓰였고, 2) 문장에서는 목적격 조사 '를'과 결합하여 '좋아해'라는 동사의 목적어로 쓰였으며, 3) 문장에서는 '그 사람이 쥐고 있는 건'이라는 주어를 설명하는 서술어로 쓰였습니다.

이처럼 '사과'라는 단어가 어떤 단어와 결합하여 어떤 위치에 쓰이느냐에 따라 문장에서 전혀 다른 역할을 하게 됩니다. 따라서 단어만 많이 안다고 해서 문장을 제대로 해석할 수 있는 것이 아닙니다. 문장 구조를 파악할 수 있어야 문장을 제대로 이해할 수 있습니다.

영어도 그렇습니다. in front of the building(그 건물 앞에)이라는 어구를 볼까요?

1) I'm standing in front of the building. 나 그 건물 앞에 서 있어.

2) The tree in front of the building is a cherry tree.
그 건물 앞에 있는 나무는 벚나무야.

똑같은 in front of the building이지만 우리말 해석을 봐도 성격이 다른 게 느껴집니다. 1)에서는 주어인 내가 지금 서 있는 장소를 나타내고, 2)에서는 나무 중 어떤 나무를 얘기하는지 구체적으로 설명하는 역할을 합니다. 문법적으로 얘기하면 1)에서는 동사 am standing을 꾸미는 부사구로, 2)에서는 주어인 명사 the tree를 꾸미는 형용사구로 쓰였습니다.

이렇게 같은 단어, 같은 어구가 문장에서 서로 다른 역할을 하게 된 것은 문장 구조에 따른 것입니다. 그러므로 영어를 제대로 이해하기 위해서는 문장 구조를 파악하는 능력이 필요합니다. 문장 구조를 파악하는 순간 배열된 단어나 어구의 뜻이 이해되고 전체 문장의 의미가 읽힙니다.

그렇다면 어떻게 해야 영어의 문장 구조를 잘 파악할 수 있을까요? 영어 원서를 많이 읽으라고 하는 사람들도 있습니다. 그러나 그것은 앞뒤가 바뀐 조언입니다. 영어 문장 구조를 파악하지 못하는데 어떻게 영어 원서를 읽을 수 있을까요?

영어의 문장 구조를 잘 파악하려면 다양한 영어 문장 구조를 먼저 공식처럼 익혀야 합니다. 가장 좋은 방법은 영어 문장 구조, 즉 영어 문장 패턴이 들어 있는 문장들을 많이 읽으며 문장 구조에 익숙해지는 것입니다. 이 책이 바로 그런 목적을 위해 쓰였습니다.

주어-동사-목적어로 이루어진 문장, 주어-동사-보어로 이루어진 문장, 명사 뒤에 오는 다양한 수식어구, 수동태, 분사 구문, 가정법, 도치 구문 등 다양한 문장 패턴이 쓰인 문장들을 읽으며 문장 구조를 눈과 입, 손에 익혀야 합니다. 그러다 보면 해당 문장 구조에 익숙해지고, 나중에 그 문장 구조가 쓰인 문장을 만났을 때 빠르게 문장을 파악하고 의미를 이해할 수 있습니다.

영어 문장을 읽을 때 어디부터 어디까지가 주어인지, 동사는 어떤 것인지, 길게 쓰인 어구가 무슨 역할을 하는 것인지 몰라 해석이 안 된다면 문장 구조부터 해결하세요. 뼈대를 파악해야 구체적인 형체도 파악할 수 있으니까요. 문장 구조를 파악하면 그다음은 어휘력만 보충하면 됩니다. 그러면 어떤 문장이라도 그 의미를 이해할 수 있을 것입니다.

구성

이 책은 195개의 영어 문장 패턴(문장 구조)과 2,300개 가까운 예문으로 구성되어 있습니다. 195개의 문장 패턴을 선정한 기준은 다음과 같습니다.

1 **영어를 해석하려면 기본적으로 알아야 하는 문장 패턴**
(영어 문장의 기본 형식, 다양한 문장 종류, 다양한 주어 형태 등)

2 **영어와 어순이 다른 한국어 사용자들이 어렵게 느끼는 문장 패턴**
('명사 + 수식어구'로 수식어가 명사 뒤에 오는 구조, 수동태 등)

3 **기존의 문법 지식으로는 해결하기 힘든 문장 패턴**
(도치 구문, 영어의 관용어구 등)

이 기준으로 결정적인 영어 문장 패턴 195개를 뽑아 각각 10개~20개의 예문을 수록했습니다. 학습자들은 이 예문들을 읽으며 문장 구조를 파악하고 뜻을 이해하는 과정에서 해당 문장 패턴을 자기 것으로 만들 수 있습니다. 각 예문에서 핵심이 되는 문장 패턴은 별도의 색으로 처리하여 눈에 띄고 머릿속에 쉽게 각인될 수 있게 했습니다.

예문은 문장 패턴을 효과적으로 보여 줄 뿐 아니라 알아 두면 상식이 되는 정보가 담겨 있어서 읽는 재미까지 더했습니다.

활용법

1 **본격적으로 학습을 시작하기 전에 '미리 알아두기' 부분을 꼭 읽으세요.**
이 책에 반복해서 등장하는 문법 용어들을 정리해 두었습니다.

---

2 **앞에서부터 순서대로 학습하기를 권합니다.**
기본적이고 활용도가 높은 문장 패턴에서 시작하여 좀 더 세부적이거나 난이도
가 좀 더 높은 문장 패턴들로 뻗어 나가는 구성이므로 앞에서부터 차례대로 학
습하는 것이 좋습니다.

---

3 **QR 코드를 통해 예문을 귀로 들으며 학습하세요.**
모든 예문을 원어민의 발음으로 들으며 학습할 수 있습니다. 이 책의 예문에는
인명이나 지명 등의 고유명사, 발음이 쉽지 않은 단어들이 포함돼 있으니 반드
시 QR 코드를 찍어서 들으며 발음을 확인하세요. 학습을 위해 조금 느린 속도
로 녹음돼 있습니다. 가능한 경우에는 원어민의 낭독을 따라 예문을 직접 읽어
보는 것도 좋습니다.

---

4 **예문은 가능한 한 직접 해석해 보세요.**
학습의 편의를 위해 예문 아래에 해석을 실어 두었지만, 주어, 동사, 목적어, 보
어, 수식어 등 문장 요소를 스스로 찾고 직접 해석해 보기를 권합니다. 각 문장
패턴마다 문장 구조를 소개하며 간단히 설명을 해 두었으니 그것을 참고하여 예
문들을 직접 해석해 볼 수 있을 것입니다. 직접 해 볼수록 여러분의 실력이 늘어
납니다.

---

5 **문장을 따라 쓰세요.**
발음을 확인하고 해석까지 해 보았다면 조금 더 품을 들여 문장을 직접 써 보세
요. 소리 내어 읽으면서 쓰면 더 좋습니다. 직접 쓰고 말로 하는 과정에서 문장
패턴을 더 확실히 익힐 수 있기 때문입니다.

PART 1   미리 알고 가야 할 패턴들

CHAPTER 1   문장 요소들의 다양한 결합

CHAPTER 2 | 문장의 여러 종류

PART 2 안 보이던 문장이 눈에 들어오다

CHAPTER 1 다양한 모습의 주어

CHAPTER 2 다양한 형태의 수식어구

CHAPTER 3 미묘한 뉘앙스의 이유, 시제

CHAPTER 4 뉘앙스의 절친, 조동사

CHAPTER 5 행위의 초점이 바뀌는 수동태

PART 3 리딩에 속도가 붙다

CHAPTER 3 | 문장 연결하기

PART 4 리딩이 쉬워지다

CHAPTER 1 영어가 한눈에 들어오는 관용 표현

CHAPTER 2 | 특수구문

부록

문장을 이루는 요소 1
주어, 동사, 목적어, 보어, 수식어

문장은 여러 요소들이 모여 이뤄지는데, 그 요소들을 역할에 따라 나누면 주어, 동사, 목적어, 보어, 수식어가 있다.

---

1 주어

'누가/무엇이 ~하다/이다'에서 '누가/무엇이'에 해당하는 말로, 행위나 상태의 주체가 되는 요소여서
주어라고 부른다. 명사와 대명사, 그 외에 명사 역할을 하는 단어나 구, 절이 주어로 쓰인다.

Jane jogs every morning. 제인은 매일 아침 조깅을 한다.
주어(명사)

He loves his wife. 그는 자기 부인을 사랑한다.
주어(대명사)

Living a regular life is good for our health. 규칙적인 생활을 하는 것이 건강에 좋다.
주어(동명사)

That he is honest is known to all. 그가 정직하다는 건 모두에게 알려져 있다.
주어(절)

---

2 동사

'누가/무엇이 ~하다/이다'에서 '~하다, ~이다'에 해당하는 말로, 주어의 행동이나 상태를 나타낸다.
영어에서 동사는 크게 be동사와 일반동사, 조동사로 나눌 수 있다. 조동사는 동사의 의미를 보조하는 동사로,
be동사나 일반동사에 없는 의미를 덧붙이기도 하고, 부정문과 의문문을 만들기도 하며, 시제를 나타내기도 한다.
단독으로는 쓰이지 못한다.

Living a regular life **is** good for our health. 규칙적인 생활을 하는 것이 건강에 좋다.
주어(동명사)　　　　　동사(be동사)

What he said **doesn't** **matter** to me. 그가 한 말은 나한테 중요하지 않다. (**doesn't**이 부정과 현재 시제를 나타냄)
주어(명사절)　　조동사　　동사(일반동사)

Olivia **can** **speak** German since she was born and raised in Germany.
주어　　조동사　일반동사
올리비아는 독일에서 나고 자라서 독일어를 할 수 있다. (**can**이 '능력'의 의미를 더함)

---

3 목적어

'누가 ~을 …하다'에서 '~을'에 해당하는 말로, 동사의 행동의 대상이다. 명사, 대명사, 그 외에
명사 역할을 하는 단어, 구, 절이 목적어로 쓰인다.

Kevin sent **a text message** to me. 케빈이 나에게 문자 메시지를 보냈다.
주어　동사　　목적어(명사)

Jane hated it. 제인은 그것을 몹시 싫어했다.
　　주어　　동사　목적어(대명사)

My brother started studying math. 내 동생이 수학을 공부하기 시작했다.
　　　주어　　　　동사　　　목적어(동명사)

영어에는 '누가 ～에게 ～을 …하다'라는 구조의 문장이 있는데, 이런 문장의 경우
'～에게'와 '～을'이 모두 목적어다. '～에게'를 간접목적어, '～을'을 직접목적어라고 한다.

Kevin sent Jacqueline a text message. 케빈이 재클린에게 문자 메시지를 보냈다.
　주어　　동사　　간접목적어　　　　직접목적어

4　보어

보어는 문장에서 주어와 목적어를 보충 설명하는 말이다. 보어가 없으면 문장이 성립되지 않는다.
명사나 형용사, 명사나 형용사 역할을 하는 구나 절이 보어로 쓰인다.

The man was a member of the choir.
　　주어　　동사　　　주격 보어(명사구)

그 남자는 그 합창단 단원이었다. (주어인 그 남자가 누구인지 설명)

Her daughter's smile made Emily so happy.
　　　　주어　　　　　동사　　목적어　목적격 보어(형용사)

딸아이의 미소가 에밀리를 행복하게 만들었다. (목적어인 에밀리의 상태가 어떤지 보충 설명)

5　수식어

주어, 동사, 목적어, 보어를 꾸며서 의미를 더 구체적으로 만드는 말이다. 형용사나 부사 등
하나의 단어일 수도 있고, 몇 개 단어로 이루어진 형용사구/부사구나 형용사절/부사절일 수도 있다.

It was incredibly cold the last few days.
　　　(형용사 **cold**를 수식하는 부사)

지난 며칠간 믿기지 않을 정도로 추웠다.

The tree in front of the house is a white birch.
　　　(명사 **the tree**를 수식하는 형용사구)

그 집 앞에 있는 나무는 흰자작나무이다.

**The first human that journeyed into outer space was Soviet cosmonaut
Yuri Gagarin.** (명사 **the first human**을 수식하는 관계대명사절 : 형용사절)

우주 공간으로 여정을 떠난 최초의 인간은 소련의 우주비행사 유리 가가린이었다.

I'm tired as I didn't sleep well last night.
　　　　(문장 전체를 수식하는 접속사절 : 부사절)

어젯밤에 잠을 잘 못 자서 피곤하다.

단어, 구, 절

영어 문장을 이루는 요소들을 형태에 따라 나누면 단어, 구, 절이 있다. 단어와 달리 구와 절은 두 개 이상의 단어가 덩어리 지어 쓰인다. 단어가 모여 구 또는 절을 이루고, 구와 절이 모여 문장을 만든다.

---

1 구

구는 둘 이상의 단어가 모인 하나의 덩어리로서 명사, 형용사, 부사처럼 쓰이면서 문장 안에서
주어나 동사, 목적어, 보어, 수식어 역할을 한다.

1) 명사구 : 주어, 목적어, 보어로 쓰인다.

Walking in the snow reminds me of my childhood. (주어로 쓰이는 명사구)
눈 속을 걸으면 어린 시절이 떠오른다. (= 눈 속을 걷는 건 내게 어린 시절을 상기시킨다.)

She visited **many Asian and European countries**. (동사의 목적어로 쓰이는 명사구)
그녀는 많은 아시아와 유럽 국가를 방문했다.

The teacher took care of **more than 20 students**. (전치사의 목적어로 쓰이는 명사구)
그 선생님은 20명이 넘는 학생을 돌봤다.

He was **an English novelist of the 18th century**. (주격 보어로 쓰이는 명사구)
그는 18세기의 영국 소설가였다.

2) 형용사구 : 명사를 꾸미거나 보어로 쓰인다.

The girl **wearing a yellow shirt** is Ms. Kimberly's daughter. (명사를 수식)
노란색 셔츠를 입고 있는 소녀가 킴벌리 씨의 딸이다.

My mother is **in good health**. (주격 보어)
우리 엄마는 건강하시다.

3) 부사구
: 동사, 형용사, 부사, 문장 전체를 꾸미며, 시간, 장소, 정도, 방법, 이유, 원인, 목적 등을 나타낸다.

My cat is sleeping **in the cat tower**. (장소)
내 고양이가 캣 타워에서 자고 있다.

She learned to swim **several years ago**. (시간)
그녀는 몇 년 전에 수영하는 걸 배웠다.

I made some sandwiches **for the picnic**. (목적)
나는 소풍 가려고 샌드위치를 몇 개 만들었다.

He was happy **to get accepted to the university he wanted**. (원인)
그는 가고 싶었던 대학에 입학 허가를 받아서 기뻤다.

4) 동사구 : 동사 역할을 한다.

It's too hot in here. Could you turn on the air conditioner?
여기 너무 덥네요. 에어컨 좀 켜 주시겠어요?

Her novels often dealt with the subject of war. 그녀의 소설은 전쟁을 주제로 종종 다뤘다.

---

2 절

절은 구와 달리 주어와 동사가 들어 있고, 명사, 형용사, 부사처럼 쓰여서 문장 안에서 주어나 목적어, 보어, 수식어 역할을 한다.

1) 명사절 : 주어, 목적어, 보어로 쓰인다.

What I want to say is that the movie was hard to understand. (주어)
What I want to say is that the movie was hard to understand. (보어)
내가 말하고 싶은 건 그 영화가 이해하기 어려웠다는 것이다.

I don't know if she will attend the conference or not. (목적어)
그녀가 그 회의에 참석할지 안 할지 모르겠다.

2) 형용사절 : 명사를 꾸민다.

This is a movie that the director prepared for seven years. (a movie를 수식)
이건 그 감독이 7년 동안 준비한 영화다.

This is the house that the architect couple designed themselves and live in. (the house를 수식)
이건 그 건축가 부부가 직접 설계하고 현재 살고 있는 집이다.

3) 부사절 : 시간, 이유, 원인, 조건, 목적, 결과 등의 의미를 나타내며, 부사로 쓰인다.

I liked geography when I was in high school. (시간)
고등학교 때 난 지리를 좋아했다.

We couldn't play badminton because it rained today. (이유)
오늘 비가 와서 우리는 배드민턴을 못 쳤다.

Let's go on a picnic if the weather is okay this Saturday. (조건)
이번 주 토요일에 날씨가 좋으면 소풍 가자.

He works out almost every day so that he can stay healthy. (목적)
그는 건강하게 지내려고 거의 매일 운동을 한다.

---

3 문장

문장은 단어, 구, 절이 모여서 이뤄지며, 주어와 동사, 그리고 동사가 필요로 하는 목적어나 보어를 갖추고 있고 마침표나 물음표, 느낌표로 끝난다.

PART 1

미리 알고 가야 할 패턴들

CHAPTER 1

문장 요소들의 다양한 결합

Dinosaurs disappeared about 65 million years ago.

▶주어가 ～하다

공룡은 약 6천5백만 년 전쯤 사라졌다.

- 사실 '주어＋동사'로만 이루어진 문장은 많지 않다. 동사가 목적어나 보어를 갖거나 수식어(구)가 있는 문장이 대부분이다.
- about 65 million years ago(약 6천5백만 년 전에)는 때를 나타내는 수식어구

패턴에 유의하며 각 문장을 새겨 읽고 의미를 파악해 보세요.

1 **About 100 car accidents occur** in the city every day.
그 도시에서는 매일 100여 건 정도의 교통사고가 발생한다.

2 **At least 40,000 plant species live** in the Amazon rain forest.
적어도 4만 개의 식물 종이 아마존 열대우림에 서식하고 있다.

3 **A lot of people around the world believe** in the existence of god.
전 세계 많은 사람들이 신의 존재를 믿는다.

4 **Paul Gauguin stayed** in the Caribbean island of Martinique in 1887.
1887년에 폴 고갱은 카리브해의 섬 마르티니크에서 지냈다.

5 **The ambulance arrived** at 11:23 p.m., 7 minutes after he called 911.
그가 911에 전화하고 7분 뒤인 밤 11시 23분에 구급차가 도착했다.

6 **Astronomer Carl Sagan died** from myelodysplasia at the age of 62
in 1996.
천문학자 칼 세이건은 1996년 62세의 나이에 골수이형성증으로 사망했다.

7 **Indigenous Polynesian people came** to New Zealand between 1320
and 1350.
폴리네시아 원주민들은 1320년과 1350년 사이에 뉴질랜드로 왔다.

8 **A huge kinetic sculpture called** *Hammering Man* **stands** in front of
the building.
'망치질 하는 남자'라는 움직이는 거대한 조각상이 그 건물 앞에 서 있다.

9 **World War I started** as a result of the murder of the Archduke Franz
Ferdinand.
제1차 세계 대전은 프란츠 페르디난트 대공 암살의 결과로 시작되었다.

10 **The campaign succeeded** in raising public awareness of environmental
protection.
그 캠페인은 환경 보호에 대한 대중의 인식을 높이는 데 성공했다.

Madagascar **is** in the Indian Ocean east of Africa.

▶주어가 ~에 있다

마다가스카르는 동아프리카 인도양에 있다.

- be동사에는 '있다(존재)'와 '~이다/(상태가) ~하다'라는 두 가지 뜻이 있는데, 여기서는 '있다'의 뜻이다.
- be동사가 '있다'의 의미일 때는 보통 뒤에 장소를 나타내는 부사구가 온다.

패턴에 유의하며 각 문장을 새겨 읽고 의미를 파악해 보세요.

1 An old man was **on the porch of the house with a blue roof.**
한 노인이 푸른색 지붕의 집 현관에 있었다.

2 Washington, D. C. is **not in the state of Washington.**
워싱턴 D. C.는 워싱턴 주에 있지 않다.

3 Morocco is **in North Africa, facing Spain to the north.**
모로코는 북아프리카에 있고, 북쪽으로 스페인을 마주보고 있다.

> facing Spain to the north에서 facing은 '(그리고) ~를 마주하고 있다'의 의미

4 Singapore is **in the southern tip of the Malay Peninsula.**
싱가포르는 말레이반도 남쪽 끝에 있다.

5 Sweden is **in the east of Norway and in the west of Finland.**
스웨덴은 노르웨이의 동쪽, 핀란드의 서쪽에 있다.

6 Times Square is **in the Midtown Manhattan district of New York City.**
타임스 스퀘어는 뉴욕 시의 미드타운 맨해튼 지구에 있다.

7 A girl with a doll in her hand was **in the waiting room by herself.**
손에 인형을 든 소녀가 혼자 대합실에 있었다.

8 The global headquarters of Google is **in Mountain View, California.**
구글의 글로벌 본사는 캘리포니아주 마운틴뷰에 있다.

9 Guggenheim museums are **in the U. S., Spain, Mexico, Germany, etc.**
구겐하임 미술관은 미국, 스페인, 멕시코, 독일 등에 있다.

10 Lake Baikal, **the largest freshwater lake in the world, is in southern Siberia, Russia.**
세계 최대 담수호인 바이칼 호수는 러시아의 남부 시베리아에 있다.

> Lake Baikal과 the largest freshwater lake in the world는 같은 것을 가리키는 '동격'

1형식 : **There is + 주어(단수 명사) / There are + 주어(복수 명사)**

MP3 003

There **is a fountain** in front of the White House.
▶ 주어가 (~에) 있다

백악관 앞에 분수가 하나 있다.

- There is는 무언가가 있다는 의미를 나타낼 때 쓰는 표현이다.
- 과거 시제 : There was/were ~(~가 있었다), 미래 시제 : There will be ~(~가 있을 것이다),
  완료 시제 : There has been/have been ~(~가 있어 왔다), There had been ~((과거보다 전에) ~가 있었다)
- 'There + 조동사 + be동사' 구문으로도 쓸 수 있다.

패턴에 유의하며 각 문장을 새겨 읽고 의미를 파악해 보세요.

1 **There** is a book called *To Kill a Mockingbird*.
《앵무새 죽이기》라는 책이 있다.

2 **There** is a healthcare app that takes your temperature.
체온을 측정하는 건강관리 앱이 있다.

3 **There** are over 160,000 lakes **in Finland, the country of lakes.**
호수의 나라 핀란드에는 16만 개가 넘는 호수가 있다.

4 **There** are no direct trains from Edinburgh to that city.
에든버러에서 그 도시까지 가는 직행 열차는 없다.

> There is/are의 부정형은 There isn't/aren't로 쓸 수도 있고, There is/are no/never ~로 쓸 수도 있다.

5 **There** has been a lot of concern about a big earthquake.
큰 지진 발생에 대해 많은 우려가 (예전부터) 있어 왔다.

6 **There** was a time when most people got married in their twenties.
대부분의 사람들이 20대에 결혼을 하던 때가 있었다.

7 **There** may be some employees who are not content with their salary.
자기 급여에 만족하지 않는 직원들이 있을 수 있다. (There + 조동사 + be동사 + 주어)

8 **There** are students who double-major in politics and business administration.
정치학과 경영학을 복수 전공하는 학생들이 있다.

9 **There** were a lot of red-brick houses **on that street when I was little.**
내가 어렸을 때는 그 거리에 빨간 벽돌집이 많았다.

10 **There** will be a day when the people of the two countries will come together.
두 나라 국민들이 한데 모일 날이 있을 것이다.

MP3 004

There **remains some doubt** over the man's testimony.

▶주어가 ~하다

그 남자의 증언에 대해서 약간의 의심이 남아 있다.

- 사람/사물/사실로 관심을 끌려 할 때 'There + 일반동사 + 주어(사람/사물/사실)' 구문을 쓸 수 있다.
- 이 구문에는 come(오다), go(가다), stand(세워져 있다, 서 있다), live(살다), follow(뒤따르다), seem(to be ~인 것 같다), appear(to be ~인 것처럼 보이다) 등의 동사가 주로 쓰인다.

패턴에 유의하며 각 문장을 새겨 읽고 의미를 파악해 보세요.

1   **There** goes an ambulance **with its siren blaring.**
구급차가 사이렌을 요란하게 울리며 지나간다.

2   **Once upon a time there** lived a king named Alexander.
옛날에 알렉산더라는 이름의 왕이 살았다.

3   **There** appears **to be** a problem **with the printing machine.**
인쇄기에 뭔가 문제가 있는 것처럼 보인다.

> There appears to be ~ : ~인 것처럼 보이다, ~인 것 같다

4   **There** seems **to be** some misunderstanding **between the two.**
그 둘 사이에 뭔가 오해가 있는 것 같다.

> 4, 6, 10번 문장의 There seems to be ~ : ~인 것 같다

5   **There** followed hoarding of daily necessities **after the earthquake.**
지진이 일어난 후 생필품 사재기가 뒤따랐다.

6   **There** seems **to be** no way to stop the epidemic from spreading.
그 전염병이 퍼지는 걸 막을 방법이 없는 것 같다.

7   **There** stands a clock tower **in front of the community center building.**
주민 센터 건물 앞에 시계탑이 서 있다.

8   **There** will come a point in your life when you realize what really matters.   살다 보면 정말 중요한 게 뭔지 깨닫는 순간이 올 것이다.

9   **There** comes a time everyone should make a big decision regarding their lives.   누구나 자기 삶에 대해 큰 결정을 내려야 할 때가 온다.

10   **There** seems **to be** some perverse human characteristic that likes to make easy things difficult. **(Warren Buffett)**
인간에게는 쉬운 일을 어렵게 만들기 좋아하는 변태적 특성이 있는 것 같다. (워런 버핏)

Ottawa **is the capital city of Canada**.
▶ 주어는 ~이다/(어떠)하다

오타와는 캐나다의 수도다.

• be동사를 기준으로 앞에 오는 것은 문장 전체의 주체(주어), 뒤에 오는 것은 주어와 같은 것을 가리키거나 주어의 상태를 설명하는 어구(보어)다.

패턴에 유의하며 각 문장을 새겨 읽고 의미를 파악해 보세요.

1 The Tibetan Plateau **is the world's highest and largest plateau**.
티베트 고원은 세계에서 가장 높고 넓은 고원이다.

2 Everyone was embarrassed **by the man's behavior.**
모두가 그 남자의 행동에 당황했다.

3 Always remembering one's goal in life **is important**.
삶의 목표를 늘 기억하는 것이 중요하다.

> 주어는 Always ~ life까지다. 좁게 보면 동명사 remembering이 주어인데,
> remembering이 목적어 one's goal in life를 취하고 앞에서 부사 always가 꾸미는 구조다.

4 The man was frustrated **to fail in the scenario contest again.**
그 남자는 시나리오 공모에 또 떨어져서 좌절했다.

5 Facebook **is the largest social media with over 2 billion users**.
페이스북은 20억 명이 넘는 사용자를 보유한 최대 규모의 소셜 미디어다.

6 Saturn **is the second largest planet in the solar system after Jupiter**.
토성은 태양계에서 목성 다음으로 가장 큰 행성이다.

7 They were thrilled **to hear that the soccer team had won the match.**
그들은 그 축구팀이 시합에서 이겼다는 걸 듣고 무척 기뻤다.

8 Barack Obama **was the first African-American president of the United States**.
버락 오바마는 미국 최초의 흑인 대통령이었다.

9 Whales **are mammals that give birth to young and provide milk for their young**.
고래는 새끼를 낳아서 젖을 먹이는 포유동물이다.

10 Coronaviruses **are a group of viruses that cause respiratory tract infections in humans**.
코로나바이러스는 인간에게 호흡기 감염을 일으키는 바이러스군이다.

2형식 : 주어 + become류 동사 + 보어(명사(구)/형용사)

MP3 006

Fine dust has become a serious problem.

▶주어가 ~가 되다/~하게 되다

미세먼지가 심각한 문제가 되었다.

- become류 동사 : become, get, grow, turn, go 등 변화를 나타내는 동사

패턴에 유의하며 각 문장을 새겨 읽고 의미를 파악해 보세요.

1 **The sky grew dark** as the solar eclipse began.
일식이 시작되면서 하늘이 어두워졌다.

2 **The leaves turn red and yellow** in autumn.
가을에는 나뭇잎이 붉고 노랗게 변한다.

3 **Such things have gone out of date** already.
그런 것들은 이미 구식이 되었다.

> out of date : '뒤떨어진, 구식이 된'이라는 뜻의 형용사

4 **Elizabeth II became the British monarch** in 1952.
엘리자베스 2세는 1952년에 영국 국왕이 되었다.

5 **The caterpillar becomes a butterfly** in several days.
애벌레가 며칠 만에 나비가 된다.

6 **The milk went bad** as I left it at room temperature.
내가 상온에 뒀더니 우유가 상했다.

7 **In November,** everyday gets shorter and shorter.
11월에는 매일 낮이 점점 더 짧아진다.

8 **His attitude suddenly turned cold** in the last few days.
그의 태도가 지난 며칠 사이에 갑자기 차갑게 변했다.

9 **The United States became an independent country** in 1776.
미국은 1776년에 독립 국가가 되었다.

10 **The man got embarrassed** when the woman told him about the incident.
그 남자는 여자가 그 사건에 대해 이야기하자 당황했다.

2형식 : 주어 + 동사 + 보어(to부정사/동명사)

MP3 007

Her dream was to perform in a Broadway musical.

▶주어는 ~하는 것이다

그녀의 꿈은 브로드웨이 뮤지컬에서 공연하는 것이었다.

- 보어 자리에 to부정사를 쓰면 미래의 일을 나타내는 경우가 많고, 동명사를 쓰면 주로 과거나 현재의 일과 관련 있다.

패턴에 유의하며 각 문장을 새겨 읽고 의미를 파악해 보세요.

1   **Their goal is to restore the ecosystem of the forest.**
    그들의 목표는 그 숲의 생태계를 복원하는 것이다.

2   **My plan for this year is getting healthier than last year.**
    올해 내 계획은 작년보다 더 건강해지는 것이다.

3   **Her hobby is watching TV documentaries about world history.**
    그녀의 취미는 세계사에 대한 TV 다큐멘터리를 보는 것이다.

4   **All we can do is to do our best and then wait for the result.**
    우리가 할 수 있는 일은 최선을 다한 다음 결과를 기다리는 것이 전부다.

    > 'All + 주어 + 동사'는 '주어가 ~하는 모든 것'이라는 뜻으로, All we can do는 '우리가 할 수 있는 모든 것'이라는 뜻이다.
    > 8번 문장의 All I have to do도 같은 구조

5   **The team's dream is winning a gold medal in the Olympic games.**
    그 팀의 꿈은 올림픽 경기에서 금메달을 따는 것이다.

6   **The director's dream was to win Palme d'Or at Cannes film festival.**
    그 감독의 꿈은 칸 영화제에서 황금종려상을 타는 것이었다.

7   **Their only wish was to make their daughter a world renowned pianist.**
    그들의 유일한 바람은 자신들의 딸을 세계적인 피아니스트로 만드는 것이었다.

8   **All I have to do is to check the numbers and names of the participants.**
    내가 해야 하는 일은 참석자들의 번호와 이름을 확인하는 것이 전부다.

9   **Today's children's favorite pastime is doing something with their smartphones.**
    요즘 아이들이 가장 좋아하는 취미는 스마트폰을 가지고 뭔가를 하는 것이다.

10 **The best way to learn a foreign language is to live in the country where it's spoken.**
    외국어를 배우는 가장 좋은 방법은 그 언어를 쓰는 나라에서 사는 것이다.

SENTENCE PATTERN 008

2형식 : 주어 + 동사 + 보어(의문사 + to부정사)

MP3 008

The question is how to persuade the people on the other side.

▶주어는 무엇을/누구를/어떻게/언제/어디서 ~하는 것이다

문제는 반대편 사람들을 어떻게 설득하느냐 하는 점이다.

- '의문사 + to부정사' : what/whom/how/when/where + to부정사
- 'why + to부정사' 형태는 쓰지 않으며, 'how + to부정사'는 '~하는 방법'으로 해석하는 경우가 많다.

패턴에 유의하며 각 문장을 새겨 읽고 의미를 파악해 보세요.

1 **The problem with plastic is how to dispose of it.**
플라스틱의 문제는 그걸 어떻게 없애느냐다.

2 **The question is how to make pasta without salt.**
문제는 소금 없이 어떻게 파스타를 만들 것이냐다.

3 **What I want to know is how to do it by myself.**
내가 알고 싶은 것은 그걸 나 혼자 어떻게 하느냐다.

> What I want to know에서 what은 '무엇'이 아니라 '~하는[한/할] 것'이라는 뜻
> 5, 8, 10번 문장에서 What도 같은 의미

4 **All they need to know is when and where to leave.**
그들이 알아야 할 것은 언제 어디서 떠나느냐가 전부다.

> All they need to know에서 All은 '~하는[한/할] 모든 것'이라는 뜻

5 **What he has to decide is when to step down from office.**
그가 결정해야 하는 것은 자리에서 언제 내려오느냐다.

6 **The most important thing is with whom to do the project.**
가장 중요한 것은 누구와 그 프로젝트를 하느냐다.

7 **The remaining issue is where to hold this year's ceremony.**
남아 있는 문제는 올해의 의식을 어디서 여느냐다.

8 **What he wants to know is how to improve his English accent.**
그가 알고 싶은 것은 자신의 영어 악센트를 어떻게 개선하느냐다.

9 **The only question is what kind of paper to use for the book.**
유일한 문제는 그 책에 어떤 종이를 사용할 것이냐다.

10 **What is important is what to do first when an accident happens.**
중요한 것은 사고가 났을 때 무엇을 먼저 하느냐다.

2형식 : 주어 + 동사 + 보어(접속사 that절)

MP3 009

The truth is that fat is also necessary for our body.
▶주어는 ~라는 것이다

사실은 지방도 우리 몸에 필요하다는 점이다.

- 'that + 주어 + 동사 ~'가 주어의 내용을 보충 설명하는 경우인데, 때로 that을 생략하기도 한다.

패턴에 유의하며 각 문장을 새겨 읽고 의미를 파악해 보세요.

1 The problem is that we don't have enough time now.
문제는 지금 우리가 시간이 충분하지 않다는 것이다.

2 The point is that they must strive for change and innovation.
요점은 그들이 변화와 혁신을 위해 부단히 노력해야 한다는 것이다.

3 My advice is that you go to bed earlier and exercise regularly.
제가 드리는 조언은 더 일찍 잠자리에 들고 규칙적으로 운동을 하라는 것입니다.

4 What is important is that we should not give up until the end.
중요한 것은 우리가 끝까지 포기하면 안 된다는 것이다.

> 4. 6. 9번 문장의 What은 '~하는[한/할] 것'이라는 뜻

5 My decision is that I will not cooperate with him on the project.
나는 그 프로젝트에서 그와 협업하지 않기로 결정했다. (= 내 결정은 그 프로젝트에서 그와 협업하지 않겠다는 것이다.)

6 What I'm saying is that everyone has his or her own way of life.
내 말은 모두가 자기만의 생활 방식이 있다는 거야.

> What I'm saying is (that) ~ : 내 말은 ~

7 The thing is that it's not easy to predict the result of the election.
문제는 선거 결과를 예측하는 게 쉽지 않다는 점이다.

> The thing is (that) ~ : 문제는 ~, 중요한 것은 ~

8 The fact is that millions of people still live in poverty all over the world.
사실은 전 세계에서 수백만 명이 여전히 빈곤 속에 살고 있다는 점이다.

9 What I know is that the man is a former member of the National Assembly.
내가 아는 것은 그 남자가 전직 국회의원이라는 사실이다.

10 The doctor's advice was that I should not eat raw vegetables or dairy products. 의사의 조언은 내가 생채소나 유제품을 먹으면 안 된다는 것이었다.

The point is who will take charge of that.

▶주어는 무엇을[무엇이]/누가[누구를]/어떻게/언제/어디서/왜 ~냐는 것이다

중요한 것은 누가 그것을 책임질 것이냐다.

• 의문사절 : what/which/who/how(+형용사/부사)/when/where/why + 주어 + 동사

패턴에 유의하며 각 문장을 새겨 읽고 의미를 파악해 보세요.

1 **The point is how long the medicine lasts.**
중요한 것은 그 약의 약효가 얼마나 오래 지속되느냐다.

2 **The only question is who will take up the post.**
유일한 문제는 누가 그 직책을 맡느냐다.

3 **The problem is where the event will be held in case it rains.**
문제는 비가 올 경우에 그 행사를 어디서 열 것이냐다.

4 **What the reporter asks is who is responsible for the situation.**
그 기자가 묻는 것은 그 사태에 누가 책임이 있느냐다.

> 4, 5, 7, 8, 9번 문장에서 What은 '~하는[한/할] 것'이라는 뜻

5 **What I want to know is when the new law will come into effect.**
내가 알고 싶은 것은 언제 새 법이 효력을 발휘하느냐다.

6 **The question is why the writer declared that she would stop writing.**
의문점은 왜 그 작가가 절필을 선언했느냐다.

7 **What they want to know is how much the admission fee of the park is.**
그들이 알고 싶은 것은 그 공원의 입장료가 얼마냐다.

8 **What is important is which hospital can accept and treat the injured people.** 중요한 것은 어떤 병원이 부상자들을 받아들여 치료할 수 있느냐다.

> which는 의문 형용사로 뒤에 명사가 오며 '어떤[어느] ~'로 해석한다.

9 **What she's asking is how long it takes to go from London to Paris by Eurostar.**
그녀가 묻고 있는 것은 유로스타로 런던에서 파리까지 가는 데 얼마나 걸리느냐다.

10 **The thing is what the governments will do regarding the spread of the epidemic.**
중요한 것은 정부들이 전염병 확산에 대해 무엇을 할 것이냐다.

2형식 : 주어 + 동사 + 보어(관계대명사 what절)

This is what they do to promote the product.

▶ 주어는 ~하는[한/할] 것이다

이것이 그 상품을 홍보하기 위해 그들이 하는 일이다.

• what이 '무엇'이 아니라 '~한[하는/할] 것'으로 해석되면 관계대명사로 쓰인 것이며, 앞에 선행사인 명사가 없다.

패턴에 유의하며 각 문장을 새겨 읽고 의미를 파악해 보세요.

1 **It is what the citizens have long wanted.**
그것이 시민들이 오랫동안 원해 온 것이다.

2 **This is what the artist drew for over 10 years.**
이것은 그 화가가 10년 넘는 시간 동안 그린 것이다.

3 **That is what the students decided through a vote.**
그것이 학생들이 투표를 통해 결정한 것이다.

4 **This column is what the novelist wrote for the paper.**
이 칼럼은 그 소설가가 그 신문에 기고했던 것이다.

5 **This is what British people usually eat for breakfast.**
이것이 영국인들이 아침으로 보통 먹는 것이다.

6 **They are what the members made for the charity flea market.**
그것들은 회원들이 자선 벼룩시장을 위해 만든 것들이다.

7 **These stamps are what the man has collected for forty years.**
이 우표들은 그 남자가 40년 동안 모아 온 것이다.

8 **It is what the people of the country did to gain independence.**
그것이 독립을 쟁취하기 위해 그 나라 국민들이 한 일이다.

9 **That railway is what the prisoners of war built during the 1940s.**
그 철도는 1940년대에 전쟁 포로들이 건설한 것이다.

10 **It is what Mr. Brown has been searching for since this morning.**
그것이 브라운 씨가 오늘 아침부터 계속 찾아 헤맨 것이다.

2형식 : 주어 + look/feel + 형용사
주어 + look like/feel like + 명사
주어 + look like/feel like + 주어 + 동사

The book looks interesting and informative.

▶주어는 ~하게 보인다/느껴진다, 주어는 ~처럼 보인다/~한 기분이다

그 책은 흥미롭고 유익해 보인다.

- look/feel 뒤에는 형용사가 오고 look/feel like 뒤에는 명사나 '주어+동사'인 절이 오는 데 주의한다.
- look과 seem을 '~해 보이다'라고 해석하지만, look은 눈으로 보고, seem은 전체적으로 판단하여 말한다는 차이가 있다.

패턴에 유의하며 각 문장을 새겨 읽고 의미를 파악해 보세요.

1 **The old politician looks stubborn and strict.**
그 나이 든 정치가는 고집 세고 엄격해 보인다.

2 **This blanket feels really soft and warm.**
이 담요는 정말 감촉이 부드럽고 따뜻하다.

3 **The peaks look like a lying man's face.**
그 봉우리들은 누워 있는 사람의 얼굴처럼 보인다.

4 **At that time I felt like I was walking on air.**
그때 나는 마치 공중을 걷는 기분이었다.

5 **The brown jacket looks a little bit small for him.**
그 갈색 재킷은 그에게 조금 작아 보인다.

6 **She felt a lot better after a good night's sleep.**
그녀는 하룻밤 잘 자고 나니 몸이 훨씬 나아졌다.

7 **Hotel Burj Al Arab in Dubai looks like a sail of a ship.**
두바이의 부르즈 알 아랍 호텔은 배의 돛 모양처럼 보인다.

8 **The students felt inspired after listening to the historian's lecture.**
그 역사학자의 강연을 듣고 나서 학생들은 영감을 받은 기분이 들었다.

9 **The doctors and nurses looked really tired after days of hard work.**
의사와 간호사들은 며칠간의 강행군 뒤라 무척 피곤해 보였다.

10 **The cloud looked like a white puppy running with its mouth open.**
그 구름은 입을 벌린 채 달리는 하얀 강아지처럼 보였다.

MP3 013

2형식 : 주어 + sound/smell/taste + 형용사
주어 + sound/smell/taste like + 명사

Her life story sounds touching.

▶ 주어가 ~하게 들리다 / 냄새가 나다 / 맛이 나다

그녀의 인생 이야기는 감동적으로 들리네요.

• 사람이 느끼는 것은 서로 다를 수 있기에 말하거나 글을 쓰는 본인에게 그렇다는 점을 나타낸다.

패턴에 유의하며 각 문장을 새겨 읽고 의미를 파악해 보세요.

1 **This apple pie smells really good.**
이 애플파이는 냄새가 정말 좋다.

2 **Their story sounded really weird.**
그들의 이야기는 정말 기이하게 들렸다.

3 **That sounds like a wonderful idea.**
(내가 듣기에) 그거 멋진 아이디어 같은데.

4 **The pasta he first made tasted funny.**
그가 처음 만든 파스타는 맛이 이상했다.

5 **This soap smells like a lemon and looks like a lemon.**
이 비누는 레몬 냄새가 나고 생김새도 레몬 같다.

6 **This soup tastes like the one my mom used to make for me.**
이 수프는 예전에 우리 엄마가 내게 만들어 주시곤 했던 수프 같은 맛이 난다.

7 **At first it sounded like a stupid idea, but it turned out to be a good one.**
처음에는 그게 바보 같은 생각처럼 들렸지만, 좋은 아이디어로 판명되었다.

> turn out to be ~ 는 '~인 것으로 판명 나다'라는 뜻으로, to be ~가 보어가 된다.

8 **This perfume smells like baby powder, and I really like the scent of it.**
이 향수는 베이비파우더 같은 냄새가 나는데, 나는 그 향이 너무 좋다.

9 **This Gambas al ajillo not only smells good but also tastes really good.**
이 감바스 알 하이요는 냄새만 좋은 게 아니라 맛도 정말 좋다.

> not only ~ but also ... : ~일 뿐만 아니라 …이기도 한

10 **Her voice sounded so serious that I could guess something had happened.**
그녀의 목소리가 너무 심각하게 들려서 나는 무슨 일이 일어났다는 걸 짐작할 수 있었다.

It is important to take care of your health.

▶ ~하는 것은 …이다 / …하다

건강에 신경을 쓰는 게 중요하다.

- It은 형식상의 주어이고 진짜 주어는 to부정사/that절로, It은 해석하지 않는다.
- 주어 자리에 긴 어구가 오는 걸 꺼리는 영어의 특성상 많이 볼 수 있는 패턴이다.

패턴에 유의하며 각 문장을 새겨 읽고 의미를 파악해 보세요.

1 **It is true that luck is very important in life.**
인생에서 운이 무척 중요하다는 건 사실이다.

2 **It is natural for people to want to live comfortably.**
사람들이 편하게 살고 싶어 하는 건 자연스러운 일이다.

> to부정사 앞의 for people이 to부정사의 행동을 하는 주체다. 즉, want to live comfortably의 주체가 people이다.

3 **It was so exciting to meet my favorite actor in person.**
내가 무척 좋아하는 배우를 직접 만나는 건 너무나 흥분되는 일이었다.

4 **It is not that difficult to make kimchi if you have a recipe.**
요리법만 있으면 김치를 담그는 건 그렇게 어렵지 않다.

5 **It is necessary to follow the leader and cooperate with him in a crisis.**
위기 상황에서는 지도자를 따르고 그에게 협력하는 게 필요하다.

6 **It is advisable to avoid making a decision when you are upset or angry.**
마음이 혼란스럽거나 화가 날 때는 결정을 내리지 않는 것이 바람직하다.

7 **It is not desirable to talk about a person when she or he is not present.**
어떤 사람이 자리에 없을 때 그 사람 얘기를 하는 것은 바람직하지 않다.

8 **It was unbelievable that the news anchor had got involved in a violent incident.** 그 뉴스 앵커가 폭력 사건에 연루되었다는 건 믿을 수 없는 일이었다.

9 **It was surprising that the president was re-elected given that he had started the war.**
그 대통령이 전쟁을 일으킨 걸 생각하면 그가 재선된 건 놀라운 일이었다.

> given that ~ : ~라는 사실을 생각하면

10 **It is understandable that people want to sit on the subway on their way home from work.** 사람들이 퇴근길 지하철에서 자리에 앉고 싶어 하는 건 이해할 만하다.

3형식 : 주어 + 동사 + 목적어(명사/대명사)

MP3 015

Guglielmo Marconi invented radio in the 1890s.

▶주어가 ~를 …하다

굴리엘모 마르코니가 1890년대에 라디오를 발명했다.

패턴에 유의하며 각 문장을 새겨 읽고 의미를 파악해 보세요.

1 **A private enterprise built the highway.**
   한 민간 기업이 그 고속도로를 건설했다.

2 **Shakespeare wrote 10 tragedies and 17 comedies.**
   셰익스피어는 비극 10편과 희극 17편을 썼다.

3 **China consumes the most garlic** per capita in the world.
   중국이 세계에서 1인당 마늘을 가장 많이 소비한다.

   per capita : 1인당

4 **Chimpanzees use sticks, rocks, grass, and leaves** as tools.
   침팬지는 막대기, 돌, 풀, 나뭇잎을 도구로 사용한다.

5 **More than 2 billion people around the world speak English.**
   전 세계에서 20억 명이 넘는 사람들이 영어를 쓴다.

6 **The state of Iowa produces the most corn** in the United States.
   아이오와 주가 미국에서 옥수수를 가장 많이 생산한다.

7 **Romain Gary published the novel** under the pseudonym Émile Ajar.
   로맹 가리는 에밀 아자르라는 가명으로 그 소설을 출간했다.

8 **The French director made several documentaries about North Korea.**
   그 프랑스 감독은 북한에 대한 다큐멘터리 몇 편을 만들었다.

9 **Wolfgang Amadeus Mozart wrote his first symphony** at the age of
   eight.
   볼프강 아마데우스 모차르트는 여덟 살 때 첫 번째 교향곡을 썼다.

10 **In 2016, 59.9 percent of Koreans aged 19 or older read more than
   one book** a year.
   2016년, 19세 이상 한국인의 59.9퍼센트가 일 년에 책을 한 권 이상 읽었다.

3형식 : 주어 + 동사 + 목적어(동명사)

MP3 016

These days, **children like playing mobile games** so much.
▶ 주어가 ~하는 것을 …하다

요즘, 아이들은 모바일 게임 하는 것을 무척 좋아한다.

- 동사의 목적어로는 동사에 –ing를 붙인 동명사도 올 수 있다. 다음은 동명사를 목적어로 취하는 주요 동사들이다.
  enjoy(~하는 것을 좋아하다/즐기다), finish(~하는 것을 끝내다), avoid(~하는 것을 피하다), stop(~하는 것을 멈추다),
  keep(계속해서 ~하다), mind(~하는 것을 꺼리다), consider(~할까 고려하다), give up(~하는 것을 포기하다),
  postpone(~하는 것을 미루다), suggest(~할 것을 제안하다) 등
- begin, start, like, love : to부정사와 동명사를 모두 목적어로 취할 수 있다.

패턴에 유의하며 각 문장을 새겨 읽고 의미를 파악해 보세요.

1 **The police gave up searching for the victim's body.**
경찰은 그 피해자의 시신을 찾는 걸 포기했다.

2 **Please avoid asking sensitive questions to the actor.**
그 배우에게 민감한 질문을 하는 건 피해 주세요.

3 **South Korea began exporting semiconductors in 1970.**
한국은 1970년에 반도체를 수출하기 시작했다.

4 **The writer finished writing the book on the appointed date.**
그 작가는 약속된 날짜에 책 집필을 마쳤다.

5 **The country has also begun testing many people for the virus.**
그 나라도 많은 사람들에게 그 바이러스 검사를 하기 시작했다.

6 **The choir stopped singing when the man came into the church.**
그 남자가 교회로 들어왔을 때 성가대는 노래를 멈췄다.

7 **The man doesn't mind sleeping in the office when he works late.**
그 남자는 늦게까지 일할 때는 사무실에서 자는 것을 개의치 않는다.

8 **The university postponed building a new dormitory for several years.**
그 대학은 새 기숙사 짓는 것을 몇 년 동안 연기했다.

9 **More and more people enjoy watching movies and dramas on Netflix.**
점점 더 많은 사람들이 넷플릭스에서 영화와 드라마를 즐겨 본다.

10 **The web portal stopped providing real-time trending until the Election Day.**
그 포털 사이트는 선거일까지 실시간 검색어 제공을 중단했다.

MP3 017

They decided to postpone the Summer Olympics.

▶ 주어가 ~하는 것을 …하다

그들은 하게 올림픽을 연기하기로 결정했다.

- to부정사를 목적어로 취하는 주요 동사들 : want(~하고 싶어 하다), hope(~할 것을 바라다), wish(~할 것을 소망하다), decide(~하기로 결정하다), try(~하려고 노력하다), promise(~하겠다고 약속하다), plan(~하려고 계획하다), expect(~할 거라고 기대하다, 예상하다), mean(~할 생각이다), agree(~하기로 합의하다), refuse(~하는 것을 거절하다), intend(~할 작정이다), fail(~하지 못하다), afford(~할 형편이 되다)
- begin, start, like, love : to부정사와 동명사를 모두 목적어로 취할 수 있다.

패턴에 유의하며 각 문장을 새겨 읽고 의미를 파악해 보세요.

1 **They didn't mean to offend each other.**
그들은 서로의 기분을 상하게 하려던 건 아니었다.

2 **The children have long expected to go to the theme park.**
그 아이들은 오랫동안 놀이공원에 가는 걸 기대해 왔다.

3 **Margaret Mitchell began to write *Gone with the Wind* in 1926.**
마거릿 미첼은 1926년에 《바람과 함께 사라지다》를 집필하기 시작했다.

4 **Many people wanted to get out of the city due to the spreading epidemic.**   전염병이 퍼지고 있어서 많은 사람들이 그 도시를 떠나고 싶어 했다.

5 **Billy Elliot wished to become a professional ballet dancer from an early age.**   빌리 엘리엇은 어려서부터 직업 발레 무용수가 되기를 소망했다.

6 **These days, people love to watch videos on YouTube, whether young or old.**   요즘은 사람들이 나이가 젊든 많든 유튜브로 영상 보는 것을 무척 좋아한다.

> whether A or B : A이든 B이든

7 **The national curling team hopes to win a gold medal at the next Winter Olympics.**   국가대표 컬링팀은 다음 동계 올림픽에서 금메달을 따기를 소망한다.

8 **The local government has promised to build a pro-democracy movement memorial.**   그 지방 정부는 민주화 운동 기념관을 건설하기로 약속했다.

9 **South Korea and North Korea agreed to set up the Inter-Korean Liaison Office in 2018.**
한국과 북한은 2018년에 남북공동연락사무소를 설치하기로 합의했다.

10 **The city plans to increase public cultural facilities such as libraries and sports centers.**   그 시는 도서관과 스포츠 센터 같은 공공 문화 시설을 확충할 계획이다.

3형식 : 주어 + 동사 + 목적어(의문사구)

MP3 018

People should know how to control themselves.
▶주어가 무엇을/누구를/어떻게/언제/어디서 ~하는지를 …하다

사람들은 감정을 억제하는 법을 알아야 한다.

- 의문사구 : what/who(m)/how/when/where to + 동사원형
- 'how + to + 동사원형'은 '~하는 방법'으로 해석되는 경우가 많다.

패턴에 유의하며 각 문장을 새겨 읽고 의미를 파악해 보세요.

1 **Some classical concerts limit what to wear.**
일부 클래식 음악회에서는 복장을 제한한다. (= 일부 클래식 음악회는 무엇을 입어야 할지에 제한을 둔다.)

2 **The manual explains how to use the rowing machine.**
설명서에 로잉 머신(노 젓는 듯한 동작을 하는 운동기구)을 사용하는 방법이 설명되어 있다.
(= 설명서는 로잉 머신 사용법을 설명한다.)

3 **The mayor didn't know what to do in a sudden disaster.**
시장은 갑작스런 재난 상황에서 뭘 해야 할지 몰랐다.

4 **Authorities haven't agreed when to resume the project yet.**
당국은 언제 그 프로젝트를 재개할지 아직 합의하지 못했다.

5 **A lot of people don't know who to trust in this tough world.**
많은 이들이 이 험한 세상에서 누구를 믿어야 할지 모른다.

6 **These days, many people learn how to cook on the Internet.**
요즘, 적지 않은 사람들이 인터넷에서 요리하는 법을 배운다.

7 **They have already determined where to hold the press conference.**
그들은 기자 회견을 어디서 열지 이미 결정했다.

8 **The doctor on a TV program recommended when to take vitamin C.**
한 TV 프로그램에 나온 의사는 비타민 C를 언제 복용할지 권고했다.

9 **They haven't decided yet whom to vote for in the upcoming election.**
그들은 다가오는 선거에서 누구에게 투표할지 아직 결정하지 못했다.

10 **The team manager announced at the meeting where to hold the workshop.**
팀장이 회의 때 어디서 워크숍을 할지를 발표했다.

3형식 : 주어 + 동사 + 목적어(that/if/whether절)

I wonder if Russia is a European country or an Asian country.

▶ 목적어가 that절 : 주어가 ~라는 것을 …하다
▶ 목적어가 if절/whether절 : 주어가 ~인지 아닌지를 …하다

나는 러시아가 유럽 국가인지 아시아 국가인지 궁금하다.

• if/whether 뒤에 or not이나 or ~가 오는 경우도 많다. 이때 if는 '~라면'이라는 조건의 의미가 아니라 '~인지 아닌지'라는 뜻이다.

패턴에 유의하며 각 문장을 새겨 읽고 의미를 파악해 보세요.

1   **Everyone should admit that they are not perfect.**
    모든 사람은 자신이 완벽하지 않다는 것을 인정해야 한다. (목적어가 that절)

2   **I don't remember if the man was there that day.**
    나는 그날 그 남자가 거기 있었는지 기억이 안 난다. (목적어가 if절)

3   **The man pretended that he had never heard the name.**
    그 남자는 그 이름을 한 번도 들어 본 적이 없는 척했다. (목적어가 that절)

4   **Many people wonder if UFOs and aliens really exist or not.**
    많은 사람들이 UFO와 외계인이 실제로 존재하는지 아닌지 궁금해 한다. (목적어가 if절)

5   **At that time, people believed that the sun went around the Earth.**
    당시, 사람들은 태양이 지구 주위를 돈다고 믿었다. (목적어가 that절)

6   **They have to decide whether they should cancel the event or not.**
    그들은 그 행사를 취소해야 할지 말지 결정해야 한다. (목적어가 whether절)

7   **The girl didn't think that she was good at painting until she met the teacher.** 그 소녀는 그 선생님을 만날 때까지 자신이 그림에 소질이 없다고 생각했다. (목적어가 that절)

8   **Many people predicted that the Go player would lose to the computer program.** 많은 사람들이 그 바둑 기사가 컴퓨터 프로그램에 질 거라고 예측했다. (목적어가 that절)

9   **Some people still doubt whether humans actually did go to the moon.**
    어떤 사람들은 여전히 인간이 실제로 달에 갔던 건지 아닌지 의심한다. (목적어가 whether절)

10 **This graph shows that the elderly population is rapidly increasing in the country.**
    이 그래프는 그 나라에서 노령 인구가 급격히 증가하고 있음을 보여 준다. (목적어가 that절)

3형식 : 주어 + 동사 + 목적어(의문사절)

Nobody knows where we will go when we die.

▶주어가 무엇을/누가/어떻게/언제/어디서/왜 ~하는지를 …하다

우리가 죽으면 어디로 갈지 아무도 모른다.

- 의문사절 : what/who/how/when/where/why + 주어 + 동사

패턴에 유의하며 각 문장을 새겨 읽고 의미를 파악해 보세요.

1 **People have long asked what makes humans happy.**
사람들은 무엇이 인간을 행복하게 하는지를 오랫동안 질문해 왔다. (의문사 what + 동사 ~)

2 **I don't know who will be the new host of the program.**
나는 누가 그 프로그램의 새 진행자가 될지 모른다. (의문사 who + 동사 ~)

3 **I really wonder how people believe in a pseudo-religion.**
나는 사람들이 어떻게 사이비 종교를 믿는지 정말 궁금하다. (의문사 how + 주어 + 동사 ~)

4 **Do you know where I can get an international driver's license?**
어디서 국제 운전면허증을 발급받을 수 있는지 아세요? (의문사 where + 주어 + 동사 ~)

5 **Scholars have not yet figured out exactly why the diseases occur.**
학자들은 왜 그 질병들이 발병하는지 아직 정확히 알아내지 못했다. (의문사 why + 주어 + 동사 ~)

6 **We don't know when the airport will be operating normally again.**
우리는 언제 공항이 다시 정상적으로 운영할지 모른다. (의문사 when + 주어 + 동사 ~)

7 **Now scientists are studying how we can slow down global warming.**
지금 과학자들은 우리가 어떻게 지구 온난화를 늦출 수 있을지를 연구하고 있다. (의문사 how + 주어 + 동사 ~)

8 **The students learned what they should do in the event of an earthquake.**
학생들은 지진이 발생했을 때 무엇을 해야 하는지를 배웠다. (의문사 what + 주어 + 동사 ~)

9 **Anthropologists have discovered when and where modern humans originated.**
인류학자들은 현대 인류가 언제 어디서 유래했는지를 발견했다. (의문사 when and where + 주어 + 동사 ~)

10 **This article explains why genetically modified organisms are bad for our health.**
이 기사는 왜 유전자 변형 생물이 우리 건강에 나쁜지를 설명하고 있다. (의문사 why + 주어 + 동사 ~)

This soap smells like **a lemon** and looks like a lemon.

3형식 : 주어 + 동사 + 관계대명사 what + 주어 + 동사
주어 + 동사 + 관계대명사 what + 동사

MP3 021

I can't accept what the man claims.

▶ 주어가 ~하는[한/할] 것을 …하다

나는 그 남자가 주장하는 것을 인정할 수 없다.

- 관계대명사 what + 주어 + 동사 : 주어가 ~하는[한/할] 것. 보통 관계대명사 앞에 선행사(명사)가 오는 것과 달리 what 앞에는 선행사가 오지 않는다.

패턴에 유의하며 각 문장을 새겨 읽고 의미를 파악해 보세요.

1 I cannot tell what I am planning yet.
내가 지금 계획하고 있는 걸 아직 말할 수가 없다. (관계대명사 what + 주어 + 동사)

2 Sometimes we should do what entertains us.
가끔씩은 우리를 즐겁게 해 주는 일을 해야 한다. (관계대명사 what + 동사)

3 We couldn't decipher what was written there.
우리는 거기 쓰여 있는 것을 해독할 수 없었다. (관계대명사 what + 동사)

4 We couldn't believe what happened to the man.
우리는 그 남자에게 일어난 일을 믿을 수 없었다. (관계대명사 what + 동사)

5 The man only believes what he wants to believe.
그 남자는 자기가 믿고 싶은 것만 믿는다. (관계대명사 what + 주어 + 동사)

6 She chose what looked the most beautiful on her.
그녀는 자신에게 가장 아름답게 보이는 것을 골랐다. (관계대명사 what + 동사)

7 She finished what she was supposed to do today.
그녀는 오늘 하기로 되어 있던 일을 끝냈다. (관계대명사 what + 주어 + 동사)

8 The children witnessed what the man did that day.
그 아이들은 그날 그 남자가 했던 일을 목격했다. (관계대명사 what + 주어 + 동사)

9 I still remember what you did to him at that time.
나는 그때 네가 그에게 했던 일을 아직 기억하고 있다. (관계대명사 what + 주어 + 동사)

10 Some people believe what he says without criticism.
어떤 사람들은 그가 하는 말을 비판 없이 믿는다. (관계대명사 what + 주어 + 동사)

11 I read what Bill Gates wrote about fighting COVID-19.
나는 빌 게이츠가 코로나19와 싸우는 것에 대해 쓴 글을 읽었다. (관계대명사 what + 주어 + 동사)

12 I couldn't understand **what she said to me** at that time.

나는 그때 그녀가 나에게 한 말을 이해할 수 없었다. (관계대명사 what + 주어 + 동사)

13 **These days** we can't often trust **what the newspapers say**.

요즘 신문에서 하는 말을 믿을 수 없을 때가 종종 있다. (관계대명사 what + 주어 + 동사)

14 I remember **what Mr. Williams said** in his first class last year.

나는 윌리엄스 교수가 작년 첫 수업에서 했던 말을 기억하고 있다. (관계대명사 what + 주어 + 동사)

15 Don't put off **till tomorrow** **what can be done** today. **(saying)**

오늘 할 수 있는 일을 내일로 미루지 마라. (속담) (관계대명사 what + 동사)

16 You should not forget **what made you come** to this position.

너를 이 자리까지 오게 만든 것을 잊으면 안 된다. (관계대명사 what + 동사)

17 I gave **what I had** **to the beggar I met at the subway station**.

나는 지하철역에서 만난 거지에게 내가 가진 것을 줬다. (관계대명사 what + 주어 + 동사)

> the beggar <u>who(m)/that</u> I met at the subway station에서 관계대명사 who(m)/that이 생략되었다.

18 The man heard **what the people were saying** about him in his absence.

그 남자는 자기가 없을 때 사람들이 자신에 대해 이야기하는 것을 들었다. (관계대명사 what + 주어 + 동사)

19 She accepted **what the company had offered her** **after much consideration.**

그녀는 많이 생각한 끝에 회사에서 제안한 것을 받아들였다. (관계대명사 what + 주어 + 동사)

20 Do **what you have to do** **until** you can do **what you want to do**. **(Oprah Winfrey)**

하고 싶은 일을 할 수 있을 때까지 해야 하는 일을 해라. (오프라 윈프리) (관계대명사 what + 주어 + 동사)

MP3 022

4형식 : 주어 + 동사 + 간접목적어 + 직접목적어

She gave me some advice regarding the issue.

▶ 주어가 (간접목적어)에게 (직접목적어)를 ~해 주다

그녀는 그 문제에 관해 나에게 조언을 좀 해 줬다.

- 간접목적어 : ~에게 / 직접목적어 : ~를
- '~에게 어떤 행동을 해 주다'라는 의미의 동사일 때 이 패턴을 취한다.

패턴에 유의하며 각 문장을 새겨 읽고 의미를 파악해 보세요.

1 He told me the news **yesterday.**
그가 어제 나에게 그 소식을 말해 줬다. (tell : ~에게 …를 말해 주다)

2 Her father made her a chair **out of wood.**
그녀의 아버지가 그녀에게 나무로 의자를 만들어 줬다. (make : ~에게 …를 만들어 주다)

3 **Please** show me your passports and arrival cards.
여권과 입국 신고서를 보여 주세요. (show : ~에게 …를 보여 주다)

4 The flight attendant brought us water and blankets.
비행기 승무원이 우리에게 물과 담요를 가져다줬다. (bring : ~에게 …를 가져다주다)

5 She bought her mother a pair of shoes **on her birthday.**
그녀는 어머니 생신에 신발 한 켤레를 사 드렸다. (buy : ~에게 …를 사 주다)

6 My friend in China sent me some traditional Chinese tea.
중국에 있는 내 친구가 내게 중국 전통 차를 좀 보내 줬다. (send : ~에게 …를 보내 주다)

7 The university awarded the novelist an honorary doctorate.
그 대학교에서 그 소설가에게 명예 박사학위를 수여했다. (award : ~에게 상 등을 수여하다)

8 My mother taught me how to read and write the Korean alphabet.
우리 엄마가 나에게 한글을 읽고 쓰는 법을 가르쳐 주셨다. (teach : ~에게 …를 가르쳐 주다)

9 Mr. Taylor lent me some books to read during this winter vacation.
테일러 선생님이 이번 겨울방학 동안 읽을 책 몇 권을 내게 빌려주셨다. (lend : ~에게 …를 빌려주다)

10 The foreign journalist asked the Foreign Minister a question about the policy toward Japan.
그 외국인 기자는 외교부 장관에게 대 일본 정책에 대해 물었다. (ask : ~에게 …를 묻다)

4형식이 3형식화된 문장 : 주어 + 동사 + 직접목적어 + to + 간접목적어

MP3 023

Please **pass the newspaper to me**.

= Please pass me the newspaper.

▶ 주어가 (간접목적어)에게 (직접목적어)를 ~해 주다/~하다

그 신문 좀 저에게 건네주세요.

- 전치사 to가 필요한 동사 : give(주다), tell(말해 주다), bring(가져다주다), send(보내 주다), teach(가르쳐 주다), show(보여 주다), offer(제안하다), hand(건네주다), pass(건네주다), owe(빚지고 있다), throw(던져 주다) 등

패턴에 유의하며 각 문장을 새겨 읽고 의미를 파악해 보세요.

1 The lifeguard threw a rope to the drowning man.
인명 구조원이 물에 빠진 사람에게 밧줄을 던져 줬다.

2 My sister in Canada sent some local foods to me.
캐나다에 있는 우리 언니가 나에게 현지 식품을 좀 보내 줬다.

3 The vendor offered the product to us for a low price.
판매업체가 우리에게 상품을 낮은 가격에 제공했다.

4 He teaches English to elementary level students in Korea.
그는 한국에서 초급 수준 학생들에게 영어를 가르친다.

5 The city government owes millions of dollars to creditors.
그 시 정부는 채권자들에게 수백만 달러의 빚을 지고 있다.

6 The hospital gives the best possible care to the patients.
그 병원은 환자들에게 가능한 최선의 진료를 한다.

7 The news of the actor's death brought tears to their eyes.
그 배우의 사망 소식을 듣고 그들은 눈물을 흘렸다. (= 그 배우의 사망 소식은 그들의 눈에 눈물을 가져왔다.)

8 The advertisement tells little about the product to the consumers.
그 광고는 소비자들에게 제품에 대해 거의 알려 주지 않는다.

9 A supporter handed a letter to the candidate at the campaign rally.
선거 유세장에서 한 지지자가 후보에게 편지를 건넸다.

10 He showed a collection of photos and articles of the baseball player
to me.
그는 그 야구 선수의 사진과 기사들 모은 것을 나에게 보여 줬다.

I baked a birthday cake for my mom.

= I baked my mom a birthday cake.

▶주어가 (목적어)에게 (목적어)를 ~해 주다/~하다

나는 엄마를 위해 생일 케이크를 구웠다.

- 전치사 for가 필요한 동사 : buy(사 주다), make(만들어 주다), get(구해 주다), do(해 주다), build(지어 주다), cook(요리해 주다), bake(구워 주다), save(아끼게 해 주다), design(디자인해 주다) 등
- 전치사 of가 필요한 동사 : ask(물어보다, 요청하다)

패턴에 유의하며 각 문장을 새겨 읽고 의미를 파악해 보세요.

1 **May** I **ask a favor** of you, Mister?
선생님, 부탁 하나 드려도 될까요?

2 He **finally** bought an SUV for his family.
그는 마침내 가족을 위해 SUV를 구입했다.

3 The city built a public hospital for the citizens.
그 시는 시민들을 위해 공공 병원을 세웠다.

4 He made a small pond **in the garden** for his son.
그는 아들에게 정원에 작은 연못을 만들어 줬다.

5 I bought an indoor cycling bike for my mother.
나는 어머니께 실내 자전거를 한 대 사드렸다.

6 Michael got a ticket to the BTS concert for Jenny.
마이클은 BTS 콘서트 표를 제니에게 구해 줬다.

7 She made coffee for the members of the reading club.
그녀는 독서 모임 회원들에게 커피를 타 줬다.

8 The fashion designer has designed costumes for the actress.
그 패션 디자이너는 그 여배우에게 의상을 디자인해 줘 왔다.

9 Their mother **sometimes** bakes bread and cookies for them.
그들의 어머니는 가끔 그들에게 빵과 쿠키를 구워 주신다.

10 He cooked Italian dishes such as pasta and risotto for his girlfriend.
그는 여자 친구에게 파스타와 리조토 같은 이탈리아 음식을 요리해 줬다.

5형식 : 주어 + 동사 + 목적어 + 목적격 보어(명사/형용사)

MP3 025

People call the director "Bongtail."

▶주어가 목적어를 ~로/~하게/~라고 …하다

사람들은 그 감독을 '봉테일'이라고 부른다.

- '목적어 = 목적격 보어'의 관계

패턴에 유의하며 각 문장을 새겨 읽고 의미를 파악해 보세요.

1 **The clown made the children amused.**
어릿광대가 아이들을 즐겁게 만들었다. (make : ~를 …하게 만들다)

2 **He considers himself a very talented player.**
그는 자기 스스로를 무척 재능 있는 선수라고 생각한다. (consider : ~를 …라고 여기다)

3 **I found the man very humorous and charming.**
나는 그 남자가 매우 유머러스한 데다 매력적이라고 생각했다. (find : ~가 …라고 생각하다)

4 **She keeps her house clean and tidy all the time.**
그녀는 항상 집을 깨끗하게 정리해 놓는다. (keep : ~를 …한 상태로 유지하다)

5 **The news of his film's success made us really happy.**
그의 영화가 성공했다는 소식을 듣고 우리는 정말 행복했다.
(= 그의 영화의 성공 소식은 우리를 정말 행복하게 만들었다.) (make : ~를 …하게 만들다)

6 **The actor's Korean fans affectionately call him "Benny."**
그 배우의 한국 팬들은 애정을 담아 그를 '베니'라고 부른다. (call : ~를 …라고 부르다)

7 **The president appointed her Minister of Foreign Affairs.**
대통령은 그녀를 외교부 장관으로 임명했다. (appoint : ~를 …로 임명하다)

8 **The writer named the character Ashley after his mother.**
그 작가는 자기 어머니 이름을 따서 그 인물에 애슐리라는 이름을 붙였다. (name : ~를 …라고 이름 짓다)

> after ~ : ~의 이름을 따서

9 **Many people think the politician arrogant and stubborn.**
많은 사람들이 그 정치가가 오만하고 고집이 세다고 생각한다. (think : ~를 …라고 생각하다)

10 **People there elected the man a member of the National Assembly.**
그곳 사람들은 그 남자를 국회의원으로 선출했다. (elect : ~를 …로 선출하다)

5형식 : 주어 + 지각동사 + 목적어 + 목적격 보어(동사원형/-ing/-ed)

MP3 026

I saw the cat go over the wall.

▶ 주어는 목적어가 ~하는 것을/되는[당하는] 것을 보다/듣다/느끼다

나는 그 고양이가 담을 넘어가는 것을 봤다.

- 지각동사 : see(보다), watch(보다, 주시하다), look at(보다), notice(알아채다), hear(듣다), listen to(귀 기울여 듣다), feel(느끼다)
- -ing(현재분사)를 쓰면 동사원형보다 행위가 진행 중인 것을 더 생생하게 표현하는 느낌이다.
- 동사원형과 -ing일 때는 목적어가 행위의 주체이고, -ed(과거분사)일 때는 목적어가 행위를 당하는 대상이다.

패턴에 유의하며 각 문장을 새겨 읽고 의미를 파악해 보세요.

1 **Look at those stars shining in the sky.**
하늘에서 별들이 반짝이는 것 좀 봐.

2 **I didn't notice the man leave the office.**
나는 그 남자가 사무실에서 나가는 걸 보지 못했다.

3 **Feel the autumn breeze touch your cheek.**
가을 산들바람이 뺨을 스치는 걸 느껴 봐.

4 **We were listening to the poet recite his poems.**
우리는 그 시인이 자기 시를 낭송하는 것을 듣고 있었다.

5 **The woman felt someone touching her shoulder.**
그 여성은 누군가가 자기 어깨에 손을 대는 것을 느꼈다.

6 **She heard a familiar name called in the clinic waiting room.**
그녀는 병원 진료 대기실에서 익숙한 이름이 불리는 것을 들었다.

7 **They just observed the investigators search through the office.**
그들은 수사관들이 사무실을 샅샅이 수색하는 것을 그저 지켜보기만 했다.

8 **I heard the candidate giving a speech from the campaign car.**
나는 그 후보가 유세 차량에서 연설하는 것을 들었다.

9 **The parents were watching their baby walk for the first time.**
그 부모는 자신들의 아기가 처음으로 걷는 것을 지켜보고 있었다.

10 **The policeman noticed a man riding a bicycle without a helmet.**
그 경찰관은 한 남자가 헬멧을 쓰지 않고 자전거를 타고 가는 것을 봤다.

5형식 : 주어 + 사역동사 + 목적어 + 목적격 보어(동사원형/-ed)

MP3 **027**

The doctor made the patient walk every day.

▶ 주어가 목적어를 ~하게/되게 만들다/시키다/내버려 두다

그 의사는 그 환자가 매일 걷도록 했다.

- 사역동사 : make(~하게 만들다 : 강제성이 있음), have(~하게 시키다 : 강제성이 약함), let(~하게 내버려 두다 : 허가)
- 목적어가 사람일 때는 보통 목적격 보어로 동사원형이 오고, 목적어가 사물일 때는 보통 목적격 보어로 –ed(과거분사)가 온다. 후자의 경우 다른 사람에게 시켜서 목적어가 ~되도록 하다는 의미다.
  cf. help : help + 목적어 + 동사원형/to부정사(목적어가 ~하게 도와주다/도움이 되다)
  　　 get : get + 목적어 + to부정사/-ed(목적어가 ~하게/되게 만들다/시키다)/-ing(~하게 만들다)/-ed(~되게 만들다)

패턴에 유의하며 각 문장을 새겨 읽고 의미를 파악해 보세요.

1 **What made you stop seeing him?**
무엇 때문에 그 사람과 안 만나게 된 거야? (= 무엇이 네가 그를 만나는 걸 그만두게 만든 거야?)

> stop -ing : ~하는 것을 멈추다, 그만두다 *cf.* stop + to부정사 : ~하기 위해 (걸음이나 하던 일을) 멈추다

2 **Essential oils can help you focus or relax.**
에센셜 오일이 집중하거나 긴장을 푸는 데 도움을 줄 수 있다.

3 **I returned the item and had my money refunded.**
나는 그 물건을 반품하고 돈을 환불받았다.

4 **Bright-colored clothes can make you look a little fat.**
밝은 색 옷은 약간 뚱뚱해 보이게 할 수 있다.

5 **I finally got him to understand what I meant in a few hours.**
나는 마침내 몇 시간 만에 그에게 내가 의도하는 바를 이해시켰다.

6 **Her mother let her go to the concert after the mid term exam.**
그녀의 어머니는 중간고사가 끝나고 나서 그녀가 콘서트에 가도록 했다.

7 **Mike had his hair cut short the day before he joined the army.**
마이크는 입대 전날 머리를 짧게 잘랐다.

8 **Oskar Schindler helped more than 1,000 Jews avoid execution.**
오스카 쉰들러는 1,000명 이상의 유대인들이 처형되는 것을 피하도록 도왔다.

9 **Ms. Henderson's persistent persuasion made me change my mind.**
헨더슨 씨의 끈질긴 설득이 내 마음을 바꾸게 했다.

10 **The boss had the employees come to the company by eight in the morning.** 　사장은 직원들이 아침 8시까지 회사에 오게 했다.

SENTENCE PATTERN **028**

5형식 : 주어 + 동사 + 목적어 + 목적격 보어(to부정사)

MP3 028

The government **advised the people** to keep social distance.

▶주어가 목적어에게 ～하라고 ⋯하다 / 주어는 목적어가 ～하도록 ⋯하다

정부는 국민들에게 사회적 거리 두기를 하도록 권고했다.

- 목적어가 미래에 어떤 행동을 하기를 바라는 의미를 나타낸다.

패턴에 유의하며 각 문장을 새겨 읽고 의미를 파악해 보세요.

1 **Her occupation requires her** to go on business trips often.
그녀는 직업상 출장을 자주 가야 한다. (= 그녀의 직업은 그녀가 자주 출장을 가도록 요구한다.)

2 **We didn't expect the team** to win the world championship.
우리는 그 팀이 세계 선수권 대회에서 우승할 거라고 예상하지 못했다.

3 **The machine enables people** to return the books by themselves.
그 기계 덕분에 사람들이 혼자 책을 반납할 수 있다. (= 그 기계는 사람들이 혼자 책을 반납할 수 있게 해 준다.)

4 **This law does not allow companies** to fire employees for no reason.
이 법 때문에 기업은 이유 없이 직원을 해고하지 못한다. (= 이 법은 기업들이 이유 없이 직원을 해고하지 못하게 한다.)

5 **Most people want people all over the world** to live together peacefully.
대부분의 사람들은 전 세계 사람들이 평화롭게 함께 살아가기를 원한다.

6 **World Future Society asked her** to participate in the annual symposium.
세계미래학회는 그녀에게 연례 심포지엄에 참석해 달라고 요청했다.

7 **The court ordered the man** to stay away from the woman for two years.
법원은 그 남자에게 2년간 그 여성에게 접근하지 말라는 명령을 내렸다.
(= 법원은 그 남자가 2년 동안 그 여자에게 가까이 가지 말 것을 명령했다.)

8 **Mr. Johnson told the students** to get back together at the clock tower by 2 p.m.
존슨 선생님은 학생들에게 시계탑 앞에 오후 2시까지 다시 모이라고 말했다.

9 **The nervous system allows us** to react to the changing environment around us.
신경계는 우리 주변의 변화하는 환경에 우리가 반응하게 해 준다.

10 **The organization encourages people** to have a lifestyle that protects the environment.
그 단체는 사람들에게 환경을 보호하는 생활 방식을 갖도록 독려한다.

SENTENCE PATTERN **029**

5형식 : 주어 + 동사 + it(가짜 목적어) + 목적격 보어 + 진짜 목적어 (to부정사/that절)

I found <u>it</u> hard to believe that I met her again.

▶ 주어가 목적어를 목적격 보어로[라고] ~하다

내가 그녀를 다시 만났다는 걸 믿기가 어려웠다.

- it은 목적어 자리에 있지만 가짜 목적어이고, 뒤에 오는 to부정사나 that절이 진짜 목적어다. 영어에서는 주어나 목적어가 너무 길어지는 것을 싫어해서 이런 패턴이 자주 쓰인다.

패턴에 유의하며 각 문장을 새겨 읽고 의미를 파악해 보세요.

1   I think <u>it</u> unlikely that he'll pass the test.
나는 그가 시험에 합격할 가망이 없다고 생각한다.

2   Masks make <u>it</u> uncomfortable to breathe.
마스크를 쓰면 숨 쉬기가 불편하다. (= 마스크는 숨 쉬는 걸 불편하게 만든다.)

3   We should keep <u>it</u> a secret that we are dating.
우리가 사귀고 있다는 건 비밀로 해야 한다.

4   She takes <u>it</u> for granted that her boyfriend will take her home.
그녀는 남자 친구가 자기를 집에 데려다주는 것을 당연하게 여긴다.

5   He makes <u>it</u> a rule to go to bed before 11 p.m. every night.
그는 매일 밤 11시 이전에 잠자리에 드는 것을 원칙으로 한다.

6   I found <u>it</u> interesting to sit there and watch people walking by.
나는 그곳에 앉아서 사람들이 지나가는 걸 지켜보는 게 흥미로웠다.

7   You should think <u>it</u> a shame to speak ill of others behind their backs.
뒤에서 남들을 헐뜯는 건 부끄러운 일이라고 생각해야 한다.

8   Victoria made <u>it</u> clear that she was in favor of the idea.
빅토리아는 자신이 그 생각에 찬성한다는 것을 분명히 했다.

9   They find <u>it</u> incredible that she managed to do it in such a short time.
그들은 그녀가 그렇게 짧은 시간에 그것을 해냈다는 게 믿을 수 없다고 생각한다.

10   Many people consider <u>it</u> a serious problem for children to use smartphones too much.
많은 사람들이 아이들이 스마트폰을 너무 많이 사용하는 건 심각한 문제라고 생각한다.

CHAPTER 2

문장의 여러 종류

묻고 부정하고 감탄하고를
담당하는 문장의 종류들

부정문 (1) : be동사 부정문

MP3 030

Vitamin D **is not** present naturally in most foods.

am not / are not / is not / was not / were not
▶주어는 ~가 아니다(아니었다)/~하지 않다(않았다)/~에 있지 않다(않았다)

비타민 D는 대부분의 식품에 자연적으로 존재하지 않는다.

패턴에 유의하며 각 문장을 새겨 읽고 의미를 파악해 보세요.

1 This is not what I was talking about.
이건 내가 말한 게 아니다.

> what은 '~한 것'이라는 의미의 관계대명사

2 They are not good enough to win my heart.
그것들은 내 마음을 사로잡기에 충분하지 않다.

3 I was not at home when the package arrived.
택배가 도착했을 때 나는 집에 없었다.

4 The students were not from Portugal but from Brazil.
그 학생들은 포르투갈이 아니라 브라질 출신이었다.

5 You are not the only one responsible for the accident.
너만 그 사고에 책임이 있는 것은 아니다.

6 Those are not the people who came to the interview today.
그들은 오늘 면접에 온 사람들이 아니다.

7 These mushrooms are not edible; that is, you cannot eat them.
이 버섯들은 식용이 아니다. 즉, 그것들을 먹을 수 없다.

8 Although many people are mistaken, Sydney is not the capital of Australia.   많은 사람들이 잘못 알고 있지만, 시드니는 오스트레일리아의 수도가 아니다.

9 She is not a resident of this apartment, but a friend of one of the residents.   그녀는 이 아파트 주민이 아니라 주민의 친구다.

> not A but B : A가 아니라 B

10 Alaska is part of the United States but it's not on the mainland of the United States.
알래스카는 미국의 일부분이지만 미국 본토에 있지는 않다.

MP3 031

Whales **do not breathe** with gills since they are not fish.

do[does] not + 동사원형 / did not + 동사원형　　▶주어는 ~하지 않다/~하지 않았다

고래는 어류가 아니어서 아가미로 숨을 쉬지 않는다.

패턴에 유의하며 각 문장을 새겨 읽고 의미를 파악해 보세요.

1　I **don't mean** to hurt his feelings.
난 그의 감정을 상하게 할 생각은 없다.

2　This medicine **doesn't digest** in the stomach.
이 약은 위에서 소화되지 않는다.

3　Christopher **did not keep** his word many times.
크리스토퍼는 약속을 여러 번 지키지 않았다.

4　The novelist **doesn't use** a computer when he writes.
그 소설가는 글을 쓸 때 컴퓨터를 사용하지 않는다.

5　I **don't know** much about the history of the organization.
나는 그 조직의 역사에 대해 잘 모른다.

6　Shakespeare, a playwright and poet, **did not** write novels.
극작가 겸 시인인 셰익스피어는 소설을 쓰지 않았다.

> Shakespeare와 a playwright and poet은 동격 관계로, 동격 관계인 두 번째 항목 a playwright and poet 앞뒤에
> 쉼표를 찍어 동격을 표시했다.

7　Some people like to plan everything in advance, while others **don't**.
어떤 사람들은 모든 걸 미리 계획하는 걸 좋아하는 반면, 다른 사람들은 그렇지 않다.

8　He **did not accept** the election results and raised the conspiracy theory.
그는 선거 결과를 받아들이지 않고 음모론을 제기했다.

9　Even if something bad happens, he **doesn't think** about it for a long time.
나쁜 일이 생긴다 해도 그는 그걸 오랫동안 생각하지 않는다.

10　We **did not change** as we grew older; we just became more clearly ourselves. (Lynn Hall)
우리는 나이가 들면서 변한 것이 아니었다. 더 분명히 자기다워졌을 뿐이다. (린 홀, 미국의 소설가)

Do what you have to do until you can do what you want to do.

- Oprah Winfrey -

부정문 (3) : 조동사 부정문

Dogs **cannot distinguish** between red and green.

조동사 + not / never + 동사원형

개는 빨간색과 녹색을 구별하지 못한다.

- will not : ~하지 않을 것이다, ~ 아닐 것이다 / would not : ~하지 않을 것이다, ~ 아닐 것이다
  cannot : ~할 수 없다 / cannot be : ~일 리가 없다
  may not : ~가 아닐 수도 있다, (약하게) ~하면 안 된다
  must not : ~하면 안 된다(금지)
  don't have to : ~하지 않아도 된다(불필요)
  should not : ~하면 안 된다(의무, 권고)

패턴에 유의하며 각 문장을 새겨 읽고 의미를 파악해 보세요.

1 He **wouldn't believe** in a horoscope.
그는 별자리 운세는 믿지 않을 거야.

2 She **couldn't decide** which one to choose.
그녀는 어떤 것을 골라야 할지 결정하지 못했다.

> which one to choose는 의문 형용사 which + one에 to부정사가 합해진 '의문사 + to부정사' 구문

3 You **may not talk** loudly inside the museum.
박물관 내부에서는 큰 소리로 이야기하면 안 됩니다.

4 You **don't have to pack** your lunch tomorrow.
내일은 도시락을 싸 오지 않아도 됩니다.

5 Most people **cannot run** 100 meters in 14 seconds.
대부분의 사람들은 100미터를 14초 만에 달릴 수가 없다.

6 I **will never walk** for a long time again in high heels.
난 다시는 하이힐 신고 오래 걷지 않을 거야.

7 You **shouldn't say** it's impossible to break old habits.
오래된 습관을 고치는 것이 불가능하다고 말하면 안 된다.

8 As you can guess, my memory **may not** be accurate.
짐작할 수 있듯이, 내 기억이 정확하지 않을 수도 있다.

9 You **must not make** a U-turn outside the U-turn area.
유턴 구역이 아닌 곳에서 유턴을 하면 안 된다.

10 I <u>couldn't afford</u> a standard piano, so I bought an electronic piano.

나는 일반 피아노를 살 여유가 없어서 전자 피아노를 샀다.

11 We <u>should not</u> speak ill of someone in his or her absence.

누군가가 자리에 없을 때 그 사람 험담을 해서는 안 된다.

12 You <u>must not leave</u> the valve open after using a gas stove.

가스레인지를 사용한 후에는 밸브를 열어 두면 안 됩니다.

13 I think a first grader <u>can't solve</u> such a complex equation.

나는 초등학교 1학년 학생은 그런 복잡한 방정식을 못 풀 거라고 생각한다.

14 He <u>should not eat</u> too much flour because he is on a diet.

그는 다이어트 중이라 밀가루를 너무 많이 먹으면 안 된다.

15 The man <u>cannot be</u> her father; he is too young to be her father.

그 남자가 그녀의 아버지일 리가 없다. 그녀의 아버지라 하기에는 너무 젊다.

16 They said there <u>would not be</u> a press conference here tomorrow.

내일 이곳에서 기자회견이 열리지 않을 것이라고 했다.

> They say ~ : (사람들이 말하기를) ~라고 한다

17 I <u>will never</u> drink a lot at a gathering with people I'm not close to.

나는 친하지 않은 사람들과의 모임에서는 절대 술을 많이 마시지 않을 것이다.

> people who(m)/that I'm not close to에서 관계대명사 who(m)/that이 생략되어 있다.

18 If you have a clothes dryer, you <u>don't have to</u> hang out the laundry.

빨래 건조기가 있으면 세탁물을 널 필요가 없다.

19 I <u>couldn't drive</u> at that time, so I went there every week by express bus.

내가 그때는 운전을 못 해서 매주 고속버스를 타고 그곳에 갔다.

20 You <u>should not judge</u> a person by his appearance, but by his words and actions.

사람을 겉모습으로 판단하지 말고 말과 행동으로 판단해야 한다.

> not A but B : A가 아니라 B

Is Morocco an African country?

be동사 + 주어 ~? ▶ 주어가 ~인가요?/였나요?

모로코는 아프리카 국가인가요?

- 부정 의문문 : Am I not ~?/Wasn't I ~? Isn't/Wasn't + 주어 ~?
  Aren't/Weren't + 주어 ~?(주어가 ~ 아닌가요?/아니었나요?)

패턴에 유의하며 각 문장을 새겨 읽고 의미를 파악해 보세요.

1 **Are those trees broadleaf trees?**
저 나무들은 활엽수인가요?

2 **Is kleptomania a mental disease?**
도벽은 정신질환인가요?

3 **Are blueberries really good for our eyes?**
블루베리가 정말 눈에 좋은가요?

4 **Was she a member of the club last year?**
그녀가 작년에 그 동아리 회원이었어요?

5 **Isn't a four-leaf clover a symbol of good luck?**
네잎 클로버가 행운의 상징 아닌가요?

6 **Are these books about the history of the epidemics?**
이 책들이 전염병의 역사에 관한 것인가요?

7 **Is this the library newly built for the citizens in this city?**
이것이 이 도시 시민들을 위해 새로 지은 도서관인가요?

> newly built는 '새로 지어진'이라는 뜻으로 앞의 명사 the library를 꾸민다.

8 **Aren't those students on a field trip to this broadcasting station?**
저 학생들은 이 방송국에 견학 온 것 아닌가요?

9 **Were the musicians popular overseas as well as in their own country?**
그 음악가들은 자기 나라뿐만 아니라 해외에서도 인기가 많았나요?

> as well as ~ : ~뿐만 아니라

10 **Is the Roman Catholic Church the largest Christian church in the world?**
로마 가톨릭 교회가 세계에서 가장 큰 기독교 교회인가요?

의문문 (2) : 의문사 + be동사 의문문

MP3 034

When is Mother's Day in that country?

How/When/Where/Why + be동사 + 주어 ~? ▶주어가 어떤가요/언제/어디서/왜 ~인가요?
Who/What/Which + be동사 ~? ▶누가/무엇이/어떤 것이 ~인가요?

그 나라에서는 어머니날이 언제예요?

- 의문사 : What/Who/Which/How/When/Where/Why
- 수량, 성질, 상태 등을 물을 때 How much/long/old/fast …?처럼 how와 형용사/부사를 함께 쓴다.

패턴에 유의하며 각 문장을 새겨 읽고 의미를 파악해 보세요.

1 **Who is the president of Russia now?** 지금 러시아 대통령은 누구인가요?

2 **What is the name of that violet flower?** 저 보라색 꽃 이름이 뭐예요?

3 **Where is the Supreme Court of Korea located?**
한국의 대법원은 어디에 위치해 있나요?

4 **How is your new boss compared to the old one?**
새로 온 상사는 예전 상사와 비교하면 어떤가요?

> compared to ~ : ~와 비교하여, ~와 비교하면

5 **What is the title of the book you are now reading?**
당신이 지금 읽고 있는 책 제목이 뭔가요?

> the book which/that you are now reading에서 관계대명사 which/that이 생략되었다.

6 **Why were Penelope and you so depressed that day?**
페넬로페와 당신은 그날 왜 그렇게 우울했던 거예요?

7 **How far is it from the South Pole to the North Pole?**
남극에서 북극까지 거리가 얼마나 되나요?

> 주어 it은 거리를 나타내는 비인칭 주어

8 **Who was in charge of the company's Southeast Asia division?**
그 회사의 동남아시아 부문 책임자는 누구였나요?

9 **Which is the shortest way to the Incheon International Airport?**
인천국제공항으로 가는 가장 짧은 길이 어느 건가요?

10 **How old is the Papal Basilica of Saint Peter in the Vatican?**
바티칸의 성 베드로 대성당은 얼마나 오래된 건가요?

Does the organization represent the city's entrepreneurs?

Do / Does / Did + 주어 + 동사원형 ~?   ▶ 주어가 ~하나요? / 했나요?

그 단체가 그 시의 기업가들을 대표하나요?

패턴에 유의하며 각 문장을 새겨 읽고 의미를 파악해 보세요.

1 **Does this tree bear fruit in autumn?**
이 나무는 가을에 열매를 맺나요?

2 **Did she submit her master's thesis on time?**
그녀가 석사학위 논문을 제때 제출했나요?

3 **Do solar panels generate a lot of electricity?**
태양 전지판은 전기를 많이 생성하나요?

4 **Do you believe that aliens have come to Earth?**
당신은 외계인이 지구에 왔다고 믿나요?

5 **Does it take long to charge an electric vehicle?**
전기차를 충전하는 데 시간이 오래 걸리나요?

> it은 가짜 주어, to charge ~가 진짜 주어

6 **Did the writer Hermann Hesse get married three times?**
작가 헤르만 헤세는 결혼을 세 번 했나요?

7 **Do you know Pluto is no longer a planet in the solar system?**
명왕성이 더 이상 태양계의 행성이 아니라는 걸 알고 있나요?

8 **In a representative democracy, do the public elect representatives?**
대의민주주의에서는 국민들이 대표자들을 뽑나요?

> the public은 '국민들, 대중들'의 의미로 복수 취급

9 **Do French people usually have croissants and coffee for breakfast?**
프랑스 사람들은 보통 아침으로 크루아상과 커피를 먹나요?

10 **Did the President of the United States put forward an opinion on the issue?**
미국 대통령이 그 문제에 대해 의견을 제시했나요?

의문문 (4) : 의문사 + 일반동사 의문문

Who invented the World Wide Web?
의문사 + 동사 ~? / 의문사 + do/does/did + 주어 + 동사원형 ~?
▶ 누가[누구를]/무엇이[을]/어떤 것이[을]/어떻게/언제/어디서/왜 ~하나요?/~했나요?

누가 월드 와이드 웹을 발명했나요?

- 의문사 who(누가), what(무엇이), which(어느 것이)가 주어일 때는 바로 뒤에 동사가 온다.

패턴에 유의하며 각 문장을 새겨 읽고 의미를 파악해 보세요.

1 **What do they call this tree in Korean?**
한국어로 이 나무를 뭐라고 하나요?

2 **How did she unclog a bathroom sink?**
그녀는 막힌 세면대를 어떻게 뚫었나요?

3 **Why did the country shut down the consulate?**
왜 그 나라는 그 영사관을 폐쇄했나요?

4 **Whom do you trust most among your friends?**
당신은 친구들 중에서 누구를 가장 신뢰하나요?

> '누구를'의 의미일 때 whom과 who를 모두 쓸 수 있다.

5 **What did you mainly discuss at today's meeting?**
여러분은 오늘 회의에서 주로 무엇에 대해 논의했나요?

6 **Where did you buy that sky-blue one-piece dress?**
그 하늘색 원피스는 어디서 샀어요?

7 **Which do you prefer, melodrama or romantic comedy?**
당신은 멜로드라마와 로맨틱 코미디 중 어느 것을 더 좋아하나요?

8 **Who wrote the novel *One Flew Over the Cuckoo's Nest*?**
소설 《뻐꾸기 둥지 위로 날아간 새》는 누가 썼나요? (who가 주어)

9 **When did the clinical trial for the development of the cure begin?**
치료제 개발을 위한 임상 시험이 언제 시작됐나요?

10 **How did the new real estate policy affect the real estate market?**
새로운 부동산 정책은 부동산 시장에 어떻게 영향을 미쳤나요?

Have you finished packing for the trip?

Have / Has + 주어 + 과거분사 ~?   ▶ 주어가 ~해 왔나요 / 한 적이 있나요 / 했나요?

여행 짐은 다 쌌나요?

- 과거부터 현재까지 계속되고 있는 일이나 과거의 경험, 완료된 일, 과거 일의 결과를 묻는다.
- 현재완료는 과거의 행동이 현재와 관련돼 있다는 의미를 내포하고 있다.

패턴에 유의하며 각 문장을 새겨 읽고 의미를 파악해 보세요.

1 Have you **ever felt an earthquake?**
지진을 느껴 본 적이 있나요? (경험)

2 Has your husband **really quit smoking?**
당신 남편이 정말 담배를 끊었나요? (완료)

3 Has it rained **since last night in that city?**
그 도시에서는 어젯밤부터 비가 오고 있나요? (계속)

> 3, 5, 7번 문장처럼 '계속'의 의미일 때는 보통 지속되는 기간이나 발생한 시점을 나타내는 어구(since ~, for ~)와 함께 쓰인다.

4 Has her plane **already taken off from the airport?**
그녀가 탄 비행기가 이미 공항에서 이륙했나요? (완료)

5 Has the statue stood **there for nearly a hundred years?**
그 동상은 거의 백 년째 그곳에 서 있나요? (계속)

6 Have you **ever been to the Guggenheim Museum Bilbao?**
스페인 빌바오의 구겐하임 미술관에 가 본 적이 있나요? (경험)

7 Has she suffered **from backache for more than a decade?**
그녀는 10년 넘게 허리 통증을 앓아 왔나요? (계속)

8 Have the players **ever competed in the World Championships?**
그 선수들은 세계 선수권 대회에 참가한 적이 있나요? (경험)

9 Have you decided **what color to paint the exterior walls of the house?**
집의 외벽을 무슨 색으로 칠할지 결정했나요? (완료)

> what color to paint ~는 '의문사 what + to부정사' 구문인데, 이때의 what은 의문형용사로 뒤의 명사 color를 꾸며 주며 '무슨 ~'의 의미다.

10 Have you **ever tried Thai food such as Tom Yam Kung or Phat Thai?**
똠얌꿍이나 팟타이 같은 태국 음식을 먹어 본 적이 있나요? (경험)

How long have they been in quarantine?

의문사+have/has+주어+과거분사 ~? / 의문사+has+과거분사 ~?
▶누가[누구를]/무엇이[을]/어떤 것이[을]/어떻게/언제/어디서/왜 ~해 왔나요/한 적 있나요/했나요?

그들이 격리 생활을 한 지 얼마나 됐나요?

- 의문사 : Who/Whom/Whose/What/Which/How/When/Where/Why

패턴에 유의하며 각 문장을 새겨 읽고 의미를 파악해 보세요.

1 **Where have all those dinosaurs gone?**
그 공룡들은 다 어디로 갔을까요? (결과 : 사라져서 그 결과 여기 없다)

2 **How many years have you practiced yoga?**
요가를 몇 년 동안 수련해 오셨나요? (계속)

3 **Who has been the Minister of Education since 2017?**
2017년 이후로 누가 교육부 장관인가요? (계속 : who가 주어)

4 **Why hasn't he been out of the house since then?**
그는 왜 그 이후로 집밖으로 나오지 않을까요? (계속)

5 **How has the band achieved such global success?**
그 밴드는 어떻게 그런 세계적인 성공을 거뒀나요? (완료)

6 **What have you dreamed of since you entered college?**
당신은 대학에 입학한 이후로 무엇을 꿈꿔 왔나요? (계속)

> 6, 8, 9번 문장에서처럼 since가 절을 이끌 때, since가 이끄는 절에는 과거 시제가, 주절에는 현재완료 시제가 쓰인다.

7 **Who have you ever really cared about except yourself?**
당신은 자신을 제외하고 정말로 누구에게 마음을 써 본 적이 있나요? (경험 : who는 have cared about의 목적어)

8 **How have you changed since you competed in the singing contest?**
노래 경연 대회에 참가한 후로 당신은 어떻게 변해 왔나요? (계속)

9 **What kind of work has she written since she moved to this country?**
그녀는 이 나라로 이주한 후로 어떤 작품을 써 왔나요? (계속 : what kind of work가 has written의 목적어)

10 **Where have you stayed while your house destroyed by the flood was being repaired?**
홍수로 파괴된 집이 수리되는 동안 당신은 어디에 머물러 왔나요? (계속)

> your house destroyed by the flood was being repaired에서 밑줄 친 부분은 your house를 꾸미는 과거분사구

Can you remember the last line of the movie?

조동사 + 주어 + 동사원형 ~?
Will/Would/Can/Could/May/Might/Must/Shall/Should + 주어 + 동사원형 ~?
Do/Does/Did + 주어 + have to ~?

그 영화의 마지막 대사가 기억나요?

패턴에 유의하며 각 문장을 새겨 읽고 의미를 파악해 보세요.

1 **Will you take** me as I am?
나를 있는 그대로 받아 줄래요? (부탁)

2 **Would you mind** me sitting next to you?
제가 옆자리에 앉아도 괜찮을까요? (공손한 요청)

3 **Could you** please spell your name for me?
성함의 철자를 알려 주시겠습니까? (공손한 요청)

4 **Should I send** this letter by registered mail?
이 편지를 등기우편으로 보내야 할까요? (의무, 권고)

5 **Can we change** the meeting time this Friday?
이번 주 금요일 회의 시간을 바꿀 수 있을까요? (허락)

6 **Do I have to pay** for the treatment in advance?
치료비를 미리 지불해야 하나요? (의무)

7 **Can we talk** for a few minutes before you leave?
당신이 떠나기 전에 잠깐 얘기 좀 할 수 있을까요? (허락)

8 **Could you** please take my mom to the hospital for me this afternoon?
오늘 오후에 저 대신 저희 어머니 좀 병원에 모시고 가 주시겠어요? (공손한 요청)

9 **Shall we meet** at exit 3 of the subway station at 4 p.m. this Thursday?
이번 목요일 오후 4시에 그 지하철역 3번 출구에서 만날까요? (제안)

10 **May I have** your passport, arrival card, and customs declaration form?
여권, 입국 신고서, 세관 신고서 좀 주시겠습니까? (공손한 요청, 허락 구하기)

MP3 040

Where **can** I **find** books on Korean political history?

의문사 + 조동사 + 주어 + 동사원형 ~? / 의문사 + 조동사 + 동사원형 ~?
의문사 + will/would/can/could/may/might/must/shall/should + 주어 + 동사원형 ~?
의문사 + do/does/did + 주어 + have to + 동사원형 ~? 의문사 + has to + 동사원형 ~?
의문사 + will/would/can/could/may/might/must/shall/should + 동사원형 ~?

한국 정치사에 관한 책을 어디서 찾을 수 있을까요?

패턴에 유의하며 각 문장을 새겨 읽고 의미를 파악해 보세요.

1 **Where do I have to wait to see him?**
그를 만나려면 어디서 기다려야 하나요? (의무)

2 **What should I do if I lose my house keys?**
집 열쇠를 잃어버리면 어떻게 해야 할까요? (의무, 권고)

3 **Who would you invite to your 20th birthday party?**
스무 살 생일 파티에 누구를 초대할 건가요? (의지)

4 **How long can you hold your breath in the water?**
물속에서 얼마나 숨을 참을 수 있어요? (능력)

5 **When will the postponed golf championship be held?**
연기된 골프 선수권 대회는 언제 열릴까요? (미래)

6 **Who can accomplish such a seemingly impossible mission?**
그렇게 불가능해 보이는 임무를 누가 해낼 수 있을까요? (능력 : who가 주어)

7 **Why should I tell you the reason why I oppose the policy?**
내가 그 정책에 반대하는 이유를 왜 당신에게 얘기해야 하죠? (의무, 권고)

8 **How could the country overcome its financial and economic crisis?**
그 나라는 어떻게 재정 위기와 경제 위기를 극복할 수 있을까요? (능력)

9 **What will happen to the country in the event of a major earthquake?**
대지진이 일어나면 그 나라는 어떻게 될까요? (미래 : what이 주어)

10 **Where should I put the recycled waste and on which day of the week?**
재활용 쓰레기는 어느 요일에, 어디에 내놓아야 할까요? (의무, 권고)

감탄문 (1) : What으로 시작하는 감탄문

MP3 041

What a wonderful invention the air conditioner is!

What + (a/an) + 형용사 + 명사 + 주어 + 동사 ~!   ▶주어는 정말 ~한 …군요!

에어컨은 얼마나 멋진 발명품인가!

• 주어와 동사는 생략할 수 있다.

패턴에 유의하며 각 문장을 새겨 읽고 의미를 파악해 보세요.

1 **What a talented boy he is!**
그 애는 정말 재능 있는 소년이구나!

2 **What a sweet voice he has!**
그는 정말 목소리가 좋아요!

3 **What an original movie it is!**
그건 얼마나 독창적인 영화인지!

4 **What a lovely smile she has!**
그녀는 미소가 얼마나 사랑스러운지요!

5 **What a unique taste you have!**
당신은 취향이 정말 독특하군요!

6 **What a brave little girl she is!**
그 애는 정말 용감한 소녀구나!

7 **What a useful application this is!**
이건 정말 유용한 애플리케이션이네요!

8 **What a troublemaker that boy is!**
저 애는 정말 말썽꾸러기야!

> 형용사 없이 명사만으로도 감탄문을 만들 수 있다.

9 **What an industrious person he is!**
그는 정말 근면한 사람이군요!

10 **What a beautiful dress she's wearing tonight!**
오늘 밤 그녀는 정말 아름다운 드레스를 입고 있군요!

감탄문 (2) : How로 시작하는 감탄문

MP3 **042**

How touching that movie is!

How + 형용사/부사 + 주어 + 동사 ~! ▶주어는 정말 ~하군요!/주어가 얼마나 ~한지요!

저 영화는 정말 감동적이군요!

• 주어와 동사는 생략할 수 있다.

패턴에 유의하며 각 문장을 새겨 읽고 의미를 파악해 보세요.

1 **How fast he talks!**
그 사람 정말 말을 빨리 하네요!

2 **How hot this is!**
이거 너무 뜨거워!

3 **How nice that car is!**
저 차 정말 멋진데!

4 **How thoughtful she is!**
그녀는 얼마나 생각이 깊은지!

5 **How generous he is!**
그는 정말 관대하네요!

6 **How rude that man is!**
저 남자, 어쩜 저렇게 무례한지!

7 **How delicious this dish is!**
이 요리, 정말 맛있네요!

8 **How beautiful this place is!**
이곳은 정말 아름답네요!

9 **How ridiculous the man is!**
그 남자가 얼마나 바보 같은지 몰라!

10 **How considerate you are!**
어쩜 이렇게 사려가 깊으세요!

PART 2

안 보이던 문장이 눈에 들어오다

CHAPTER 1

다양한 모습의 주어

문장의 주어를 파악하면
리딩의 50%가 해결된다!

다양한 주어 (1) : 명사 + 수식어

MP3 043

The bright <u>star</u> next to the moon is Jupiter.
수식어 + 명사 + 수식어

달 옆에 뜬 밝은 별은 목성이다.

- 명사인 주어의 앞이나 뒤에서 수식어가 명사를 꾸미고 있어서 주어가 긴 경우
- 앞에서 꾸미는 수식어 : 형용사, 단독으로 쓰이는 현재분사/과거분사
- 뒤에서 꾸미는 수식어 : 전치사구, to부정사구, 현재분사구, 과거분사구, 관계사절

패턴에 유의하며 각 문장을 새겨 읽고 의미를 파악해 보세요.

1   The <u>painting</u> carved on the rock **dates back to the Bronze Age.**
    그 바위에 새겨진 그 그림은 청동기 시대로 거슬러 올라간다. (명사 + 과거분사구)

2   The <u>opportunity</u> to start over **is precious to all who have failed.**
    다시 시작할 기회는 실패한 모든 사람들에게 소중하다. (명사 + to부정사구)

3   The <u>book</u> that I read today **is a novel written by an Irish writer.**
    내가 오늘 읽은 책은 아일랜드 작가가 쓴 소설이다. (명사 + 관계대명사절)

4   An <u>essay</u> written by the French essayist **is contained in the textbook.**
    그 프랑스 수필가가 쓴 수필 한 편이 교과서에 실려 있다. (명사 + 과거분사구)

5   *The Man with a Movie Camera* **is a 1929 Soviet silent documentary film.**
    〈카메라를 든 사나이〉는 1929년 작 소련의 무성 다큐멘터리 영화다. (명사 + 전치사구)

6   The main <u>cause</u> of the disease **is unhealthy lifestyle and poor eating
    habits.**   그 병의 주요 원인은 건강하지 못한 생활 습관과 부실한 식습관이다. (형용사 + 명사 + 전치사구)

7   The <u>castle</u> on the hill near Füssen **inspired Disneyland's Sleeping
    Beauty Castle.**
    퓌센 근처의 언덕 위에 있는 성이 디즈니랜드의 '잠자는 숲 속의 공주' 성에 영감을 줬다. (명사 + 전치사구)

    The castle on the hill near Füssen에서 near Füssen은 the hill을 꾸미고,
    on the hill near Füssen이 the castle을 꾸민다.

8   An <u>astronomer</u> studying the night sky **discovered the comet in the
    17th century.**   밤하늘을 연구하던 한 천문학자가 17세기에 그 혜성을 발견했다. (명사 + 현재분사구)

9   The best <u>time</u> to travel to the city **is autumn, when the leaves turn red
    and yellow.**
    그 도시로 여행 가기 가장 좋은 시기는 가을로, 이때는 나뭇잎이 붉고 노랗게 변한다. (형용사 + 명사 + to부정사구)

10 All <u>men</u> who have achieved great things **have been great dreamers.**
    (Orison Swett Marden) 위대한 일을 성취한 사람은 모두 위대한 몽상가였다. (오리슨 스웨트 마튼, 미국의 작가)
    (수량형용사 + 명사 + 관계대명사절)

다양한 주어 (2) : 동명사, to부정사

MP3 044

Thinking and speaking positively is the key to happiness.

동명사 주어/to부정사 주어 ▶ ~하는 것

긍정적으로 생각하고 말하는 것이 행복의 열쇠다.

- 실제로는 to부정사가 주어로 문장 앞에 쓰이는 경우는 많지 않으며, to부정사를 주어로 쓰려면 주로 'It(가주어) ~ to부정사(진주어)' 구문으로 쓴다.
- 동명사는 주로 과거나 현재와 관련 있는 행동을 나타내고, to부정사는 미래나 현재와 관련 있는 행동을 나타낸다.

패턴에 유의하며 각 문장을 새겨 읽고 의미를 파악해 보세요.

1 **To get enough sleep is important for our health.**
   잠을 충분히 자는 게 건강에 중요하다. (to부정사)

2 **Being on a strict diet is essential to losing weight.**
   엄격한 다이어트를 하는 게 살을 빼는 데 필수적이다. (동명사)

3 **To live without having too much stuff is a good idea.**
   너무 많은 걸 소유하지 않고 살겠다는 건 좋은 생각이다. (to부정사)

4 **Raising a child alone is very hard for a working mother.**
   혼자 아이를 키운다는 건 일하는 엄마에게 매우 힘든 일이다. (동명사)

5 **To listen to various opinions is important for decision making.**
   다양한 의견을 듣는 것이 의사 결정에 중요하다. (to부정사)

6 **Learning to play wind instruments is not as easy as you think.**
   관악기 연주법을 배우는 건 네 생각만큼 쉽지 않다. (동명사)

7 **To vote is the right and obligation of the people of a country.**
   투표를 하는 건 한 나라 국민의 권리이자 의무다. (to부정사)

8 **Keeping a diary every day is great for improving your writing skills.**
   매일 일기를 쓰는 게 글쓰기 능력을 향상시키는 데 아주 좋다. (동명사)

9 **Following his advice at that time was the biggest mistake of my life.**
   그때 그의 충고를 따른 것이 내 인생의 가장 큰 실수였다. (동명사)

10 **Watching videos on YouTube has become one of people's favorite pastimes.**
   유튜브에서 동영상을 보는 게 사람들이 아주 좋아하는 취미 중 하나가 되었다. (동명사)

Most people
want
people all over
the world
to live
together
PEACEFULLY.

다양한 주어 (3) : 가주어 it, 진주어 to부정사

MP3 045

It is important to preserve the environment.

It(가주어) + **is** + 형용사 + **to부정사**(진주어)   ▶(to부정사)하는 것은 …하다

환경을 보존하는 것이 중요하다.

- 영어 원어민들은 주어 자리에 to부정사를 쓰는 것을 어색하게 여겨서 보통 이렇게 표현한다.
- 위의 문장은 It is important that we should preserve the environment.처럼 to부정사 부분을 'that + 주어 + 동사 ~'로 쓸 수도 있다.

패턴에 유의하며 각 문장을 새겨 읽고 의미를 파악해 보세요.

1 **It is natural** to want to live healthy and long.
건강하게 오래 살고 싶은 것은 당연하고 자연스러운 일이다.

2 **It's relaxing** to drink a can of beer after taking a bath.
목욕하고 나서 맥주를 한 캔 마시면 몸이 편안해진다. (= 목욕 후 맥주 한 캔을 마시는 건 몸을 편안하게 한다.)

3 **It's important** to wash your hands when you get home.
집에 오면 손을 씻는 것이 중요하다.

4 **Just in case, it is necessary** to prepare some alternatives.
만일의 경우에 대비하여, 몇 가지 대안을 준비할 필요가 있다. (= 몇 가지 대안을 준비하는 것이 필요하다.)

5 **It's not that hard** to film videos and post them on YouTube.
영상을 촬영하여 유튜브에 올리는 것은 그렇게 어렵지 않다.

6 **It is not desirable** to exercise when you are not feeling well.
몸이 안 좋을 때 운동을 하는 건 바람직하지 않다.

7 **It is almost impossible** to learn a foreign language in a few months.
외국어를 몇 달 만에 배우는 것은 거의 불가능하다.

8 **It is not reasonable** to believe that personality depends on blood type.
성격이 혈액형에 달려 있다고 믿는 건 합리적이지 않다.

9 **It is pleasant** to lie in the park **listening to music on a clear spring day.**
맑은 봄날 음악을 들으며 공원에 누워 있는 건 참 기분이 좋다.

10 **It is better** to light a candle **than** to curse the darkness. (Eleanor Roosevelt)
어둠을 욕하기보다는 초를 밝히는 것이 낫다.
(엘리너 루스벨트, 미국 제32대 대통령 프랭클린 D. 루스벨트의 부인)

11 **It's not common** for her to dress like that.
그녀가 그렇게 입는 게 흔한 일은 아니다.

12 **It is nice of you** to carry the old lady's luggage.
할머니의 짐을 들어 드리다니 착하네요.

13 **It is illegal for a civil servant** to join a political party.
공무원이 정당에 가입하는 것은 불법이다.

14 **It is very kind of you** to encourage me with those words.
그런 말로 저를 격려해 주시다니 정말 친절하시네요.

15 **It is regrettable** for him to have said so about the issue.
그가 그 문제에 대해 그렇게 말했던 건 유감스러운 일이다.

16 **It was courageous** of him to speak out against the injustice.
그가 부당함에 대해 공개적으로 말한 것은 용기 있는 일이었다.

17 **It is dangerous** for a novice driver to drive on a snowy day.
초보 운전자가 눈 오는 날 운전하는 것은 위험하다.

18 **It was thoughtful** of her to wait for him to catch his breath and speak.
그가 숨을 고르고 말을 할 때까지 기다려 주다니 그녀는 사려 깊었다.

19 **It is challenging** for me to raise my math score by 20 points this **semester.**
이번 학기에 내가 수학 점수를 20점 올리는 건 힘든 일이다.

20 **It is arrogant** of him to think that the organization will not work **without him.**
자신이 없으면 그 조직이 돌아가지 않을 거라고 생각하다니 그는 오만하다.

Whether she is guilty or not is not their concern.
whether + 주어 + 동사   ▶ ~인지 아닌지는 / that + 주어 + 동사   ▶~라는 것은

그녀가 유죄냐 아니냐는 그들의 관심사가 아니다.

- 실제로는 'that + 주어 + 동사'가 문장의 주어 자리에 오는 경우는 많지 않다.
  보통은 'It(가주어) ~ that절(진주어)' 형태로 많이 쓰인다.
- if에도 '~인지, 아닌지'의 의미가 있지만, 주어 자리에 올 때는 대개 whether를 쓴다.

패턴에 유의하며 각 문장을 새겨 읽고 의미를 파악해 보세요.

1. That the government does its best **leaves no room for doubt.**
   = It leaves no room for doubt that the government does its best.
   정부가 최선을 다한다는 데는 의심의 여지가 없다.

2. That the man who is Aries is impatient **is not that surprising.**
   = It's not that surprising that the man who is Aries is impatient.
   양자리인 그 남자가 참을성이 없는 게 그렇게 놀랍지는 않다.

3. Whether the rumor was true or not **didn't matter for the reporters.**
   그 소문이 사실인지 아닌지는 기자들에게 중요하지 않았다.

4. That the politician was rude to the cleaning worker **made people angry.**
   = It made people angry that the politician was rude to the cleaning worker.
   그 정치인이 청소 노동자에게 무례하게 대했다는 사실이 사람들을 화나게 했다.

5. Whether the party's experiment will succeed or not **remains to be seen.**
   그 당의 실험이 성공할지 여부는 두고 봐야 한다.

6. That the comedian died suddenly in an accident **surprised many people.**
   = It surprised many people that the comedian died suddenly in an accident.
   그 코미디언이 사고로 갑자기 죽었다는 것이 많은 사람들을 놀라게 했다.

7. Whether we will succeed or not **does not depend only on how hard
   we try.**   우리가 성공할 것인지 여부는 얼마나 열심히 노력하느냐에만 달려 있지는 않다.

8. That the man has not yet shown half of his ability **is what they rely on
   now.**   그 사람이 자기 능력을 아직 반도 보여 주지 않았다는 게 그들이 지금 믿고 있는 것이다.

9. Whether we are happy or not **depends on how grateful we are for small
   things.**   우리가 행복한가 그렇지 않은가는 작은 일에 얼마나 감사하느냐에 달려 있다.

10. Whether dogs and cats are our family members or not **is a question for
    debate.**   개와 고양이가 우리의 가족인지 아닌지는 논쟁의 문제다.

다양한 주어 (5) : 가주어 it, 진주어 that절/whether절

It can be said **that the real estate policy worked**.

It ~ that절/whether절　　▶~라는 것은/~인지 아닌지는 …이다/하다

그 부동산 정책이 효과가 있었다고 말할 수 있다.

- 문장 앞의 it은 형식상의 주어(가주어)로, 해석하지 않는다.
- 실제로 영어 원어민들은 긴 that절과 whether절을 문장 앞에 주어로 잘 쓰지 않고 이런 형태로 쓴다.

패턴에 유의하며 각 문장을 새겨 읽고 의미를 파악해 보세요.

1　**It is questionable** whether material affluence can make us happy.
물질적 풍요가 우리를 행복하게 해 줄 수 있는지는 의문이다.

2　**It surprised us** that the man who hated animals started to raise a puppy.　동물을 싫어하던 그 사람이 강아지를 키우기 시작했다는 사실에 우리는 놀랐다.

3　**It is not surprising** that many teenagers are suffering from depression these days.　요즘 많은 10대 청소년들이 우울증을 앓고 있다는 건 놀랍지 않다.

4　**It is paradoxical** that there are more obese people among the poor in the country.　그 나라의 가난한 사람들 가운데 비만인이 더 많다는 건 역설적이다.

5　**It is debatable** whether synthetic vitamins have the same effect as natural vitamins.
합성 비타민이 천연 비타민과 동일한 효과가 있는지 여부는 논쟁의 여지가 있다.

6　**It pleased us all** that he had recovered from his illness and returned to his daily routine.
그 사람이 병에서 완쾌되어 일상으로 돌아갔다는 사실에 우리 모두가 기뻤다.

7　**As you get older, it's important** that you should eat a balanced diet and exercise regularly.
나이가 들수록 균형 잡힌 식사를 하고 규칙적으로 운동을 하는 것이 중요하다.

8　**It can't be denied** that scientific development has greatly improved the lives of mankind.
과학적 발전이 인류의 삶을 상당히 향상시켰다는 것은 부인할 수 없다.

9　**It is highly doubtful** whether what he said about what he had been through there was true.
그 사람이 그곳에서 겪은 일에 대해 한 말이 사실인지 아닌지가 무척 의심스럽다.

10　**It is well known** that many people in the United States die from side effects of narcotic analgesics.
미국에서 많은 사람들이 마약성 진통제의 부작용으로 사망한다는 건 잘 알려져 있다.

What to do next has not been decided yet.

의문사 + to부정사/의문사 + (주어) + 동사　▶ 무엇이[을]/누가[누구를]/어떻게/언제/어디서/왜 ~하는 것이

다음에 뭘 할지는 아직 결정되지 않았다.

- 의문사구 : what/who(m)/how/when/where + to부정사
  의문사절 : what/who(m)/how/when/where/why + 주어 + 동사
- 'why + to부정사'는 쓰지 않는다.

패턴에 유의하며 각 문장을 새겨 읽고 의미를 파악해 보세요.

1　**When to cut him off is a difficult question.**
　언제 그의 말을 끊어야 하는지는 어려운 문제다. (의문사구)

2　**Whom to blame is not an important matter now.**
　누구를 탓할 것인가는 지금 중요한 문제가 아니다. (의문사구)

3　**How to make kimchi is the subject of today's video.**
　김치를 담그는 법이 오늘 영상의 주제다. (의문사구)

> 'how + to부정사'는 '~하는 (방)법'으로 해석한다.

4　**Why dinosaurs became extinct is not yet clearly known.**
　공룡이 왜 멸종했는지는 아직 명확하게 알려지지 않았다. (의문사절)

5　**What to eat and when to eat is very important for our health.**
　무엇을 먹고 언제 먹을지는 우리의 건강에 매우 중요하다. (의문사구)

6　**When the drought will come to an end is everyone's concern.**
　가뭄이 언제 끝날지가 모두의 걱정거리다. (의문사절)

7　**How the skater won the Olympic gold medal is still a mystery.**
　그 스케이트 선수가 어떻게 올림픽 금메달을 땄는지는 여전히 미스터리다. (의문사절)

8　**Where to go for the honeymoon was the first thing they decided.**
　신혼여행으로 어디를 갈지가 그들이 가장 먼저 결정한 것이었다. (의문사구)

9　**Who will become the next Director-General of WHO is of great concern.**
　누가 차기 세계보건기구(WHO) 사무총장이 될지가 큰 관심사다. (의문사절)

10　**How the Rapa Nui people of Easter Island made Moai is one of the world's mysteries.**
　이스터 섬의 라파누이 족이 어떻게 모아이 석상을 만들었는지는 세계의 미스터리 중 하나다. (의문사절)

다양한 주어 (7) : 관계대명사 what절

What made him succeed was his steady effort.

관계대명사 what + (주어) + 동사   ▶ ~하는[한/할] 것은

그를 성공하게 한 것은 꾸준한 노력이었다.

- 이때의 what은 '무엇'이라는 의미가 아니다.

패턴에 유의하며 각 문장을 새겨 읽고 의미를 파악해 보세요.

1 **What gets him misunderstood is his way of speaking.**
그를 오해받게 하는 것은 그의 말투다.

2 **What I like most about the movie is the main character.**
내가 그 영화에서 가장 마음에 드는 것은 주인공이다.

3 **What surprised me that morning was the news of his suicide.**
그날 아침 나를 놀라게 한 것은 그의 자살 소식이었다.

4 **What we have to decide now is who will be the team leader.**
지금 우리가 결정해야 할 것은 누가 팀장이 될 것인가이다.

5 **What the boy wants for Christmas is a soccer ball and soccer shoes.**
그 아이가 크리스마스 선물로 원하는 것은 축구공과 축구화다.

6 **What the president proposed today is called the Green New Deal project.**
대통령이 오늘 제안한 것은 그린 뉴딜 프로젝트라고 한다.

7 **What enabled the project to be successful was the team members' cooperation.**
그 프로젝트가 성공할 수 있게 한 것은 팀원들의 협력이었다.

8 **What soothes my mood when I'm depressed is delicious food and fun TV programs.**
우울할 때 내 기분을 달래 주는 것은 맛있는 음식과 재미있는 TV 프로그램이다.

9 **What makes me sad is the fact that we cannot communicate properly and we misunderstand each other.**
나를 슬프게 하는 것은 우리가 의사소통을 제대로 하지 못하고 서로 오해한다는 사실이다.

10 **What is essential for the senior citizens is interpersonal relationships, sufficient nutrition, exercise, and regular health checkups.**
고령자들에게 필수적인 것은 대인관계, 충분한 영양 공급, 운동, 정기적인 건강 검진이다.

CHAPTER 2

다양한 형태의 수식어구

한국어와는 위치부터
다른 수식어구를 잡으면
문장이 읽힌다!

명사를 꾸미는 전치사구

MP3 050

The goal of my life is to make a happy family.

　　명사　　+　　전치사구　　▶~하는/한 명사

내 인생의 목표는 행복한 가정을 꾸리는 것이다.

- 수식어구가 아무리 길어도 수식을 받는 말 앞에 오는 우리말과 달리, 영어는 수식어구가 수식을 받는 단어의 뒤에 오는 경우가 많다.
- 전치사구가 그중 하나로, 명사 뒤에서 형용사처럼 앞의 명사를 꾸민다.

패턴에 유의하며 각 문장을 새겨 읽고 의미를 파악해 보세요.

1 **Can you show me** the way **to the Museum of Modern Art?**
뉴욕현대미술관으로 가는 길 좀 알려 주실래요?

2 **I played** a scene **from** *Death of a Salesman* **at an audition.**
나는 오디션에서 《세일즈맨의 죽음》의 한 장면을 연기했다.

3 **He majored in engineering at** the best university **in Hong Kong.**
그는 홍콩에 있는 가장 좋은 대학교에서 공학을 전공했다.

4 A girl **named Anne with red hair** lived on Prince Edward Island.
머리가 빨간 앤이라는 소녀가 프린스 에드워드 섬에 살았다.

> named Anne은 과거분사구로 a girl을 꾸민다.

5 **On** the wall **of the building was** a quote **from** *the Little Prince*.
그 건물 벽에는 《어린 왕자》에서 따온 인용문이 하나 적혀 있었다.

6 **These days he is reading** books **on psychology and psychoanalysis.**
요즘 그는 심리학과 정신분석학에 대한 책들을 읽고 있다.

7 *1917* **is** a film **about two young British soldiers who fought in World War I.** 〈1917〉은 제1차 세계 대전에 참전한 두 젊은 영국 병사에 관한 영화다.

8 The teacher **in his late twenties** looked so young that he looked like a student.
20대 후반의 그 교사는 너무 어려 보여서 학생처럼 보였다.

9 **I was deeply moved to see** the paintings **of Van Gogh at** the Musée d'Orsay **in Paris.**
나는 파리에 있는 오르세 미술관에서 반 고흐의 그림들을 보고 깊은 감명을 받았다.

10 **Henry David Thoreau lived two years, two months, and two days in** a cabin **near Walden Pond.**
헨리 데이비드 소로는 월든 연못 근처의 오두막에서 2년 2개월 2일을 살았다.

There is **a short story** called *The Gift of the Magi*.

명사   +   과거분사구/현재분사구   ▶ ~한/하는 명사

《크리스마스 선물》이라는 단편 소설이 있다.

- 현재분사와 과거분사가 이끄는 구가 명사 뒤에 놓여 명사를 꾸민다.
  (현재분사와 과거분사가 단독으로 명사를 꾸밀 때는 명사의 앞에서 꾸민다.)
- 현재분사는 꾸밈을 받는 명사가 행동의 주체이고, 과거분사는 꾸밈을 받는 명사가 행동을 당하는 대상이다.

패턴에 유의하며 각 문장을 새겨 읽고 의미를 파악해 보세요.

1 **The kid** jumping rope there **is my son.**
저기서 줄넘기 하고 있는 아이가 제 아들이에요. (현재분사구 – 행동의 주체)

2 **This is a novel** originally written in French.
이것은 원래 프랑스어로 쓰인 소설이다. (과거분사구 - 행동을 당한 대상)

3 **Look at** the yellow cat sleeping on the roof.
지붕에서 자고 있는 노란 고양이 좀 봐. (현재분사구 – 행동의 주체)

4 **She bought** a cotton blouse made in Bangladesh.
그녀는 방글라데시에서 만든 면 블라우스를 하나 샀다. (과거분사구 - 행동을 당한 대상)

5 **In the class, there is** a student born in Mongolia.
그 반에는 몽골에서 태어난 학생이 한 명 있다. (과거분사구 - 행동을 당한 대상)

6 **I know** some people planning to move to rural areas.
나는 농촌으로 이주할 계획이 있는 사람들을 몇 명 안다. (현재분사구 – 행동의 주체)

7 **What is** the language mainly spoken in South Africa?
남아프리카공화국에서 주로 쓰이는 언어가 무엇인가요? (과거분사구 - 행동을 당한 대상)

8 **Did you fulfill** the terms stated in the contract **properly?**
계약서에 명시된 조건을 제대로 이행하셨나요? (과거분사구 - 행동을 당한 대상)

9 The woman wearing a navy suit **is the Minister of Justice.**
남색 정장을 입은 여성이 법무부 장관이다. (현재분사구 – 행동의 주체)

10 The man reporting the news **is a Washington correspondent.**
지금 뉴스를 전하고 있는 남자는 워싱턴 특파원이다. (현재분사구 – 행동의 주체)

11 **The woman took pictures of** the children playing on the grass.
여자는 풀밭에서 놀고 있는 아이들의 사진을 찍었다. (현재분사구 – 행동의 주체)

12 **The Golden Gate Bridge is** a suspension bridge opened in 1937.
금문교는 1937년에 개통된 현수교다. (과거분사구 – 행동을 당한 대상)

13 **Do you know** the man sitting on the first row wearing a navy suit?
남색 정장을 입고 맨 앞줄에 앉아 있는 남자를 아십니까? (현재분사구 – 행동의 주체)

14 **The Party is** a liberal political party **in South Korea** formed in 2020.
그 당은 2020년에 결성된 대한민국의 진보 정당이다. (과거분사구 – 행동을 당한 대상)

15 **Look at** the girls and their dogs running and playing on the beach.
해변에서 뛰어놀고 있는 소녀들과 그들의 개들 좀 봐. (현재분사구 – 행동의 주체))

16 The patient lying on the bed by the window **had an operation yesterday.**
창가 쪽 침대에 누워 있는 환자는 어제 수술을 받았다. (현재분사구 – 행동의 주체)

17 **The song was made by** an Australian singer-songwriter born in South Africa.
이 노래는 남아프리카공화국 태생의 오스트레일리아 싱어송라이터가 만들었다. (과거분사구 – 행동을 당한 대상)

18 **At the shop, they sell** various cookies and sweets produced in foreign countries.
그 가게에서는 외국에서 생산되는 다양한 쿠키와 사탕 및 초콜릿류를 판매한다. (과거분사구 – 행동을 당한 대상)

19 **Police arrested** a man trying to attempt a suicide bombing at an amusement park.
경찰은 놀이공원에서 자살 폭탄 테러를 시도하려던 한 남자를 체포했다. (현재분사구 – 행동의 주체)

20 **The students have to write book reports after reading** a book written by Hemingway.
학생들은 헤밍웨이가 쓴 책을 읽은 후에 독후감을 써야 한다. (과거분사구 – 행동을 당한 대상)

명사를 꾸미는 to부정사(구)

MP3 **052**

That platform has **so many documentaries to watch**.

명사   +   **to부정사**
                                     ▶~하는/할 명사

저 플랫폼에는 볼 만한 다큐멘터리가 무척 많다.

• to부정사가 명사를 뒤에서 꾸민다.

패턴에 유의하며 각 문장을 새겨 읽고 의미를 파악해 보세요.

1 **Writing is** a good way **to organize your thoughts**.
글쓰기는 생각을 정리하는 좋은 방법이다.

2 **They say yoga is** an exercise **to straighten your posture**.
요가는 자세를 똑바르게 하는 운동이라고 한다.

> They say ~: (사람들이 말하기를) ~라고 한다

3 **Social media is** a great way **to communicate with people easily**.
소셜 미디어는 사람들과 쉽게 소통할 수 있는 멋진 방법이다.

4 **There are** many things **to keep in mind before you start driving**.
운전을 시작하기 전에 명심해야 할 것이 많다.

5 **Elon Musk, CEO of Tesla, Inc., has** a plan **to move people to Mars**.
테슬라의 최고경영자 일론 머스크는 화성으로 사람들을 이주시킬 계획이 있다.

6 The best way **to predict your future is to create it.** (Abraham Lincoln)
미래를 예측하는 가장 좋은 방법은 미래를 창조하는 것이다. (에이브러햄 링컨)

7 **It's not easy to get** a chance **to meet** someone **to tell you such a thing**.
당신에게 그런 말을 해 줄 사람을 만날 기회를 얻기란 쉽지 않다.

8 **The husband and wife had little** money **to buy Christmas gifts for each other**.
그 부부는 서로에게 크리스마스 선물을 사 줄 돈이 거의 없었다.

9 **The people of the two countries have no** reason **to blame or hate each other**.
양국 국민은 서로를 비난하거나 미워할 이유가 없다.

10 **Everyone has** the right **to express his or her thoughts and opinions without any oppression**.
모든 사람은 아무런 억압도 받지 않고 자신의 생각과 의견을 표현할 권리가 있다.

She is **the person** who wrote the lyrics.

명사   +   관계사절(관계대명사절, 관계부사절)   ▶~하는/한/할 명사

그녀가 그 노랫말을 쓴 사람이다.

- 관계대명사 : who/whose/whom, which, that   • 관계부사 : when, where, why

패턴에 유의하며 각 문장을 새겨 읽고 의미를 파악해 보세요.

1 **Hotel rooms** which overlook the sea **cost more.**
바다가 내려다보이는 호텔 객실이 가격이 더 비싸다. (관계대명사 which절)

2 **I believe he is** the man who(m) the people have been looking for.
나는 그가 사람들이 찾고 있던 사람이라고 믿는다. (관계대명사 who(m)절)

3 **There are** many countries **in Latin America** that were colonized by Spain.   라틴 아메리카에는 스페인의 식민지였던 나라들이 많다. (관계대명사 that절)

4 **She is one of** the parents whose children lost their lives in the shipwreck.
그녀는 그 난파 사고로 목숨을 잃은 아이들의 부모 중 한 사람이다. (관계대명사 whose절)

5 **There are** times when everyone wants to be alone and doesn't like to talk.   누구나 혼자 있고 싶고 이야기를 하고 싶지 않을 때가 있다. (관계부사 when절)

6 **This is** the cinema where I saw the movie *Love Actually* in the winter of 2003.
여기가 내가 2003년 겨울에 영화 〈러브 액츄얼리〉를 본 영화관이다. (관계부사 where절)

7 **They don't know** the reason why Jennifer rejected the offer of the company.
그들은 제니퍼가 그 회사의 제안을 거절한 이유를 모른다. (관계부사 why절)

8 **Wikipedia is** a free on-line encyclopedia that anyone can participate in editing.
위키피디아는 누구나 편집에 참여할 수 있는 무료 온라인 백과사전이다. (관계대명사 that절)

9 **The girl** who(m) I met in Italy while I traveled there **sent me a message on Facebook.**
내가 이탈리아로 여행 갔을 때 만난 여자가 페이스북으로 내게 메시지를 보냈다. (관계대명사 who(m)절)

10 **Tuberculosis is** an infectious disease which is usually caused by Mycobacterium tuberculosis bacteria.
결핵은 보통 마이코박테리아 결핵균에 의해 발생하는 전염병이다. (관계대명사 which절)

Carl Jung was **the psychiatrist** who coined the term "complex."

명사 + who + 동사 ▶~하는/한/할 명사(사람)

칼 융은 '콤플렉스'라는 용어를 만들어 낸 정신과 의사였다.

- 관계대명사 who가 이끄는 절이 앞의 명사를 꾸미는데, 이때 명사는 사람이다.
- 이 패턴에서 관계대명사 who는 관계사절의 주어여서 뒤에 동사가 바로 온다.

패턴에 유의하며 각 문장을 새겨 읽고 의미를 파악해 보세요.

> 관계대명사 who는 that으로 바꿔 쓸 수 있다.

1 **I know** an American who speaks Korean very well.
나는 한국어를 아주 잘하는 미국인을 한 명 안다.

2 **I have met** a golfer who had played in the PGA tour.
나는 PGA 투어에서 활동했던 골프 선수를 만난 적이 있다.

3 **They are** the actor-actress couple who adopted children.
그들은 아이들을 입양한 배우 부부다.

4 **They welcomed** the student who transferred from another school.
그들은 다른 학교에서 전학 온 그 학생을 환영했다.

5 **That's** the surgeon who performed heart valve surgery on my mother.
저 사람이 우리 어머니에게 심장 판막 수술을 집도한 외과 의사다.

6 **Today, I met** my cousin who had immigrated to Canada **after 10 years.**
오늘 나는 캐나다로 이민 갔던 사촌동생을 10년 만에 만났다.

7 **People were quietly looking at** the boy who was dancing on the stage.
사람들은 무대 위에서 춤을 추고 있는 소년을 조용히 바라보고 있었다.

8 **I was deeply moved by** the person who won the Nobel Peace Prize **this year.** 나는 올해 노벨평화상을 받은 사람에게 깊은 감동을 받았다.

9 **He is** a broadcaster who naturalized from Russia to South Korea **a few years ago.** 그는 몇 년 전에 러시아에서 한국으로 귀화한 방송인이다.

10 **Ennio Morricone was** a composer who composed numerous original scores for movies.
엔니오 모리코네는 수많은 영화 음악을 작곡한 작곡가였다.

MP3 **055**

관계대명사 which가 이끄는 절이 명사를 수식 ❶

This is **the bus which goes to San Francisco**.
　　　　　명사　＋　which ＋ 동사　　▶~하는/한/할 명사(사물, 동물)

이것은 샌프란시스코로 가는 버스다.

- 관계대명사 which가 이끄는 절이 앞의 명사를 꾸미는데, 이때 명사는 사물이나 동물이다.
- 이 패턴에서 관계대명사 which는 관계사절의 주어여서 뒤에 동사가 바로 온다.

패턴에 유의하며 각 문장을 새겨 읽고 의미를 파악해 보세요.

> 관계대명사 which는 that으로 바꿔 쓸 수 있다.

1 **We'd like** a room which has an ocean view.
저희는 바다가 보이는 방을 원해요.

2 **I bought** a pair of shoes which cost 70 US dollars.
나는 70달러짜리 신발을 한 켤레 샀다.

3 **This is** an application which measures the number of steps.
이것은 걸음 수를 측정하는 애플리케이션이다.

4 **Humans need to eat** fresh foods which contain various nutrients.
인간은 다양한 영양소를 함유한 신선한 음식을 먹어야 한다.

5 **He lives in** a five-story building which is next to the subway tracks.
그는 지하철 선로 옆에 있는 5층 건물에 산다.

6 **We need** a new refrigerator which can store kimchi for a long time.
우리는 김치를 오래 보관할 수 있는 새 냉장고가 필요하다.

7 **COVID-19 is** a disease which has a relatively high mortality rate
among the elderly. 코로나19는 노인 사망률이 상대적으로 높은 질환이다.

8 **She wants** a computer which has enough capacity to allow her to play
video games.
그녀는 비디오 게임을 할 수 있을 만큼 사양이 충분한 컴퓨터를 원한다.

9 **She likes to wear** clothes which are unique in design and can reveal
her individuality.
그녀는 디자인이 독특하고 자신의 개성을 드러낼 수 있는 옷을 즐겨 입는다.

10 **Now I'm reading** a novel which topped the bestseller list in the first
half of this year.
지금 나는 올해 상반기 베스트셀러 1위를 차지했던 소설을 읽고 있다.

관계대명사 that이 이끄는 절이 앞의 명사를 수식 ❶

MP3 056

I've been to **the museum that opened in this city**.

명사   +   that+동사   ▶ ~하는/한/할 명사(사람, 사물, 동물)

나는 이 도시에 문을 연 그 박물관에 가 본 적이 있다.

- 관계대명사 that은 앞에 오는 명사가 사람이든 사물이든 동물이든 상관없이 쓸 수 있다. that이 접속사가 아닌 관계대명사로 쓰였는지를 확인하려면 that절이 불완전한지를 보면 된다. 주어나 목적어가 빠져 있다면 관계대명사로 쓰였을 가능성이 높다.
- 이 패턴에서 관계대명사 that은 관계사절의 주어여서 뒤에 동사가 바로 온다.

패턴에 유의하며 각 문장을 새겨 읽고 의미를 파악해 보세요.

1 **Please pass me** <u>the phone</u> **that is on the table.**
탁자 위에 있는 전화기 좀 건네주세요. (앞의 명사가 사물)

2 **We have** <u>cushions</u> **that can also be used as pillows.**
우리 집에는 베개로도 쓸 수 있는 쿠션들이 있다. (앞의 명사가 사물)

3 **This is** <u>a song</u> **called** *The Joke* **that won a Grammy Award.**
이것은 그래미상을 수상한 〈농담〉이라는 곡이다. (앞의 명사가 사물)

> 관계대명사절이 *The Joke*가 아니라 a song을 꾸민다. called *The Joke*도 a song을 꾸민다.

4 **She is** <u>the first Korean novelist</u> **that won the Man Booker Prize.**
그녀는 맨부커상을 수상한 최초의 한국 소설가다. (앞의 명사가 사람)

5 **These are** <u>the strawberries</u> **that were grown in his vinyl greenhouses.**
이것은 그의 비닐하우스에서 재배한 딸기다. (앞의 명사가 사물)

6 **Briggs and Briggs-Myers are** <u>mother and daughter</u> **that co-created MBTI.**
브릭스와 브릭스 마이어스는 MBTI(성격유형검사)를 함께 창안한 엄마와 딸이다. (앞의 명사가 사람)

7 **Can you introduce me to** <u>a person</u> **that can translate this article into English?** 이 기사를 영어로 번역할 수 있는 사람을 내게 소개해 줄 수 있어요? (앞의 명사가 사람)

8 **We should always eat** <u>fresh vegetables and fruits</u> **that are good for our health.** 건강에 좋은 신선한 채소와 과일을 늘 먹어야 한다. (앞의 명사가 사물)

9 **Ganymede is** <u>a satellite of</u> <u>Jupiter</u> **that is the largest planet in the solar system.** 가니메데는 태양계에서 가장 큰 행성인 목성의 위성이다. (앞의 명사가 사물)

10 *Harry Potter* **is** <u>a series of novels</u> **that are loved by people of all ages around the world.**
《해리 포터》는 전 세계 남녀노소 모두에게 사랑받는 소설 시리즈다. (앞의 명사가 사물)

관계대명사 who(m)가 이끄는 절이 앞의 명사를 수식 ❷

MP3 057

I don't know **the man** who you just greeted.

명사   +   who(m)+주어+동사   ▶~하는/한/할 명사(사람)

네가 방금 인사한 사람을 나는 모른다.

- who(m)가 뒤에 오는 동사/전치사의 목적어 역할을 한다.(위의 문장에서는 who(= the man)가 greeted의 목적어) 그래서 whom을 쓰는 게 문법적으로 맞지만 현대 영어에서는 주로 who를 쓴다.

패턴에 유의하며 각 문장을 새겨 읽고 의미를 파악해 보세요.

관계대명사 who(m)는 that으로 바꿔 쓸 수 있다.

1 **He is** the man who Julia promised to marry.
그는 줄리아가 결혼하기로 약속한 사람이다. (who는 marry의 목적어)

2 **That man is** the guitarist who I learned guitar from.
저 남자는 내가 기타를 배운 기타리스트다. (who는 from의 목적어)

3 **You are one of** the very diligent people who I know.
너는 내가 아는 아주 부지런한 사람들 중 한 명이다. (who는 know의 목적어)

4 **That girl is one of** the students who I taught English.
저 소녀는 내가 영어를 가르쳤던 학생 중 한 명이다. (who는 taught의 목적어)

5 **I don't like** the guy who my sister is dating these days.
나는 요즘 내 여동생이 사귀는 남자가 마음에 안 든다. (who는 is dating의 목적어)

6 **She is** an acquaintance who I first met in graduate school.
그녀는 내가 대학원에서 처음 만난 지인이다. (who는 met의 목적어)

7 **I want to meet** the woman **again** who I stayed with at the hospital.
나는 병원에서 함께 입원 생활을 했던 그 여자를 다시 만나고 싶다. (who는 stayed with의 목적어)

8 **The audience applauded** the speaker who they had been waiting for.
청중은 자신들이 기다리고 있던 연사에게 박수를 보냈다. (who는 had been waiting for의 목적어)

9 **Do you know** the man who my mother bought the massage machine from?
우리 어머니가 안마기를 샀던 사람을 아세요? (who는 from의 목적어)

10 **Anne doesn't want to talk about** the person who she's had problems with while working.
앤은 일하는 동안 문제가 있었던 사람에 대해 말하고 싶어 하지 않는다. (who는 with의 목적어)

This is **the cream pasta** which she made for me.

명사   +   which+주어+동사   ▶~하는/한/할 명사(사물/동물)

이것은 그녀가 나에게 만들어 준 크림 파스타다.

- which가 뒤에 오는 동사/전치사의 목적어 역할을 한다.(위의 문장에서는 which(= the cream pasta)가 made의 목적어)

패턴에 유의하며 각 문장을 새겨 읽고 의미를 파악해 보세요.

> 관계대명사 which는 that으로 바꿔 쓸 수 있다.

1 **They have** a cat which they rescued from the road.
그들은 길에서 구출한 고양이를 기른다. (which는 rescued의 목적어)

2 **This is** the movie which he recommended called *Wild*.
이것은 그가 추천한 〈와일드〉라는 영화다. (which는 recommended의 목적어, called *Wild*는 과거분사구로 the movie를 수식)

3 **This is** the motto which I've had since high school days.
이것이 내가 고등학교 때부터 지녀 온 좌우명이다. (which는 have had의 목적어)

4 **Is it** the song which you sang the other day at the party?
이게 네가 요전에 파티에서 불렀던 노래야? (which는 sang의 목적어)

5 **That is** the Vietnamese restaurant which I told you about last time.
저기가 내가 지난번에 너한테 말했던 베트남 식당이야. (which는 about의 목적어)

6 **She is wearing** the T-shirt which she bought when she traveled
to Greece. 그녀는 그리스에 여행 갔을 때 산 티셔츠를 입고 있다. (which는 bought의 목적어)

7 **Waking up, she looked for** the glasses which she had left by her
bedside. 잠에서 깨서 그녀는 침대 옆에 놓아 둔 안경을 찾았다. (which는 had left의 목적어)

8 **The mayor kept more than 90 percent of** the promises which he had
made.
그 시장은 자신이 한 약속의 90퍼센트 이상을 지켰다. (which는 had made의 목적어)

9 **The broadcasting company did not apologize for** the false report
which they had made.
그 방송사는 자사가 행한 허위 보도에 대해 사과하지 않았다. (which는 had made의 목적어)

10 **The minister announced** the new economic policies **which the**
government had prepared for the past two months.
장관은 정부가 지난 두 달 동안 준비해 온 새로운 경제 정책을 발표했다. (which는 had prepared의 목적어)

관계대명사 that이 이끄는 절이 앞의 명사를 수식 ❷

MP3 059

She's enjoying **the book** that her dad bought for her.

명사 ＋ **that＋주어＋동사** ▶~하는/한/할 명사(사람/사물/동물)

그녀는 아버지가 사 주신 책을 재미있게 읽고 있다.

- that이 뒤에 오는 동사/전치사의 목적어 역할을 한다.(위의 문장에서는 that(= the book)이 bought의 목적어)

패턴에 유의하며 각 문장을 새겨 읽고 의미를 파악해 보세요.

1 **Is that** your mother's portrait that you painted?
저게 당신이 그린 어머니의 초상화인가요? (that은 painted의 목적어)

2 **He wants to marry** a woman that he first met today.
그는 오늘 처음 만난 여자와 결혼하고 싶어 한다. (that은 met의 목적어)

3 **That is** the mobile phone that I used about 10 years ago.
그건 내가 10년 전쯤 사용했던 휴대 전화다. (that은 used의 목적어)

4 **I still often listen to** the songs that I liked in my twenties.
나는 20대 때 좋아했던 노래들을 아직도 자주 듣는다. (that은 liked의 목적어)

5 **I have lost** the book that I had borrowed from the library.
나는 도서관에서 빌린 책을 잃어버렸다. (that은 had borrowed의 목적어)

6 **She brought** the sandwich that she made **to work for lunch.**
그녀는 자기가 만든 샌드위치를 점심으로 직장에 가져왔다. (that은 made의 목적어)

7 **This is** my first bicycle that I bought with my pocket money.
이것은 내가 용돈으로 산 첫 번째 자전거다. (that은 bought의 목적어)

8 **These are** the flowers that my boyfriend gave me for my birthday.
이것은 내 남자 친구가 생일 선물로 나에게 준 꽃이다. (that은 gave의 목적어)

9 **Have you seen** the Iranian movie that I recommended last time?
내가 지난번에 추천했던 이란 영화 봤어요? (that은 recommended의 목적어)

10 **She mourned the death of** a man that she had worked with in the past.
그녀는 과거에 함께 일했던 한 남성의 죽음을 애도했다. (that은 with의 목적어)

관계대명사절의 관계대명사가 생략된 경우 ❶

MP3 060

Look at **the Christmas tree** we made yesterday.

명사 + (관계대명사 생략) + 주어 + 동사 ▶ ~하는 / 한 / 할 명사 (사물 / 사람)

우리가 어제 만든 크리스마스트리 좀 봐.

- 관계대명사가 관계대명사절에서 목적어로 쓰일 때 생략할 수 있다.

패턴에 유의하며 각 문장을 새겨 읽고 의미를 파악해 보세요.

1 **She listened to** an audiobook **the novelist read himself.**
　그녀는 그 소설가가 직접 읽은 오디오북을 들었다. (생략된 that/which가 read의 목적어)

2 **In the elevator, there is** a hand sanitizer **anyone can use.**
　엘리베이터에 누구나 사용할 수 있는 손 소독제가 있다. (생략된 that/which가 can use의 목적어)

3 **He checked the answers to** the questions **he had solved so far.**
　그는 지금까지 풀었던 문제들의 답을 확인했다. (생략된 that/which가 had solved의 목적어)

4 **He should review** the options **they offered and then select the best.**
　그는 그들이 제시한 선택 사항을 검토한 후 최선을 선택해야 한다. (생략된 that/which가 offered의 목적어)

5 **There is** a big flowerpot **a friend of mine gave me in the living room.**
　거실에 친구가 준 큰 화분이 있다. (생략된 that/which가 gave의 목적어)

6 **He doesn't remember the title of** the song **his mom used to sing for him.**
　그는 엄마가 자기에게 불러 주시곤 하던 노래의 제목을 기억하지 못한다.
　(생략된 that/which가 used to sing의 목적어)

7 **I want to meet** the English teacher **I liked in high school once again.**
　나는 고등학교 때 좋아했던 영어 선생님을 다시 한 번 뵙고 싶다. (생략된 that/who(m)가 liked의 목적어)

8 **The detective is finally interrogating** the suspect **he wanted to catch so badly.**
　그 형사는 마침내 그토록 잡고 싶어 했던 용의자를 심문하고 있다. (생략된 that/who(m)가 catch의 목적어)

9 **The police found** a suicide note **on his desk he had written before leaving home.**
　경찰은 그가 집을 떠나기 전에 썼던 유서를 그의 책상에서 발견했다.
　(생략된 that/which가 had written의 목적어)

10 **I hung** a picture **on the wall my daughter drew when she was in elementary school.**
　나는 내 딸이 초등학교 때 그린 그림을 벽에 걸었다. (생략된 that/which가 drew의 목적어)

MP3 061

People who have a migraine shouldn't drink much caffeine.

명사 + who + 동사   ▶~하는/한/할 명사(사람)

편두통이 있는 사람들은 카페인을 많이 마시지 않아야 한다.

- 관계대명사가 꾸미는 명사가 문장 전체의 주어 역할을 하는 구조다.

패턴에 유의하며 각 문장을 새겨 읽고 의미를 파악해 보세요.

> 관계대명사 who는 that으로 바꿔 쓸 수 있다.

1 **People who are allergic to crustaceans cannot eat shrimp.**
갑각류 알레르기가 있는 사람은 새우를 못 먹는다.

2 **Reporters who want to cover the event must have a pass.**
그 행사를 취재하고자 하는 기자들은 반드시 출입증이 있어야 한다.

3 **The person who inspired me to do this was Mr. Lawrence.**
내가 이 일을 하도록 영감을 준 사람은 로렌스 씨였다.

4 **Students who apply for the university should have an interview.**
그 대학에 지원하는 학생들은 면접을 봐야 한다.

5 **People who can't watch scary things should not watch this movie.**
무서운 것을 못 보는 사람들은 이 영화를 보지 말아야 한다.

6 **The person who is most responsible for the accident is the safety officer.**
그 사고에 가장 큰 책임이 있는 사람은 안전 요원이다.

7 **The children who are playing soccer there are the students of our school.** 거기서 축구하는 아이들은 우리 학교 학생들이다.

8 **The foreigner who asked me the way to the subway station spoke Korean.**
나한테 지하철역까지 가는 길을 물어본 외국인은 한국어를 했다.

9 **The lawmakers who were present at the plenary session were members of the ruling party.**
본회의에 출석한 의원들은 여당 의원이었다.

10 **A writer who won a literary award had used conversations with acquaintances without their permission in his novels.**
한 문학상 수상 작가가 자신의 소설에 지인들과의 대화를 무단으로 사용했다.

관계대명사 which/that이 이끄는 절이 앞의 명사를 수식 ❸

MP3 062

<u>The subject</u> **which gave me the hardest time** was math.

명사 + which/that + 동사 ▶ ~하는/한/할 명사(사물)

나를 가장 힘들게 한 과목은 수학이었다.

- 관계대명사가 꾸미는 명사가 문장 전체의 주어다.

패턴에 유의하며 각 문장을 새겨 읽고 의미를 파악해 보세요.

> 관계대명사 which는 that으로 바꿔 쓸 수 있다.

1 <u>One of the fruits</u> **which have the most Vitamin C is kiwis.**
비타민 C를 가장 많이 함유한 과일 중 하나가 키위다.

2 <u>The first song</u> **that made me cry** was *Once There Was a Love*.
나를 울렸던 최초의 노래는 〈옛날에 사랑이 있었네〉였다.

> 2, 4번 문장처럼 앞에 서수나 최상급이 있을 때 관계대명사는 항상 that을 쓴다.

3 <u>Hotel rooms</u> **which have a good view and good facilities are expensive.**
전망 좋고 시설 좋은 호텔 방은 비싸다.

4 <u>The first flowers</u> **that bloom in spring are magnolias, plum blossoms, etc.**
봄에 가장 먼저 피는 꽃은 목련과 매화 등이다.

5 <u>A war</u> **that took place in the 20th century in Korea is the Korean War.**
20세기에 한국에서 일어난 전쟁은 한국 전쟁이다.

6 <u>The English song</u> **which is sung the most in the world** is *Happy Birthday to You*. 세계에서 가장 많이 불리는 영어 노래는 〈해피 버스데이 투 유〉다.

7 <u>The office</u> **which is in the corner of this floor seems to be a publishing company.** 이 층의 저 귀퉁이에 있는 사무실은 출판사인 것 같다.

8 <u>The religion</u> **that has the largest number of believers in the world is Christianity.** 세계에서 신도가 가장 많은 종교는 기독교다.

9 <u>The book</u> **which had the greatest influence on me as a teenager was the autobiography of the writer.**
10대 때 나에게 가장 큰 영향을 미쳤던 책은 그 작가의 자서전이었다.

10 <u>The YouTube channel</u> **that gives me inspiration these days is that of an architect and lawmaker.**
요즘 나에게 영감을 주는 유튜브 채널은 건축가이자 국회의원인 사람의 채널이다.

관계대명사 who(m)/that이 이끄는 절이 앞의 명사를 수식 ❹

MP3 063

The person who I love most is my mother.

| 명사 | + | who(m)/that + 주어 + 동사 | ▶ ~하는/한/할 명사(사람) |

내가 가장 사랑하는 사람은 우리 어머니다.

- 관계대명사가 꾸미는 명사가 문장 전체의 주어다.
- 관계대명사는 관계대명사절의 동사나 전치사의 목적어이므로 생략할 수 있다.
  (위의 문장 = The person I love most is my mother.)

패턴에 유의하며 각 문장을 새겨 읽고 의미를 파악해 보세요.

> 관계대명사 who는 that으로 바꿔 쓸 수 있다.

1 **The woman** who he got married to **was his first love.**
그가 결혼한 여자는 그의 첫사랑이었다. (who가 got married to의 목적어)

2 **The boy** who I liked in elementary school **was called Paul.**
내가 초등학교 때 좋아했던 남자아이는 이름이 폴이었다. (who가 liked의 목적어)

3 **Everyone** that we meet every day **has his or her own worries.**
우리가 매일 만나는 사람들 모두 저마다의 고민이 있다. (that이 meet의 목적어)

4 **The Hollywood actor** who I like most **is Joseph Gordon Levitt.**
내가 가장 좋아하는 할리우드 배우는 조셉 고든 레빗이다. (who가 like의 목적어)

5 **The candidate** who I voted for in the last election **was defeated.**
지난 선거에서 내가 투표한 후보가 낙선했다. (who가 voted for의 목적어)

6 **The writers** who I know **write regularly, contrary to people's thoughts.**
내가 아는 작가들은 사람들의 생각과 달리 규칙적으로 글을 쓴다. (who가 know의 목적어)

7 **The man** that she's been dating lately **is too busy to meet often.**
그녀가 최근에 사귀고 있는 남자는 너무 바빠서 자주 만날 수 없다. (that이 has been dating의 목적어)

8 **The teacher** who she has been learning yoga from **was trained in India.**
그녀가 요가를 배워 온 선생님은 인도에서 훈련을 받았다. (who가 from의 목적어)

9 **The man** who I have just greeted **is a police officer in my neighborhood.**
내가 방금 인사한 사람은 우리 동네 경찰관이다. (who가 have greeted의 목적어)

10 **The teacher** who the students admire the most **is Ms. Jones, the chemistry teacher.**
학생들이 가장 존경하는 선생님은 화학 선생님인 존스 선생님이다. (who가 admire의 목적어)

관계대명사 which가 이끄는 절이 앞의 명사를 수식 ❹

MP3 **064**

The book which I chose isn't interesting.

| 명사 | + | which/that + 주어 + 동사 | ▶ ~하는 명사(사물) |

내가 고른 책은 재미가 없다.

- 관계대명사가 꾸미는 명사가 문장 전체의 주어다.
- 관계대명사는 관계대명사절의 동사나 전치사의 목적어이므로 생략할 수 있다.
  (위의 문장 = The book I chose isn't interesting.)

패턴에 유의하며 각 문장을 새겨 읽고 의미를 파악해 보세요.

> 관계대명사 which는 that으로 바꿔 쓸 수 있다.

1 **The lipstick which I put on today is made in France.**
오늘 내가 바른 립스틱은 프랑스제다. (which가 put on의 목적어)

2 **The cream pasta which she made for us was really delicious.**
그녀가 우리한테 만들어 준 크림 파스타는 정말 맛있었다. (which가 made의 목적어)

3 **The house which they live in with their dogs is on the beach.**
그들이 개들과 함께 사는 집은 해변에 있다. (which가 in의 목적어)

4 **The movie which he recommended isn't as good as I expected.**
그가 추천한 영화는 내가 기대했던 것만큼 좋지 않다. (which가 recommended의 목적어)

5 **Most of the films which the actor starred in were box office hits.**
그 배우가 주연한 영화는 대부분 흥행작이었다. (which가 in의 목적어)

6 **The diaries which I wrote in elementary school are still at my house.**
내가 초등학교 때 썼던 일기들이 아직 우리 집에 있다. (which가 wrote의 목적어)

7 **The building which she designed last year won a world-class architectural award.**
그녀가 작년에 설계한 건물은 세계적인 건축상을 받았다. (which가 designed의 목적어)

8 **The first song that he composed in his middle school days was called** _Moonlight._ 그가 중학교 때 작곡한 최초의 노래 제목은 〈문라이트〉였다. (that이 composed의 목적어)

> 8, 9번 문장처럼 명사 앞에 the first 같은 서수나 최상급이 있을 때 관계대명사는 항상 that을 쓴다.

9 **The most impressive book that he read when he was a child was** _The Little Prince._ 그가 어렸을 때 읽은 가장 인상 깊은 책은 《어린 왕자》였다. (that이 read의 목적어)

10 **The stories which my grandmother told me when I was little were very interesting.** 내가 어렸을 때 할머니께서 들려주셨던 이야기들은 무척 재미있었다. (which가 told의 목적어)

The dish I cook most often is curry and rice.

명사 + (관계대명사 생략) + 주어 + 동사 ▶ ~하는/한/할 명사(사람/사물)

내가 가장 자주 만드는 요리는 카레라이스다.

- 관계대명사가 관계대명사절에서 목적어로 쓰일 때 생략할 수 있다.
- 위의 패턴에서는 관계대명사절이 앞의 명사를 꾸며 주고, 그 명사가 문장 전체의 주어다.

패턴에 유의하며 각 문장을 새겨 읽고 의미를 파악해 보세요.

1 The bread *that/which* many French people eat every day is the baguette.
많은 프랑스 사람들이 매일 먹는 빵은 바게트다. (that/which 생략)

2 The first person I saw at this hospital was Dr. Foster.
내가 이 병원에서 처음 본 사람이 포스터 박사였다. (that 생략)

> 명사 앞에 the first 같은 서수나 최상급이 있을 때 관계대명사는 항상 that을 쓴다.

3 The short film the actor directed is better than I thought.
그 배우가 연출한 단편 영화가 생각보다 좋다. (that/which 생략)

4 The flowers we use most often for bridal bouquets are roses.
저희가 신부 부케로 가장 많이 사용하는 꽃은 장미입니다. (that/which 생략)

5 The mask I am wearing now was made to block saliva drops.
내가 지금 쓰고 있는 마스크는 비말 차단용으로 만들어졌다. (that/which 생략)

6 One of the books I read and shed tears as a child is *A Dog of Flanders*.
내가 어렸을 때 읽고 눈물을 흘린 책 중 하나가 《플랜더스의 개》다. (that/which 생략)

7 The people I usually meet these days are people in the publishing industry.　요즘 내가 주로 만나는 사람들은 출판계 사람들이다. (that/who 생략)

8 The introduction of the song he played on an electric organ is very impressive.
그가 전자 오르간으로 연주한 곡의 도입부가 매우 인상적이다. (that/which 생략)

9 The musical instrument parents want to teach their children the most is the piano.　부모가 자녀에게 가장 가르치고 싶어 하는 악기는 피아노다. (that/which 생략)

10 The chemical elements Marie and Pierre Curie discovered are polonium and radium.
마리 퀴리와 피에르 퀴리가 발견한 화학 원소는 폴로늄과 라듐이다. (that/which 생략)

Heaven helps <u>**those who**</u> help themselves.

those who + 동사 ▶ ~하는/한/할 사람들

하늘은 스스로 돕는 자를 돕는다.

- those who는 '~하는/한/할 사람들'이라는 뜻으로, 외워 두자.
- those who는 주어, 동사/전치사의 목적어, 보어 자리에 두루 올 수 있다.

패턴에 유의하며 각 문장을 새겨 읽고 의미를 파악해 보세요.

1 **Achievements come to <u>those who</u> try.**
   성과는 시도하는 자에게 온다. (those who가 전치사 to의 목적어)

2 **We will invite <u>those who</u> know one another.**
   우리는 서로 아는 사람들을 초대할 것이다. (those who가 invite의 목적어)

3 **You should give these things to <u>those who</u> need them.**
   이런 것들은 필요로 하는 사람들에게 줘야 한다. (those who가 전치사 to의 목적어)

4 **There's a lounge for <u>those who</u> want to take a short nap.**
   잠깐 낮잠을 자고 싶은 사람들을 위한 휴게실이 있다. (those who가 전치사 for의 목적어)

5 **The worst of men are <u>those who</u> will not forgive.** (saying)
   가장 나쁜 사람은 용서하려고 하지 않는 사람이다. (속담) (those who가 주격 보어)

6 **I don't like <u>those who</u> are indifferent to other people's feelings.**
   나는 다른 사람들의 감정에 무관심한 사람은 싫다. (those who가 like의 목적어)

7 **<u>Those who</u> wear short skirts or pants cannot enter this cathedral.**
   짧은 치마나 바지를 입은 사람들은 이 성당에 들어갈 수 없다. (those who가 주어)

8 **<u>Those who</u> want to get elected should do their best to campaign.**
   당선되고 싶은 사람들은 선거 운동에 최선을 다해야 한다. (those who가 주어)

9 **Bystanders sometimes see more than <u>those who</u> play the game.** (saying)
   때로 구경꾼들이 경기를 하는 사람들보다 더 많이 본다. (속담) (those who가 전치사 than의 목적어)

10 **<u>Those who</u> cannot remember the past are condemned to repeat it.**
   (saying)
   과거를 기억하지 않는 자는 과거의 잘못을 반복하기 마련이다. (속담) (those who가 주어)

He is **the poet after** whom the road is **named**.

명사 + 전치사 + whom + 주어 + 동사

그는 그 길에 이름이 붙은 시인이다.

- He is the poet.과 The road is named after the poet.이라는 두 문장이 결합된 문장이다.
  공통된 단어인 두 번째 문장의 the poet을 관계대명사 whom으로 바꿔 두 문장을 연결했는데, the poet 앞에 있던 전치사
  after가 whom 앞에 쓰였다.
- 일상 회화에서는 대부분 전치사를 관계대명사절 뒤에 쓰고(= 원래 동사 뒤에 그대로 쓰고) 관계대명사는 생략한다(관계대명사
  가 전치사의 목적어이므로 생략 가능한 것). 보통 He is the poet the road is named after.라고 말한다.

패턴에 유의하며 각 문장을 새겨 읽고 의미를 파악해 보세요.

> 관계대명사는 관계대명사절의 꾸밈을 받는 앞의 명사(선행사)와 같은 것을 가리키면서 동시에 관계대명사절의
> 동사에 이어지는 전치사의 목적어다.

1 **Ms. Taylor has** three children of whom she is very proud.
테일러 씨는 무척 자랑스럽게 생각하는 자녀가 셋 있다. (be proud of three children)

2 **The woman to whom he had proposed refused his proposal.**
그가 청혼했던 여자는 그의 청혼을 거절했다. (propose to the woman)

3 **She is** the person from whom I bought the used camper van.
그녀는 내가 중고 캠핑카를 산 사람이다. (buy the used camper van from the person)

4 **I have never met** the man with whom I should negotiate today.
나는 오늘 협상해야 할 사람을 한 번도 만난 적이 없다. (negotiate with the man)

5 **The man for** whom he had waited for over two hours **didn't turn up.**
그가 두 시간 넘게 기다렸던 남자는 나타나지 않았다. (wait for the man)

6 **The woman got killed by** the man from whom she had gotten away.
그 여자는 피해서 도망쳤던 남자에게 살해당했다. (get away from the man)

7 **I don't know** the people with whom she traveled to Northern Europe.
나는 그녀가 북유럽으로 함께 여행 갔던 사람들을 모른다. (travel with the people)

8 **Let me know the name of** the person to whom you sent the document.
당신이 서류를 보낸 사람의 이름을 알려 주세요. (send the document to the person)

9 **He is** the candidate for whom I've decided to vote in this presidential
election. 그는 내가 이번 대선에서 투표하기로 결정한 후보자다. (vote for the candidate)

10 **The woman is one of** the patients of whom the nurse needs to take
care, **whether he wants to or not.**
그 여성은 그 간호사가 원하든 원하지 않든 보살펴야 하는 환자 중 한 사람이다. (take care of the patients)

K-Pop is **one thing for which Korea is famous**.
명사 + 전치사 + which + 주어 + 동사

K-팝은 한국이 유명한 것 중 하나다.

- K-Pop is one thing.과 Korea is famous for K-Pop.이라는 두 문장이 결합된 문장이다.
  공통된 단어인 두 번째 문장의 K-Pop을 관계대명사 which로 바꿔 두 문장을 연결했는데, K-Pop 앞에 있던 전치사 for가 which 앞에 쓰였다.
- 일상 회화에서는 대부분 전치사를 관계대명사절 뒤에 쓰고(= 원래 동사 뒤에 그대로 쓰고) 관계대명사는 생략한다 (관계대명사가 전치사의 목적어이므로 생략 가능한 것). 보통 K-pop is one thing Korea is famous for.라고 말한다.

패턴에 유의하며 각 문장을 새겨 읽고 의미를 파악해 보세요.

1 **It is** an achievement of which we all can be proud.
그것은 우리 모두가 자랑스러워할 수 있는 업적이다. (be proud of an achievement)

2 **That is** the incident for which they apologized to her.
그것이 그들이 그녀에게 사과한 사건이다. (apologize to her for the incident)

3 **This is** the website from which I downloaded the video.
이것이 내가 그 동영상을 다운받은 웹사이트다. (download the video from the website)

4 **This is** the high school from which my mother graduated.
여기가 우리 엄마가 졸업한 고등학교다. (graduate from the high school)

5 **He is** the singer-song writer of which I spoke the other day.
그가 내가 일전에 말한 싱어송라이터다. (speak of the singer-song writer)

6 **This is** one of the things of which my little boy is so afraid.
이것이 내 어린 아들이 그토록 무서워하는 것 중 하나다. (be afraid of the things)

7 **I have been to** the country from which the dance originated.
나는 그 춤이 유래한 나라에 가 본 적이 있다. (originate from the country)

8 **Sweden is one of** the countries to which she wants to migrate.
스웨덴은 그녀가 이민 가고 싶은 나라들 중 하나다. (migrate to the countries)

9 **That is** the role for which Eddie Redmayne won the Academy Award.
그것이 에디 레드메인이 아카데미상을 받은 역할이다. (win the Academy Award for the role)

10 **Here, enter** your email address to which they will send the confirmation mail.
여기에 그들이 확인 메일을 보낼 이메일 주소를 입력하세요. (send the confirmation mail to your email address)

MP3 069

관계부사 where가 이끄는 절이 앞의 명사를 수식 ❶

We called on **the site where they were filming a movie**.

장소 명사 + **where** + 주어 + 동사 ▶~하는/한/할 명사(장소)

우리는 그들이 영화를 촬영하고 있는 현장을 방문했다.

- 관계부사 where가 이끄는 절이 장소를 나타내는 명사를 뒤에서 꾸민다.
- 관계부사가 이끄는 절은 관계대명사가 이끄는 절과 다르게 주어나 목적어 등이 빠진 것 없이 완전한 문장이다.

패턴에 유의하며 각 문장을 새겨 읽고 의미를 파악해 보세요.

1 **I went to** the zoo **where two giant pandas live**.
나는 대왕판다 두 마리가 지내고 있는 동물원에 갔다.

2 **This is** the academy **where we learned tap dance**.
이곳이 우리가 탭댄스를 배운 학원이다.

3 **That is** the apartment building **where my aunt lives**.
저기가 우리 이모가 사는 아파트야.

4 **Have you ever been to** the office **where your dad works?**
너 너희 아버지가 일하시는 사무실에 가 본 적 있니?

5 **It is** the university **where my son will study from next year**.
거기가 우리 아들이 내년부터 공부할 대학이다.

6 **I want to visit** the stadium **where the band performed in 2018**.
나는 2018년에 그 밴드가 공연한 경기장에 가 보고 싶다.

7 **I often go to** the morning market **where merchants sell fresh food**.
나는 상인들이 신선한 식품을 파는 아침 시장에 자주 간다.

8 **This is** the temple **where the monk spent the last few years of his life**.
이곳이 그 스님이 생의 마지막 몇 년을 보낸 사찰이다.

9 **I should go to** the department store **where I bought the shirt to refund it**.
나는 그 셔츠를 환불하러 그걸 산 백화점에 가야 한다.

10 **Today I went to** the hospital **where my friend is hospitalized and receiving treatment**.
오늘 나는 친구가 입원해서 치료를 받고 있는 병원에 갔다.

SENTENCE PATTERN 070

관계부사 where가 이끄는 절 ❷

MP3 070

That is **where she used to work**.

(the place) where + 주어 + 동사 / the place (where) + 주어 + 동사   ▶~하는/한/할 장소/곳

저기가 그녀가 일했던 곳이다.

- 일반적인 장소를 나타내는 the place가 관계부사 앞에 오는 명사일 때 the place를 생략하고 where만 쓸 수도 있고, where를 생략하고 the place만 쓸 수도 있다.

패턴에 유의하며 각 문장을 새겨 읽고 의미를 파악해 보세요.

1 **I can't forget** the place **I first met him.**
나는 그를 처음 만났던 곳을 잊을 수가 없다.

> 1, 3, 5, 7, 8, 10번 문장에서는 the place 뒤에 관계부사 where가 생략되었다.

2 **Is this** where they will hold the ceremony?
여기가 그 의식을 개최할 곳인가요?

> 2, 6, 9번 문장에서는 where 앞에 where가 이끄는 절이 꾸며 주는 명사 the place가 생략되었다.

3 **Tell me** the place **you ran across the movie star.**
그 영화배우를 마주쳤던 장소를 말해 줘 봐.

4 **Where he lives, they speak English as well as Dutch.**
그가 사는 곳에서는 네덜란드어뿐만 아니라 영어도 쓴다. (관계부사 where 앞에 At the place가 생략되었다.)

5 **I know** the place **you met Mr. Williams last Saturday.**
나는 네가 지난 토요일에 윌리엄스 씨를 만난 곳을 알아.

6 **The city is** where Katie was born and has been living.
그 도시는 케이티가 태어나서 지금까지 살고 있는 곳이다.

7 **School is** the place **children learn many important things.**
학교는 아이들이 많은 중요한 것들을 배우는 곳이다.

8 **Do you remember** the place **we happened to enjoy busking?**
우리가 우연히 버스킹을 재미있게 봤던 장소를 기억해요?

9 **The cafe is** where they have book club meetings every Thursday.
그 카페가 매주 목요일에 그들이 북클럽 모임을 갖는 곳이다.

10 **I want to go to** the place **I used to play with my friends when I was little.**
내가 어렸을 때 친구들이랑 놀던 곳에 가고 싶다.

관계부사 when이 이끄는 절이 앞의 명사를 수식

MP3 071

2001 was <u>the year</u> when the terrorist attack occurred.

시간 명사 + when + 주어 + 동사 / (the time) when + 주어 + 동사 /
the time/day... (when) + 주어 + 동사 ▶ ~하는/한/할 명사(때)

2001년은 그 테러 공격이 발생한 해였다.

- 관계부사 when이 이끄는 절이 시간을 나타내는 명사를 뒤에서 꾸민다.
- 관계부사 when이 생략되기도 하고, 관계부사가 꾸미는 앞의 명사가 the time, the day, the year 등 일반적인 내용이면 그 명사가 생략되기도 한다.

패턴에 유의하며 각 문장을 새겨 읽고 의미를 파악해 보세요.

1 **Ten to twelve is** when we are the busiest.
10시부터 12시가 우리가 가장 바쁜 때다. (the time 생략)

2 **Write about** <u>the time</u> when you failed at something.
무언가에 실패했던 때에 대해 쓰세요.

3 **Don't forget** <u>the day</u> you beat him for the first time.
당신이 그를 처음으로 이겼던 날을 잊지 마세요. (when 생략)

4 **I am looking forward to** <u>the time</u> we will see each other again.
저는 우리가 다시 만날 때를 너무나 기다리고 있습니다. (when 생략)

5 **Forget about** <u>the time</u> you went through such a thing.
그런 일을 겪은 때에 대해서는 잊어버려라. (when 생략)

6 **I'll never forget** <u>the day</u> when I first came to this town.
나는 이 도시에 처음 왔던 날을 결코 잊지 못할 것이다.

7 **Today is** when Buddha was born about 2600 years ago.
오늘은 약 2600년 전에 부처가 태어난 날이다. (the day 생략)

8 **1988 was** <u>the year</u> when the Seoul Olympic Games were held.
1988년은 서울올림픽이 열린 해였다.

9 **Do you remember** <u>the moment</u> when the singer appeared on stage?
그 가수가 무대에 등장했던 순간이 기억나니?

10 **1919 was** <u>the year</u> when the March 1st movement took place in Korea.
1919년은 한국에서 3·1운동이 일어난 해였다.

I'll tell you **the way** I studied speaking English.

the way+(how)+주어+동사 / (the way)+how+주어+동사　▶~하는/한/할 방법

내가 영어 말하기를 공부한 방법을 말해 줄게요.

- 관계부사 how는 '~하는' 방법을 나타내는데, the way와 함께 쓰지 못하고 how만 쓰거나 선행사 the way만 써야 한다.

패턴에 유의하며 각 문장을 새겨 읽고 의미를 파악해 보세요.

> '~하는 방식'이라는 뜻으로 the way만 쓰거나 how만 쓴다.

1　I like **the way** she dresses.
나는 그녀가 옷 입는 방식이 마음에 든다.

2　**Let me know** how you did it.
그걸 어떻게 했는지 알려 주세요.

3　**You need to change** the way you speak.
당신은 말투를 바꿔야 합니다.

4　**We have to learn** how we refuse effectively.
우리는 효과적으로 거절하는 방법을 배워야 한다.

5　**That's not** the way I solved the math problem.
그건 제가 그 수학 문제를 푼 방식이 아닙니다.

6　**We must not judge people by** the way they look.
우리는 사람을 외모로 판단해서는 안 된다. (= 우리는 보이는 방식으로 사람을 판단해서는 안 된다.)

7　**You should treat children** the way you treat adults.
어른들 대하는 방식으로 아이들을 대해야 한다.

8　**That is** how the traffic accident happened that night.
그렇게 해서 그날 밤 교통사고가 일어난 거예요.

9　**Smartphones are changing** the way people live and work.
스마트폰이 사람들의 생활 방식과 작업 방식을 바꾸고 있다.

10　**They should talk about** the way they will manage the project.
그들은 그 프로젝트를 다루고 관리하는 방식에 대해 이야기해야 한다.

관계부사 why가 이끄는 절

MP3 **073**

That is <u>the reason</u> **why we should exercise regularly**.

(the reason) why + 주어 + 동사   ▶ ~하는/한/할 이유

그것이 우리가 규칙적으로 운동해야 하는 이유다.

- 관계부사 why는 '~하는/한/할' 이유를 나타낸다. 수식을 받는 명사 the reason을 생략하고 why만 쓰기도 하고, 간혹 why를 생략하고 the reason만 쓰기도 한다.

패턴에 유의하며 각 문장을 새겨 읽고 의미를 파악해 보세요.

1 **That is** <u>the reason</u> **why she got married to the man**.
그것이 그녀가 그 남자와 결혼한 이유다.

2 **That's why the Korean boy band became so popular**.
그것이 그 한국 남자 보이 밴드가 그렇게 인기를 얻게 된 이유다. (the reason 생략)

3 **Please tell me** <u>the reason</u> **why I have to learn English**.
제가 영어를 배워야 하는 이유를 말해 주세요.

4 <u>The reason</u> **why I like him is his sincerity and diligence**.
내가 그를 좋아하는 이유는 그의 성실함과 근면함 때문이다.

5 **That incident is** <u>the reason</u> **why he became a firefighter**.
그 사건이 그가 소방관이 된 이유다.

6 **Do you want to know** <u>the reason</u> **I broke up with Jonathan?**
내가 조나단과 헤어진 이유를 알고 싶어요? (why 생략)

7 **Let me know why Mr. Anderson suddenly quit the company**.
앤더슨 씨가 갑자기 회사를 그만둔 이유를 알려 주세요. (the reason 생략)

8 **Do you know** <u>the reason</u> **why Sandra doesn't answer the phone?**
샌드라가 전화를 안 받는 이유를 아세요?

9 <u>The reason</u> **why she is absent today is she has a terrible migraine**.
그녀가 오늘 결석한 이유는 편두통이 너무 심해서다.

10 **Nobody knows** <u>the reason</u> **why the actor suddenly took his own life**.
그 배우가 갑자기 스스로 목숨을 끊은 이유는 아무도 모른다.

YouTube is the most visited website **in the world**.

전치사구

유튜브는 세계에서 가장 방문자가 많은 웹사이트다.

- '전치사＋명사'는 장소, 시간, 방법, 이유 등 다양한 뜻을 나타내며 동사나 문장 전체를 꾸민다.

패턴에 유의하며 각 문장을 새겨 읽고 의미를 파악해 보세요.

1 **We had a lot of things to talk** about during our college days.
우리는 대학 시절에 대해 할 이야기가 많았다. (주제)

2 **A young man was lying** under the tree reading a book.
한 젊은 남자가 나무 아래에 누워서 책을 읽고 있었다. (장소)

3 **She has been learning Spanish** for more than five years.
그녀는 5년 넘게 스페인어를 배워 왔다. (기간)

4 **You should remember that you cannot vote** without an ID.
신분증 없이는 투표할 수 없다는 것을 기억해야 합니다. (방법)

5 **When I started my career, I went to work** before seven a.m.
직장 생활을 시작했을 때, 나는 아침 7시 전에 출근했다. (시간)

6 **There were some books, a laptop, a stand, and a cup** on the table.
탁자 위에는 책 몇 권, 노트북, 스탠드, 컵이 있었다. (장소)

7 As of 2020, **wikipedia is the third most visited website** in the world.
2020년 현재, 위키피디아는 세계에서 세 번째로 방문자가 많은 웹 사이트다. (시간, 장소)

8 **The majority of Greenlanders are Inuit, whose ancestors migrated** from Alaska.
그린란드인들의 대다수는 이누이트인데, 이누이트족 조상들은 알래스카에서 이주했다. (장소)

9 *Mona Lisa* **is a portrait painting the Italian artist Leonardo da Vinci painted** in the 16th century.
'모나리자'는 이탈리아의 화가 레오나르도 다 빈치가 16세기에 그린 초상화다. (시간)

10 **The American female singing group** *The Supremes* **achieved mainstream success** during the mid-1960s.
미국의 여성 그룹 '슈프림스'는 1960년대 중반에 주류 시장에서 성공을 거뒀다. (시간)

SENTENCE PATTERN 075

빈도부사

MP3 075

He **sometimes gives** his wife a bouquet of flowers.

빈도부사 + 일반동사, be동사 / 조동사 + 빈도부사

그는 가끔 자기 아내에게 꽃다발을 선물한다.

- 빈도부사 : always(항상), usually(보통, 대개), frequently 〉 often(흔히, 자주), sometimes 〉 occasionally (가끔, 때때로), rarely 〉 seldom 〉 hardly (ever)(거의 ~하지 않는), never(전혀 ~하지 않는)
- 빈도부사는 횟수를 나타내며, 동사를 꾸민다.

패턴에 유의하며 각 문장을 새겨 읽고 의미를 파악해 보세요.

1 **The writer is rarely seen in public these days.**
그 작가는 요즘 대중 앞에 거의 모습을 드러내지 않는다. (be동사 뒤)

2 **I have never heard of the word hyperlipidemia.**
나는 고지혈증이라는 단어를 한 번도 들어 본 적이 없다. (조동사 have 뒤)

3 **My mother seldom goes out on a sunny day without sunglasses.**
우리 엄마는 햇살이 강한 날 선글라스를 안 쓰고 외출하는 일이 거의 없다. (일반동사 앞)

4 **I frequently went to the used bookstore nearby when I was in college.**
나는 대학 다닐 때 근처에 있는 헌책방에 자주 갔었다. (일반동사 앞)

5 **We will always remember those who sacrificed themselves for our country.** 우리는 나라를 위해 자신을 희생하신 분들을 늘 기억할 것이다. (조동사 will 뒤)

6 **The band usually takes their chartered plane when they go on tours abroad.** 그 밴드는 해외 투어를 갈 때 보통 전세기를 탄다. (일반동사 앞)

7 **She hardly ever goes to places like large supermarkets and department stores.** 그녀는 대형 슈퍼마켓이나 백화점 같은 곳에는 거의 가지 않는다. (일반동사 앞)

8 **People sometimes need to have time of their own and look inside themselves.**
사람들은 가끔 자기만의 시간을 갖고 내면을 들여다볼 필요가 있다. (일반동사 앞)

9 **People with dementia often repeat a statement, question, or activity over and over.**
치매가 있는 사람들은 흔히 진술이나 질문, 행동을 계속해서 반복한다. (일반동사 앞)

10 **The old man occasionally went out downtown and drank tea at a traditional tea house.**
그 노인은 가끔 시내로 나가 전통 찻집에서 차를 마셨다. (일반동사 앞)

CHAPTER 3

미묘한 뉘앙스의 이유, 시제

과거 다르고
과거완료 다른
시제의 뉘앙스

It is **better** to light a candle than **TO CURSE** the darkness.

- Eleanor Roosevelt -

There **are** eight planets in the solar system.
동사의 현재형 ▶주어가 ~하다/이다

태양계에는 행성이 여덟 개 있다.

- 현재 시제는 현재의 사실, 습관적/반복적 행동, 불변의 진리, 과학적 사실, 일반적 사실 등을 나타낸다.

패턴에 유의하며 각 문장을 새겨 읽고 의미를 파악해 보세요.

1 **Two plus three is five.**
2 더하기 3은 5이다. (불변의 진리)

2 **Eating fiber helps relieve constipation.**
섬유질을 섭취하면 변비 완화에 도움이 된다. (과학적 사실)

3 **The singer has a home in Tuscany, Italy.**
그 가수는 이탈리아 토스카나에 집이 있다. (현재의 사실)

4 **My husband and I go to work by subway and bus.**
남편과 나는 지하철과 버스를 타고 출근한다. (습관적/반복적 행동)

5 **Chocolate also contains a considerable amount of caffeine.**
초콜릿 역시 상당한 양의 카페인을 함유하고 있다. (과학적 사실)

6 **The term of the director-general of WHO lasts for 5 years.**
세계보건기구(WHO) 사무총장의 임기는 5년이다. (일반적 사실)

7 **The current world population is 7.8 billion as of February 2021.**
2021년 2월 현재 세계 인구는 78억 명이다. (현재의 사실)

8 **She takes a walk with her dog every day except on rainy days.**
그녀는 비 오는 날을 제외하고 매일 개와 산책을 한다. (습관적/반복적 행동)

9 **Topaz, the birthstone of November, symbolizes health and hope.**
11월의 탄생석인 토파즈는 건강과 희망을 상징한다. (일반적 사실)

10 **Nitrogen accounts for about 78 percent of the Earth's atmosphere.**
질소는 지구 대기의 약 78퍼센트를 차지한다. (과학적 사실)

11 She reads web fiction on the subway on her way to and from work.

그녀는 출퇴근길에 지하철에서 웹소설을 읽는다. (습관적/반복적 행동)

12 All things with life, including plants, animals, and humans, are mortal.

식물, 동물, 인간을 포함하여 생명을 가진 모든 것은 언젠가 반드시 죽는다. (불변의 진리)

13 Beer is made from four main ingredients: malt, hop, yeast, and water.

맥주는 네 가지 주 재료인 맥아, 홉, 효모, 물로 만들어진다. (일반적 사실)

14 The earth rotates once a day and orbits the sun once every 365 days.

지구는 하루에 한 번 자전하고 365일에 한 번 태양의 주위를 돈다. (불변의 진리)

15 Main characters of road movies tend to discover themselves on the road.

로드 무비의 주인공들은 길 위에서 자신을 발견하는 경향이 있다. (일반적 사실)

16 The old lady walks fast for about an hour every afternoon for a workout.

그 노부인은 매일 오후에 운동으로 한 시간 정도씩 빠르게 걷는다. (습관적/반복적 행동)

17 The United Nations is headquartered on international territory in New York City.

유엔은 뉴욕 시의 국제화지역에 본부를 두고 있다. (현재의 사실)

18 Falling asleep at the wheel is the biggest cause of car accidents on the highway.

졸음운전은 고속도로 교통사고의 가장 큰 원인이다. (일반적 사실)

19 The symptoms of menopause vary from person to person, and some people have no symptoms.

폐경의 증상은 사람마다 다르며, 어떤 사람은 아무런 증상이 없기도 하다. (과학적 사실)

20 In humans, coronaviruses cause respiratory tract infections from cold to COVID-19, SARS, and MERS.

코로나바이러스가 인간에게서는 감기부터 코로나19, 사스, 메르스에 이르기까지 호흡기 감염을 일으킨다. (과학적 사실)

Children **are building** sand castles on the beach.

be동사 + 동사-ing ▶ 주어가 현재 어떤 행동을 하고 있다, (가까운 미래에) ~할 것이다

아이들이 해변에서 모래성을 쌓고 있다.

- 현재진행 시제는 현재 시점에 진행 중인 동작을 나타낸다.
- 확실히 정해진 가까운 미래의 일을 나타낼 때도 현재진행 시제를 쓸 수 있는데, 그때는 보통 미래임을 알 수 있는 시간의 부사(구/절)를 함께 쓴다.

패턴에 유의하며 각 문장을 새겨 읽고 의미를 파악해 보세요.

1 **The puppy** is taking a walk **in a raincoat.**
그 강아지가 우비를 입고 산책을 하고 있다. (현재 진행 중인 동작)

2 **Stella** is leaving **for London in two weeks.**
스텔라는 2주 뒤에 런던으로 떠날 것이다. (확실히 정해진 미래의 일)

3 **The airliner** is gliding **slowly along the runway.**
여객기가 활주로를 따라 천천히 미끄러져 가고 있다. (현재 진행 중인 동작)

4 **His train** is arriving **at eleven a.m. at Seoul Station.**
그 사람이 탄 기차는 오전 11시에 서울역에 도착할 거예요. (확실히 정해진 미래의 일)

5 **The protestors** are marching **chanting "Down with the dictator!"**
시위자들이 "독재자를 타도하라!"라고 외치며 행진하고 있다. (현재 진행 중인 동작)

6 **The nurse** is taking **blood pressure, pulse and body temperature.**
간호사가 혈압, 맥박, 체온을 재고 있다. (현재 진행 중인 동작)

7 **The electronics company** is launching **a new smartphone next week.**
그 전자 회사는 다음 주에 새로운 스마트폰을 출시할 것이다. (확실히 정해진 미래의 일)

8 **The calligrapher** is writing **various sentences in front of the people.**
그 캘리그래퍼가 사람들 앞에서 다양한 문장을 쓰고 있다. (현재 진행 중인 동작)

9 **My family** are eating out **tonight but I'm staying home with my pet.**
우리 가족은 오늘 저녁에 외식을 하지만 나는 반려견이랑 집에 있을 거예요. (확실히 정해진 미래의 일)

10 **The CEO of the company** is giving **a presentation on the new product on stage.**
그 회사 CEO가 무대에서 신제품에 대해 발표하고 있다. (현재 진행 중인 동작)

King Sejong **invented** Hangul in 1443.

동사 과거형　　▶ 주어가 (과거 시점에) ~했다/였다

세종대왕이 1443년에 한글을 창제했다.

- 과거 시점에 일어난 일을 나타낸다. 현재완료 시제와 다르게 과거의 사실만 언급한다.
- 명확한 과거 시점을 나타내는 부사구와 쓰이는 경우가 많다.

패턴에 유의하며 각 문장을 새겨 읽고 의미를 파악해 보세요.

1 The PyeongChang Winter Olympics were held in 2018.
평창 동계 올림픽은 2018년에 개최되었다.

2 In the '80s, the main heating fuel at home was briquettes.
1980년대에 가정에서 주요 난방 연료는 연탄이었다.

3 I learned French as a second foreign language in high school.
나는 고등학교 때 제2외국어로 프랑스어를 배웠다.

4 When I was a kid, there were many pedestrian overpasses in the cities.
내가 어렸을 때는 도시에 육교가 많이 있었다.

5 Chopin composed many solo piano pieces and wrote two piano concertos.
쇼팽은 많은 솔로 피아노곡을 작곡했고 피아노 협주곡 두 개를 썼다.

6 Nearly 50 million people were killed by the Spanish flu from 1918 to 1919.
1918년부터 1919년까지 거의 5천만 명이 스페인 독감으로 목숨을 잃었다.

7 YouTube was founded in 2005 by Steve Chen, Chad Hurley, and Jawed Karim.
유튜브는 2005년에 스티브 첸, 채드 헐리, 자웨드 카림이 설립했다.

8 BTS became the first Korean K-POP group to top the Billboard Hot 100, the single chart.
방탄소년단이 싱글 차트인 빌보드 핫 100 차트에서 1위를 차지한 최초의 K-POP 그룹이 되었다.

9 During the Joseon Dynasty, people usually got married in their mid to late teens.
조선 시대에는 사람들이 보통 10대 중후반에 결혼했다.

10 Former British Prime Minister Winston Churchill won the Nobel Prize for Literature in 1953.
윈스턴 처칠 전 영국 총리는 1953년에 노벨 문학상을 수상했다.

The villagers **were clearing** the snow together.

be동사 과거형 + 동사 -ing ▶ 주어가 어떤 행동을 ~하고 있었다/~하는 중이었다

마을 사람들이 함께 눈을 치우고 있었다.

- 과거의 어느 순간에 진행 중이던 행동을 나타낸다.

패턴에 유의하며 각 문장을 새겨 읽고 의미를 파악해 보세요.

1 **The boys** were playing **basketball in the sun.**
그 소년들은 햇빛 아래에서 농구를 하고 있었다.

2 **The phone rang as I** was washing **my hair in the bathroom.**
내가 욕실에서 머리를 감고 있을 때 전화벨이 울렸다. (벨이 울리기 전부터 머리를 감고 있었음)

3 **They** were discussing **their next album on the live broadcast.**
그들은 생방송에서 다음 앨범에 대해 논의하고 있었다.

4 **The mother** was sewing **and the child** was reading **next to her.**
어머니는 바느질을 하고 있었고 아이는 어머니 옆에서 책을 읽고 있었다.

5 **In TV commercials, people** were singing and dancing **in a funny way.**
TV 광고에서 사람들이 우스꽝스럽게 노래하고 춤추고 있었다.

6 **At the Mud Festival, parents and children** were playing **freely in the mud.**
머드 축제에서 부모와 아이들이 진흙 속에서 자유롭게 놀고 있었다.

7 **I** was watching **the total eclipse with my eyes covered with black cellophane.**
나는 검은 셀로판지로 눈을 가린 채 개기일식을 지켜보고 있었다.

8 **The members of the reading club** were talking **about the heroine in the book.**
독서 클럽 회원들은 그 책의 여주인공에 대해 이야기하고 있었다.

9 **There was a traffic accident next to me when I** was walking **across the river bridge.**
그 강의 다리를 걸어서 건너고 있을 때 내 옆에서 교통사고가 났다. (교통사고가 나기 전부터 걷고 있었음)

10 **At that time, people** were jogging or exercising **using exercise equipment in the park.**
그때 사람들은 공원에서 조깅을 하거나 운동기구를 이용하여 운동을 하고 있었다.

시제 (5) : 미래 will

MP3 080

It **will be** sunny all over the country tomorrow.
will + 동사원형 ▶주어가 미래에 ~할[일] 것이다

내일은 전국적으로 맑을 것이다.

- 정해져 있는 미래의 일이나 미래에 대한 예측을 나타낸다.
- 1인칭 주어 평서문에서 말하는 사람의 의지를 나타내고, 2인칭 주어 의문문으로 상대방의 의지를 묻는다.

패턴에 유의하며 각 문장을 새겨 읽고 의미를 파악해 보세요.

1 I will turn **forty-eight in three months.**
저는 석 달 뒤에는 마흔 여덟이 됩니다. (미래의 일)

2 It will stop **raining tomorrow afternoon.**
내일 오후에는 비가 그칠 것이다. (미래에 대한 예측)

3 I will lose **10 kilograms over the next three months.**
나는 앞으로 3개월 동안 10킬로그램을 감량할 것이다. (의지)

4 Will **you attend the special lecture on psychology?**
심리학 특강에 참석할 건가요? (상대의 의지를 물음)

5 Next year, the G20 summit will be held **in Rome, Italy.**
내년에 이탈리아 로마에서 G20(주요 20개국) 정상회의가 열릴 것이다. (미래의 일)

6 I will never eat **ramyeon right before I go to bed again.**
난 다시는 자기 직전에 라면을 먹지 않을 것이다. (의지)

7 The family will leave **Seoul next month and** move **to Jeju Island.**
그 가족은 다음 달 서울을 떠나 제주도로 이주할 것이다. (미래의 일)

8 I will do **my best and** wait for **the result, which I think is the best
I can do.**
나는 최선을 다하고 결과를 기다릴 것인데, 그게 내가 할 수 있는 최선이라고 생각한다. (의지)

9 Next year, the economy will pick up **and the unemployment rate**
will be **slightly lower.**
내년에는 경기가 회복되고 실업률이 약간 낮아질 것이다. (미래에 대한 예측)

10 The city will strengthen **its crackdown on illegal parking in children
protection zones from next month.**
시는 다음 달부터 어린이 보호구역 내 불법 주차 단속을 강화할 것이다. (미래의 일)

시제 (6) : 미래 **be going to**

MP3 081

We **are going to go** camping this weekend.

be going to + 동사원형   ▶ 주어가 (가까운 미래에) ~할 예정이다, ~할 것이다

우리는 이번 주말에 캠핑을 갈 거야.

- 단순한 미래의 예측을 나타내기도 하고, 예정되어 있어 곧 일어날 일을 나타내기도 한다.
- will이 말하는 순간 결정한 것을 나타내는 데 반해 be going to는 미리 결정한 일을 나타낸다.

패턴에 유의하며 각 문장을 새겨 읽고 의미를 파악해 보세요.

1 I am not going to talk about **unconfirmed facts.**
나는 확인 안 된 사실들에 대해서는 말하지 않을 것이다.

2 **The customers** are going to love **the new service.**
고객들은 새로운 서비스를 아주 좋아할 것입니다.

3 Are **you** going to have **a medical checkup next month?**
다음 달에 건강 검진을 받을 예정입니까?

4 **Today I** am going to reply to **the emails that piled up.**
오늘은 쌓여 있는 이메일에 답장할 예정이다.

5 **They** are going to build **their own house in the suburbs.**
그들은 교외에 자신들만의 집을 지을 것이다.

6 **She** is going to learn **Italian cuisine at a cooking academy.**
그녀는 요리 학원에서 이탈리아 요리를 배울 것이다.

7 I am not going to waste **my time regretting what happened.**
나는 이미 일어난 일을 후회하며 내 시간을 낭비하지는 않을 것이다.

> regretting what happened는 현재분사가 이끄는 분사구문으로, '~하면서'로 해석한다.

8 **They** are going to display **the students' paintings at the subway station.**
그들은 지하철역에 학생들의 그림을 전시할 것이다.

9 **The government** is going to come up with **measures against the problem.**
정부는 그 문제에 대한 대책을 내놓을 것이다.

10 **The director, actors, and actresses** are going to attend **the Oscars after-party.**
감독과 배우들은 오스카 시상식 후에 열리는 파티에 참석할 예정이다.

시제 (7) : 현재완료 − 경험

MP3 082

I **have been** to the Vatican City.

have/has＋과거분사   ▶주어가 과거에 ~해 본 적이 있다

나는 바티칸 시국에 가 본 적이 있다.

- 과거의 일이 현재까지 영향이 있음을 나타낼 때 현재완료 시제를 쓴다. 단순히 과거 사실만 전하는 과거 시제와는 차이가 있다.
- 현재완료 시제에는 몇 가지 의미가 있는데 그중 하나가 '~해 본 적이 있다'라는 '경험'의 의미다.
- 'have/has been to＋장소'는 '~에 있었던 적이 있다', 즉 '~에 가 본 적이 있다'라는 의미다.
  참고로 'have/has gone to＋장소'는 '~에 갔다(그래서 지금 여기 없다)'라는 의미다.

패턴에 유의하며 각 문장을 새겨 읽고 의미를 파악해 보세요.

1 **James has done bungee jumping once.**
제임스는 번지 점프를 한 번 해 본 적이 있다.

2 **Have you ever heard about the word "Corona Blue"?**
'코로나 블루'라는 단어를 들어 본 적이 있습니까?

> ever, never, once[twice, …] 등은 '~해 본 적이 있다/없다'라는 경험의 의미를 나타내는 현재완료 시제에 자주 쓰인다.

3 **The woman has never worn make-up or accessories.**
그 여성은 화장을 하거나 액세서리를 한 적이 한 번도 없다.

4 **They have once made their own pottery in a workshop.**
그들은 작업장에서 자신만의 도자기를 만들어 본 적이 한 번 있다.

5 **I have never read a novel by an Eastern European writer.**
나는 동유럽 작가의 소설을 한 번도 읽어 본 적이 없다.

6 **She has tried cilantro and has never since eaten it again.**
그녀는 고수를 먹어 봤고, 그 이후로 다시는 그것을 먹은 적이 없다.

7 **Have you ever seen a baseball game at a baseball stadium?**
야구장에서 야구 경기를 본 적이 있나요?

8 **The old couple living in the country have never taken a taxi.**
시골에 사는 그 노부부는 택시를 타 본 적이 한 번도 없다.

9 **The students have visited the museum during their school trip.**
그 학생들은 수학여행 중에 그 박물관을 방문한 적이 있다.

10 **I have been to Venice, and the whole city was like an amusement park.**
나는 베니스에 가 본 적이 있는데, 도시 전체가 마치 유원지 같았다.

시제 (8) : 현재완료 – 계속

MP3 083

They **have lived** in Shanghai **for** 19 years.

have/has + 과거분사 ▶ 주어가 과거부터 현재까지 계속 ~하다/해 왔다

그들은 19년째 상하이에 살고 있다.

- 과거의 상태나 행동이 현재까지 계속되는 것을 나타내며, 계속된 기간을 나타내는 전치사 for(~ 동안)나 시작점을 나타내는 전치사/접속사 since(~ 이후로)가 자주 쓰인다.

패턴에 유의하며 각 문장을 새겨 읽고 의미를 파악해 보세요.

1 **He** has been **a YouTuber** since **2019.**
그는 2019년부터 유튜버로 활동해 왔다. (지금도 활동하고 있다.)

2 **It** has not rained for **over two months.**
두 달 넘게 비가 내리지 않고 있다. (지금도 내리지 않는다.)

3 **She** has suffered from migraine since **her teenage years.**
그녀는 10대 시절부터 편두통을 앓아 왔다. (지금도 앓고 있다.)

4 **We** have waited **for him** for **over an hour at the station.**
우리는 역에서 그를 한 시간 넘게 기다려 왔다. (지금도 기다리고 있다.)

5 **I** have used **this laptop and smartphone** for **5 years each.**
나는 이 노트북과 스마트폰을 각각 5년 동안 사용해 왔다. (지금도 사용하고 있다.)

6 **The translator** has so far translated **over 50 Japanese novels.**
그 번역가는 지금까지 50권이 넘는 일본 소설을 번역해 왔다. (지금도 번역하고 있다.)

   so far : 지금까지

7 **The Portuguese writer** has stayed **at this hotel** for **three months.**
그 포르투갈 작가는 이 호텔에 3개월 동안 머물러 왔다. (지금도 머물고 있다.)

8 **I** have known **her for over 20 years** since **I was a freshman in college.**
나는 대학 1학년 때부터 그녀를 20년 넘게 알고 지냈다. (지금도 알고 지내고 있다.)

9 **He** has worked **in the intensive care unit of the hospital** for **five years.**
그는 이 병원 중환자실에서 5년간 근무해 왔다. (지금도 근무하고 있다.)

10 **I** have liked **to sit by the window of a café and watch people and cars passing by on rainy days.**
나는 예전부터 비 오는 날 카페 창가에 앉아 지나가는 사람들과 차를 바라보는 걸 좋아했다. (지금도 좋아한다.)

The light bulb I ordered **hasn't arrived yet**.

have/has + 과거분사
▶ 주어가 막/방금/벌써 ~했다, 아직 ~하지 않았다

주문한 전구가 아직 도착하지 않았다.

- 어떤 행동을 막 완료하거나 상황이 막 완료되었음을 나타낸다.
- 완료의 의미일 때 just(막, 방금), already(벌써), yet(아직)이 자주 쓰인다.

패턴에 유의하며 각 문장을 새겨 읽고 의미를 파악해 보세요.

1 **I** have just finished **cleaning the bathroom.**
   나는 막 욕실 청소를 끝냈다.

2 **The video was so long that I** haven't finished **it yet.**
   영상이 너무 길어서 아직 다 보지 못했다.

3 **They** have not decided yet **how to elect the club's leader.**
   그들은 아직 동아리 팀장을 선출할 방법을 정하지 않았다.

4 **The result of the presidential election** has already come out.
   대통령 선거 결과가 이미 나왔다.

5 **She** hasn't paid back **the money she borrowed from me** yet.
   그녀는 나한테서 빌려간 돈을 아직 갚지 않았다.

6 **Her 12-year-old daughter** has already read **all the books at home.**
   그녀의 열두 살 된 딸은 집에 있는 책들을 벌써 다 읽었다.

7 **An earthquake news report** has just been broadcast **on the television.**
   지진 뉴스 보도가 방금 텔레비전에서 방송되었다.

8 **The flight leaves at 12 o'clock, but she** has already left **for the airport.**
   비행기는 12시에 출발하지만, 그녀는 이미 공항으로 떠났다.

9 **I** haven't finished **all the work I have to do today, so I can't get off work.**
   나는 오늘 해야 할 업무를 다 마치지 못해서 퇴근하지 못하고 있다.

10 **I** have just finished **the paper for the course "Social Characteristics of Old Age."**
   나는 '노년의 사회적 특성' 수업에 낼 보고서를 막 끝냈다.

She **has been working** as a barista **for** three years.
have/has been+ 동사 -ing   ▶주어가 계속 ~하고 있다/해 왔다

그녀는 3년째 바리스타로 일하고 있다.

- 현재완료진행은 1) 말하기 전 과거에 시작되어 방금 전까지 지속되었던 행동, 2) 말하는 시점까지 계속되고 있는 행동을 나타낸다. 문맥에 따라 어떤 의미인지 파악해야 한다.
- 주로 for, since, how long과 함께 쓰인다.

패턴에 유의하며 각 문장을 새겨 읽고 의미를 파악해 보세요.

1 **Johnny** has been working **all day. He must be tired.**
조니는 하루 종일 일했다. 분명 피곤할 것이다.

2 **My mother** has been watching **TV** since **she finished dinner.**
어머니는 저녁을 드시고 나서 줄곧 TV를 보고 계신다.

3 **The boys** have been playing **video games** since **seven o'clock.**
그 소년들은 7시부터 비디오 게임을 하고 있다.

4 **They** have been waiting **for the girl at the airport** since **two p.m.**
그들은 오후 2시부터 공항에서 그 소녀를 기다리고 있다.

5 **I** have been reading **a book about personality disorder** for **2 hours.**
나는 2시간째 성격 장애에 관한 책을 읽고 있다.

6 **She** has been thinking **about looking for a different job** since **last year.**
그녀는 작년부터 다른 직업을 찾아볼까 생각을 해 왔다.

7 **Jenny** has been talking **about her favorite K-POP band** since **we met today.**
제니는 오늘 우리가 만난 후로 자신이 무척 좋아하는 K팝 밴드 얘기를 계속하고 있다.

8 **They** have been discussing **how to recover from the flood damage for hours.**
그들은 몇 시간 동안 수해 복구 방안을 논의했다.

9 **My father** has been cooking since **early morning and the table is full of food.**
우리 아빠는 이른 아침부터 요리를 하셨고, 식탁에는 음식이 가득하다.

10 **Mr. Anderson** has been teaching **math at this school for more than 10 years.**
앤더슨 씨는 10년 넘게 이 학교에서 수학을 가르치고 있다.

Romeo **had** already **been** dead when Juliet **woke up**.

had + 과거분사 ▶주어가 (과거보다 이전 시점에 이미) ~했다

줄리엣이 깨어났을 때 로미오는 이미 세상을 떠난 뒤였다.

• 과거완료 시제는 기준이 되는 과거 시점보다 먼저 일어난 일을 나타낸다. 그렇기에 특수한 경우를 제외하고 과거완료 시제만 단독으로 쓰이는 경우는 흔치 않다.

패턴에 유의하며 각 문장을 새겨 읽고 의미를 파악해 보세요.

과거완료 시제(빨간색 표시)가 과거 시제(파란색 표시)보다 앞서 일어난 일

1 She had already left when he arrived at the station.
그가 역에 도착했을 때 그녀는 이미 떠나고 없었다.

2 She bought a car with the money she had saved for years.
그녀는 몇 년간 모은 돈으로 차를 샀다.

3 The man forgot everything that had happened in the accident.
그 남자는 그 사고에서 일어난 모든 일을 잊어버렸다.

4 They moved from the house where they had lived for 20 years.
그들은 20년 동안 살던 집에서 이사했다.

5 The artist tore up the painting he had painted the previous day.
그 화가는 그 전날 자신이 그렸던 그림을 찢어 버렸다.

6 They had never seen such a beautiful sea before they went there.
그들은 거기 가기 전에는 그렇게 아름다운 바다를 본 적이 없었다.

7 The musician released a new arrangement of a song he had written before.
그 음악가는 이전에 자신이 작곡한 곡을 새롭게 편곡한 것을 발표했다.

8 I had already finished my dinner when he bought fried chicken and came home.
그가 프라이드치킨을 사서 집에 왔을 때 나는 이미 저녁을 다 먹은 뒤였다.

9 When he passed away, he had already suffered from the disease for seven years.
그가 세상을 떠났을 때, 그는 이미 7년 동안 그 병을 앓아 왔었다.

10 When the Korean War broke out, the Korean Peninsula had already been divided.
한국전쟁이 발발했을 때 한반도는 이미 분단된 상태였다.

시제 (12) : 시간과 조건의 부사절에서 의미상 미래이나 현재를 쓰는 경우

MP3 087

They **will cancel** the event **if** it **rains** that day.

미래 시제 + when 등 시간 접속사/if 등 조건 접속사 + 현재 시제   ▶ ~할 때/~하면 …할 것이다

그날 비가 오면 그들은 그 행사를 취소할 것이다.

• 의미상으로는 미래이지만 현재 시제를 쓴다.

패턴에 유의하며 각 문장을 새겨 읽고 의미를 파악해 보세요.

1   If **you** need **anything**, call me anytime.
뭐든 필요한 게 있으면 언제든 나한테 전화해.

> 주절이 call me anytime으로 명령문이므로 미래의 의미

2   As soon as **she arrives, we** will restart **the broadcast.**
그녀가 도착하는 대로 우리는 방송을 다시 시작할 것이다.

3   If **the book** is **in the library, I'll** check it out **and** read **it.**
그 책이 도서관에 있으면 대출해서 읽을 것이다.

4   When **spring** comes, **I** will ride **a bike for 30 minutes every day.**
봄이 오면 나는 매일 30분씩 자전거를 탈 것이다.

5   There will be **few people on the street** when **the typhoon approaches.**
태풍이 접근하면 거리에 사람이 거의 없을 것이다.

6   They will go **abroad for the tour** as soon as **the press conference is over.**
그들은 기자회견이 끝나는 대로 투어를 위해 출국할 예정이다.

7   I will take **the subway to work instead of driving** if it snows **a lot tomorrow.**
내일 눈이 많이 오면 난 운전하지 않고 지하철을 타고 출근할 것이다.

8   The fear of the epidemic **will be reduced a little** once the vaccine is developed.
일단 백신이 개발되면 전염병의 공포는 조금 줄어들 것이다.

9 The audience will cheer loudly if the singer drinks water during the performance.

공연 중 그 가수가 물을 마시면 청중은 큰 소리로 환호할 것이다.

10 Unless the punishment for drunk driving is strengthened, drunk driving will not decrease.

음주운전에 대한 처벌이 강화되지 않는 한 음주운전은 줄어들지 않을 것이다.

CHAPTER 4

뉘앙스의 절친, 조동사

동사만으로는 힘든,
다양한 뜻을 전하는 조동사

조동사 (1) : can, could

MP3 088

The stadium **can accommodate** 20,000 people.

can/could + **동사원형** ▶ ～할 수 있다(능력, 가능) / ～해도 된다(허가)

그 경기장은 2만 명을 수용할 수 있다.

- could는 can의 과거형이기도 하지만, 현재에서 '덜 확실한 가능성'을 나타내는 경우로 많이 쓰인다.

패턴에 유의하며 각 문장을 새겨 읽고 의미를 파악해 보세요.

1 **Can** I **talk** to you for a second?
당신과 잠깐 얘기 좀 해도 될까요? (허가)

2 **Gastroscopy** can **detect** stomach cancer early.
위내시경 검사는 위암을 조기에 발견할 수 있다. (능력, 가능)

3 Taking vitamin B complex **could** improve skin eczema.
비타민 B 복합체를 복용하면 피부 습진이 개선될 수 있다.
(= 비타민 B 복합체 복용이 피부 습진을 개선할 수 있다.) (능력, 가능)

4 The street painter **can** paint a portrait in about half an hour.
그 거리의 화가는 30분 정도면 초상화를 하나 그릴 수 있다. (능력, 가능)

5 Reducing the use of fossil fuels **can** help prevent global warming.
화석 연료의 사용을 줄이는 것이 지구 온난화를 예방하는 데 도움이 될 수 있다. (능력, 가능)

6 You **can** sit anywhere you want when you arrive at the conference
room. 회의실에 도착하면 원하는 곳 어디든 앉으셔도 됩니다. (허가)

7 With this program, several people **can** hold meetings or discussions
online.
이 프로그램이 있으면 온라인으로 여러 사람이 회의나 토론을 할 수 있다. (능력, 가능)

8 Twenty years ago, I **could** do 50 push-ups, but now I **can't** even do
10 of them.
난 20년 전에는 팔굽혀펴기를 50번 할 수 있었는데 지금은 10번도 못한다. (능력, 가능)

9 Using drive-through testing facilities, we **can** get a COVID-19
examination without getting out of the car.
드라이브스루 테스트 시설을 이용하면 차에서 내리지 않고도 코로나19 검사를 받을 수 있다. (능력, 가능)

10 Laurence Kim Peek, an American savant, **could** read a book in about
an hour and remember almost everything he had read.
서번트 증후군인 미국인 로렌스 킴 피크는 약 한 시간 만에 책 한 권을 읽을 수 있었고, 자신이 책에서 읽었던 것을
거의 모두 기억할 수 있었다. (능력, 가능)

조동사 (2) : will

Chris **will be** thirty one next month.

주어 + will + 동사원형

▶~일[할] 것이다(비교적 확실한 미래의 일, 미래의 일 예측)
▶~할 것이다(주어의 의지)
▶~해 줄 수 있겠니?(상대방의 의지)

크리스는 다음 달에 서른한 살이 된다.

패턴에 유의하며 각 문장을 새겨 읽고 의미를 파악해 보세요.

1 **The rainy season** will be over **next week.**
장마가 다음 주에 끝날 것이다. (미래 예측)

2 **I** will never let **him come to my house again.**
다시는 그 사람이 내 집에 오지 못하게 할 것이다. (의지)

3 **Will you** give **me a hand to clean the house?**
집 청소하는 것 좀 도와줄래요? (상대방의 의지)

4 **Will you please** tell **me where I should get off?**
제가 어디서 내려야 하는지 알려 주시겠어요? (상대방의 의지)

5 **The train** will arrive **at Edinburgh Station at 11:30 a.m.**
기차는 오전 11시 30분에 에든버러 역에 도착할 것이다. (미래의 일)

6 **The symphony orchestra** will perform **at the art hall in May.**
그 교향악단은 5월에 그 아트홀에서 공연할 것이다. (미래의 일)

7 **Applicants for the company** will take **a written test this weekend.**
그 회사 지원자들은 이번 주말에 필기시험을 볼 것이다. (미래의 일)

8 **She** will go **to see the neurologist for a regular checkup tomorrow.**
그녀는 내일 정기 검진을 받으러 신경과에 갈 것이다. (미래의 일)

9 **I** will upload **the video twice a week on my YouTube channel starting
next month.**
나는 다음 달부터 매주 2번씩 내 유튜브 채널에 영상을 올릴 것이다. (의지)

10 **The government and the ruling party** will discuss **the relocation of
the administrative capital.**
정부와 여당은 행정 수도 이전을 놓고 논의할 것이다. (미래의 일)

조동사 (3) : would

You **would look** better in bright clothes.

would + 동사원형

▶ 주어가 ~일[할] 것이다(추측, 상상)
▶ 과거에 ~하곤 했다(과거의 습관)
▶ 다른 사람이 한 말을 전하는 문장에서 will의 과거형

밝은 색 옷을 입으면 더 예뻐 보일 거야.

• would는 주어의 마음을 직접적으로가 아니라 에둘러 말하는 느낌을 준다.

패턴에 유의하며 각 문장을 새겨 읽고 의미를 파악해 보세요.

1 **He said he would be here by 7 at the latest.**
   그는 아무리 늦어도 7시까지는 여기에 올 거라고 말했다. (다른 사람의 말을 전하는 문장에서 will의 과거형)

2 **Jay thinks she would rather die than dance in public.**
   제이는 사람들 앞에서 춤을 추느니 차라리 죽는 편이 낫다고 생각한다.

   would rather A(동사원형) than B(동사원형) : B하느니 A하는 게 낫다

3 **She knew the habit was bad but wouldn't change it.**
   그녀는 그 습관이 나쁜 걸 알면서도 바꾸려고 하지 않았다. (거부 – 부정형)

4 **When I felt down, I would walk home alone from school.**
   기분이 울적할 때면, 나는 학교에서 혼자 집으로 걸어오곤 했다. (과거의 습관)

5 **It would be a shame if I miss the last episode of the drama.**
   그 드라마의 마지막 회를 놓친다면 아쉬울 것이다. (추측)

6 **Alice would love to meet more people and see a wider world.**
   앨리스는 더 많은 사람들을 만나고 더 넓은 세상을 보고 싶어 한다.

   would love to : 정말 ~하고 싶다, would like to(= want to)보다 조금 강한 감정

7 **Some said glaciers would disappear at the end of the 21st century.**
   어떤 사람들은 빙하가 21세기 말에 사라질 거라고 말했다. (다른 사람의 말을 전하는 문장에서 will의 과거형)

8 **I would be really happy if I could be of little help to my neighbors.**
   내가 이웃들에게 조금이나마 도움이 된다면 정말 행복할 것이다. (상상)

9 **It would be so fascinating to see the Milky Way with the naked eye.**
   육안으로 은하수를 보면 정말 매혹적일 것이다. (추측)

10 **We would go for a drive to the suburbs with our dog on Saturdays or Sundays.** 우리는 토요일이나 일요일에 강아지와 함께 교외로 드라이브를 가곤 했다. (과거의 습관)

People with diabetes **may become** blind.

may + 동사원형 ▶ ～할[일]지 모른다, ～할[일] 수도 있다(추측) / ～해도 된다(허가)

당뇨를 앓는 사람은 실명할 수도 있다.

- 추측의 의미일 때는 절반 정도의 확실성을 가지고 말하는 느낌이다.
- 허가의 의미로 쓰일 때는 can보다 좀 더 정중한 느낌을 준다.
- 부정형 may not은 '～가 아닐지 모른다', '～하면 안 된다(가벼운 금지)'라는 의미다.

패턴에 유의하며 각 문장을 새겨 읽고 의미를 파악해 보세요.

1 **May** I take **a picture of the inside of this book?**
이 책 내부 사진을 찍어도 될까요? (허가)

2 **The fire may have been caused by a short circuit.**
그 화재는 누전으로 발생한 것일 수도 있다. (추측)

> 2. 8번 문장의 may have p.p. : (과거에) ～했을지 모른다

3 **May you have a healthy peaceful old age!**
건강하고 평안한 노년을 보내시길요! (기원)

> 조동사 may로 기원문을 만들기도 한다.   May + 주어 + 동사～! : ～하기를! → 기원문

4 **There may be other reasons why the boy quit school.**
그 소년이 학교를 그만둔 다른 이유들이 있을 수 있다. (추측)

5 **You may not talk loudly on the phone in the subway.**
지하철에서는 큰 소리로 전화 통화를 하면 안 된다. (허가)

6 **He may be a good scholar, but may not be a good professor.**
그가 훌륭한 학자일지 몰라도 훌륭한 교수는 아닐 수도 있다. (추측)

7 **You may go to the demonstration with me this weekend if you want.**
원한다면 이번 주말에 나와 함께 시위에 가도 좋다. (허가)

8 **The climber may have lost his footing on the way down the mountain.**
그 등반가는 하산하는 길에 발을 헛디뎠을지도 모른다. (추측)

9 **The cause of the accident that took the scientist's life may never be discovered.** 그 과학자의 목숨을 앗아간 사고의 원인이 결코 밝혀지지 않을 수도 있다. (추측)

10 **Members may borrow up to 5 books at a time, and the rental period is 2 weeks.** 회원은 한 번에 5권까지 빌릴 수 있고, 대여 기간은 2주다. (허가)

조동사 (5) : should

MP3 092

You **should identify** the patients before you treat them.

should + 동사원형 ▶ ~해야 하다/~하는 게 좋다(의무, 권고) / (분명) ~할 것이다(확신)

환자를 진료하기 전에 신분을 확인해야 한다.

- should는 must보다 의미가 약해서 꼭 해야 한다고 강제하는 게 아니라 충고하거나 권고하는 의미다.
- should not : ~하면 안 된다
- should have + 과거분사 : ~했어야 했다(그런데 하지 않았다) – 아쉬움 표현
  should not have + 과거분사 : ~하지 않았어야 했다(그런데 했다) – 아쉬움 표현

패턴에 유의하며 각 문장을 새겨 읽고 의미를 파악해 보세요.

1 You should water the plants about once a week.
식물에게 일주일에 한 번 정도 물을 줘야 한다. (의무, 권고)

2 We should get our teeth scaled about once a year.
1년에 한 번 정도 치아를 스케일링해야 한다. (의무, 권고)

3 You should take this bus to get to the National Museum of Korea.
국립중앙박물관으로 가려면 이 버스를 타야 합니다. (의무, 권고)

4 This is a secret between you and me, so you should not tell anyone.
이건 너와 나 사이의 비밀이니까 아무에게도 말하면 안 돼. (의무, 권고)

5 In my twenties I should have set a higher goal and tried to achieve it.
20대 때 내가 더 높은 목표를 세우고 그걸 이루기 위해 노력했어야 했는데. (과거 사실의 아쉬움)

> should have p.p. : 과거에 ~했어야 했다(그러나 하지 않았다)

6 After a few weeks, the side effects of the medicine should be weakened. 몇 주가 지나면 약의 부작용이 약화될 것이다. (확신)

7 You should not have walked too long under the scorching sun yesterday. 너는 어제 뙤약볕 아래에서 너무 오래 걷지 말았어야 했다. (과거 사실의 아쉬움)

> should not have p.p. : 과거에 ~하지 말았어야 했다(그러나 그렇게 했다)

8 Parents should set a good example for their children with words and actions. 부모는 말과 행동으로 자녀에게 모범이 되어야 한다. (의무, 권고)

9 He is very diligent and has a sound mind, so he should achieve what he wants. 그는 매우 근면하고 정신이 건전하니 분명 자신이 원하는 것을 성취할 것이다. (확신)

10 If you live in an apartment, you should be considerate of the people living around you. 아파트에 산다면 주변에 사는 사람들을 배려해야 한다. (의무, 권고)

조동사 (6) : must, have to

MP3 093

You **have to dry** the washbasin after using it.

must/have to + 동사원형 ▶~해야 하다(의무)

세면대를 사용하고 나서는 물기를 닦아야 한다.

- must not : ~하면 안 된다(금지) / don't have to : ~하지 않아도 된다(불필요) = need not
- 충고/권고하는 should와 달리, must와 have to는 반드시 해야 하는 의무를 나타낸다.

패턴에 유의하며 각 문장을 새겨 읽고 의미를 파악해 보세요.

1 I must get some sleep before I go to work.
   나는 출근하기 전에 잠을 좀 자야 한다.

2 I don't know if I have to eat to live or live to eat.
   살기 위해 먹어야 하는 건지 먹기 위해 살아야 하는 건지 모르겠다.

3 You must take off the tape before you throw away the box.
   상자를 버리기 전에 테이프를 떼야 한다.

4 You don't have to eat something before you take the medicine.
   그 약을 먹기 전에 꼭 뭘 먹지 않아도 됩니다. (불필요)

5 One must have basic respect and compassion for other people.
   사람은 타인에 대해 기본적인 존중과 연민을 가져야 한다.

6 All visitors have to write their names and phone numbers there.
   모든 방문객들은 거기에 이름과 전화번호를 적어야 한다.

7 You must not take other people's help or services for granted.
   타인의 도움이나 서비스를 당연하게 여겨서는 안 된다. (금지)

8 Applicants have to submit a résumé, a career certificate, and an essay.
   지원자들은 이력서, 경력 증명서, 에세이를 제출해야 한다.

9 The ruling and opposition parties must pass the bill in this session of Congress.
   여야는 이번 회기에 그 법안을 통과시켜야 한다.

10 When you drive, you must obey traffic regulations even if there are no other cars or pedestrians.
   운전할 때는 다른 차나 보행자가 없어도 교통 법규를 준수해야 한다.

조동사 (7) : must

MP3 094

This **must be** where my elementary school was.

must + 동사원형/must have + 과거분사 ▶ **틀림없이/분명 ~이다/였다**

여기가 분명 내가 다니던 초등학교가 있었던 곳이다.

- 글쓴이가 강하게 확신하며 추측한다는 것을 나타낸다.
- must have + 과거분사 : 과거에 ~였음에 틀림없다. 분명 ~였겠다/했겠다

패턴에 유의하며 각 문장을 새겨 읽고 의미를 파악해 보세요.

1 He <u>must</u> be **embarrassed to hear that story.**
   그 이야기 들으면 그는 틀림없이 당황할 것이다.

2 **Looking at her face, she** <u>must</u> be **David's sister.**
   그녀의 얼굴을 보니 데이비드 여동생인 게 분명하다.

3 **It** <u>must</u> have taken **hours to prepare so much food.**
   그렇게 많은 음식을 준비하느라 분명 몇 시간이 걸렸을 것이다.

> 3, 5, 10번 문장의 must have p.p. : 과거에 ~였음에/했음에 틀림없다. 분명 ~였겠다/했겠다

4 He <u>must</u> be **out of his mind to talk like that at the meeting.**
   회의에서 그렇게 이야기하는 걸 보니 그는 제정신이 아닌 게 틀림없다.

5 **His mother** <u>must</u> have been **very surprised when the police called.**
   경찰이 전화했을 때 그의 어머니는 분명 무척 놀랐을 것이다.

6 **If you take time and think a lot, you** <u>must</u> find out **what you want.**
   시간을 갖고 생각을 많이 하면 자신이 원하는 것이 무엇인지 분명 알아낼 것이다.

7 **She** <u>must</u> be **pleased to hear of your acceptance into the university.**
   네가 그 대학에 합격했다는 소식을 들으면 그녀는 틀림없이 기뻐할 것이다.

8 **There** <u>must</u> be **some ulterior motive when they make such a proposal.**
   그들이 그런 제안을 할 때는 분명 무언가 숨은 동기가 있을 것이다.

9 He <u>must</u> be **really disappointed to hear the result of the soccer match.**
   축구 경기 결과를 들으면 그는 틀림없이 정말 실망할 것이다.

10 **It's hard to imagine what people's lives** <u>must</u> have been **like 100 years ago.**
   100년 전 사람들의 삶이 어땠을지 상상하기는 어렵다.

CHAPTER 5

행위의 초점이 바뀌는 수동태

'하다'와 '당하다'를 가르는
수동태

MP3 095

This poem **was written by an Irish poet**.

주어 ＋ **be(am/is/are/was/were) + 과거분사 + by + 행위자** ▶ 주어는 행위자가 ~하다

이 시는 아일랜드 시인이 썼다.

- 우리말에는 수동태가 없어서 해석할 때 능동으로 해석하는 것이 자연스럽다.
  예) 이 열람실은 어린이들에 의해 이용된다. → 이 열람실은 어린이들이 이용한다.
- 수동태를 쓴다는 것은 행위를 하는 주체보다 행위를 당하거나 상황에 처하게 된 객체를 강조하고 싶다는 의미다.

패턴에 유의하며 각 문장을 새겨 읽고 의미를 파악해 보세요.

1. **The feed** is eaten by street cats.
   그 사료는 길고양이들이 먹는다.

2. **This reading room** is used by children.
   이 열람실은 어린이들이 이용한다.

3. **Her house** was designed by a young architect.
   그녀의 집은 젊은 건축가가 설계했다.

4. **The fund** will be administered by the organization.
   그 기금은 그 단체에서 관리할 것이다.

5. **The heroine of the film** was played by a Welsh actress.
   그 영화의 여주인공은 웨일스 출신 여배우가 연기했다.

6. **This bill** will be passed by ruling party lawmakers **tomorrow**.
   이 법안은 내일 여당 의원들이 통과시킬 것이다.

7. **The product** was named by the nation's top branding consultant.
   그 제품은 그 나라 최고의 브랜드 컨설턴트가 이름을 지었다.

8. **The newspaper** has been published by the city **for more than a decade**.
   그 신문은 10년 넘게 시에서 발행해 왔다.

9. **The various flowers in the school garden** have been grown by students.
   학교 정원에 있는 다양한 꽃들은 학생들이 재배해 왔다.

10. **The song** *The Long and Winding Road* **by The Beatles** was written by **Paul McCartney**.
    비틀스의 〈길고도 험한 길〉이라는 노래는 폴 매카트니가 작곡했다.

This smartphone **was made** in South Korea.

주어   +   be(am/is/are/was/were) + 과거분사   ▶주어가 ~하다/되다

이 스마트폰은 한국에서 생산되었다.

- 굳이 행위자를 밝힐 필요가 없거나 행위자를 모르는 경우 수동태 문장에 'by + 행위자'를 쓰지 않는다.

패턴에 유의하며 각 문장을 새겨 읽고 의미를 파악해 보세요.

1 **These coffee beans** were roasted **3 days ago.**
이 커피 원두는 3일 전에 볶았다.

2 **The child** was eventually found **safe and sound.**
그 아이는 마침내 무사히 발견되었다.

3 **Pluto** was ruled out **as a planet of the solar system in 2006.**
명왕성은 2006년에 태양계 행성에서 배제되었다.

4 **The road** was paved **with asphalt a few years ago.**
그 도로는 몇 년 전에 아스팔트로 포장되었다.

5 **Strawberries** have long been cultivated **in the area.**
딸기는 그 지역에서 오랫동안 재배되어 왔다.

6 **The planet Mars** is named **after the Roman god of war.**
행성 화성은 로마의 전쟁의 신(마르스)을 따라 이름이 지어졌다.

7 **The virus** is mainly circulated **through saliva from people's mouths.**
그 바이러스는 주로 사람들의 입에서 나오는 침으로 퍼진다.

8 **Incheon International Airport** was officially opened **on March 21st, 2001.**
인천국제공항은 2001년 3월 21일에 공식 개항했다.

9 **The movie _Parasite_** was released **in the United States and Canada in October, 2019.**
영화 〈기생충〉은 2019년 10월에 미국과 캐나다에서 개봉되었다.

10 **The remains of Miguel de Cervantes** were discovered **in 2015, more than 340 years after they went missing.**
미겔 데 세르반테스의 유해는 행방불명된 지 340년도 더 지난 2015년에 발견되었다.

수동태 (3) : 조동사 + 수동태

MP3 097

The film festival **will be held** in October.
주어   +   조동사 + be + 과거분사(+ by + 행위자)
▶ '주어가 ~하다/되다'에 조동사의 의미를 넣어서 해석

그 영화제는 10월에 개최될 것이다.

- 조동사 뒤에는 동사원형이 오기 때문에 be동사는 원형으로 쓴다.

패턴에 유의하며 각 문장을 새겨 읽고 의미를 파악해 보세요.

1 **The railway will be completed next year.**
그 철도는 내년에 완공될 것이다. (미래)

2 **The report must be submitted by tomorrow.**
그 보고서는 내일까지 (반드시) 제출해야 한다. (강한 의무)

3 **This wooden box can also be used as a table.**
이 나무 상자는 탁자로도 사용할 수 있다. (가능)

4 **The event had to be canceled due to the epidemic.**
그 행사는 전염병 때문에 취소해야 했다. (강한 의무)

5 **The place and time of the meeting could be changed.**
회의 장소와 시간은 변경될 수도 있다. (확실성이 덜한 가능성)

6 **Coffee stains should be removed immediately with baking soda.**
커피 얼룩은 베이킹 소다로 즉시 제거해야 한다. (권고)

7 **The wrinkles of the blouse can be spread out with a steam iron.**
그 블라우스 주름은 스팀다리미로 펼 수 있다. (능력, 가능)

8 **Next week's conference must be postponed for about two months.**
다음 주 학회는 두 달 정도 연기해야 한다. (강한 의무)

9 **Clothes that you don't wear for about two years should be discarded.**
2년 정도 입지 않는 옷은 버려야 한다. (권고)

10 **If you live a regular life and don't smoke, many diseases would be prevented.**
규칙적인 생활을 하고 담배를 피우지 않으면 많은 질병이 예방될 것이다. (추측)

Was dynamite **invented** by Alfred Nobel?

Be(am/is/are/was/were) + 주어 + 과거분사(+ by + 행위자) ~?

▶ 주어가 (행위자에 의해) ~되나요? / 행위자가 ~하나요?

다이너마이트는 알프레드 노벨이 발명했나요?

- 미래 시제나 완료 시제의 경우, 의문문을 만들 때 will, have/has 등의 조동사만 주어 앞으로 가서
  Will + 주어 + be + 과거분사 ~?, Have/Has + 주어 + been + 과거분사 ~?의 어순으로 쓴다.

패턴에 유의하며 각 문장을 새겨 읽고 의미를 파악해 보세요.

1 **Is English spoken in Iceland?**
아이슬란드에서 영어를 쓰나요?

2 **What was flown by the child?**
그 아이가 뭘 날린 거예요? (What + 수동태 의문문. What이 주어)

3 **Why are the foods called "super foods"?**
왜 그 식품들은 '슈퍼 푸드'라고 불리죠? (Why + 수동태 의문문)

4 **Where will the school building be moved?**
그 학교 건물은 어디로 옮겨질 건가요? (Where + 수동태 의문문)

5 **Was the space shuttle launched successfully?**
우주 왕복선은 성공적으로 발사되었나요?

6 **Were these clay dolls made by your daughter?**
이 점토 인형들은 당신 딸이 만든 건가요?

7 **When was the product released on the market?**
그 제품은 언제 시장에 출시되었나요? (When + 수동태 의문문)

8 **Has blood pressure and body temperature been measured by the nurse?**
그 간호사가 혈압과 체온을 측정해 왔나요?

9 **How long have cyclos been used as a means of transportation in Vietnam?**
베트남에서 시클로는 언제부터 교통수단으로 이용되어 왔나요? (How long + 수동태 의문문)

10 **Was the song *Both Sides Now* written by the singer-songwriter Joni Mitchell?**
〈이제 양쪽에서〉라는 노래는 싱어송라이터 조니 미첼이 썼나요?

수동태 (5) : 주로 수동태를 쓰는 경우

MP3 **099**

The Colosseum **was built** between 70 and 80 A. D.

콜로세움은 서기 70년에서 80년 사이에 지어졌다.

- 행위자가 중요하지 않고 이루어진 일 자체가 중요한 경우
- 행위자를 모르는 경우 / 행위자가 짐작되는 경우
- 행위자가 일반인인 경우 등

패턴에 유의하며 각 문장을 새겨 읽고 의미를 파악해 보세요.

1 **The building** was repainted **last month.**
그 건물은 지난달에 페인트칠을 다시 했다. (행위자가 중요하지 않음)

2 **Portuguese** is spoken **in Portugal and Brazil.**
포르투갈어는 포르투갈과 브라질에서 사용한다. (행위자가 일반인)

3 **The publishing company** was established **in 2000.**
그 출판사는 2000년에 설립되었다. (행위자가 중요하지 않음)

4 **The company** was accused **of cheating consumers.**
그 회사는 소비자들을 속였다는 비난을 받았다. (행위자가 일반인)

5 **The man** was advised **to leave the company last week.**
그 남자는 지난주에 회사를 그만두라는 권고를 받았다. (행위자가 짐작됨 – 회사의 고위층)

6 **Smoking** is prohibited **in most public places these days.**
요즘 대부분의 공공장소에서는 흡연이 금지되어 있다. (행위자가 중요하지 않거나 짐작됨)

7 **The international conference** has been postponed **to November.**
그 국제 회의는 11월로 연기되었다. (행위자가 중요하지 않음)

8 **The 14th Dalai Lama, Tenzin Gyatso,** was awarded **the Nobel Peace Prize in 1989.**
제14대 달라이 라마 텐진 갸초는 1989년에 노벨 평화상을 받았다. (행위자가 중요하지 않음 – 상을 준 행위자)

9 **The earliest wooden wheels** were invented **between 4500 and 3300 BC (Copper Age).**
최초의 나무 바퀴는 청동기 시대인 기원전 4500년에서 3300년 사이에 발명되었다. (행위자를 모름)

10 **The first railway steam locomotive** was built **in the United Kingdom in the early 1800s.**
최초의 철도 증기 기관차는 1800년대 초에 영국에서 만들어졌다. (행위자가 중요하지 않음)

PART 3

리딩에 속도가 붙다

CHAPTER 1

---

to부정사, 분사구문

모습은 단순하나
쓰임새는 자유분방한 녀석들!

to부정사 (1) : 부사로 쓰이는 to부정사 ❶

MP3 100

She bought special glasses **to observe the solar eclipse**.
주어 + 동사 + ~ + to + 동사원형(~하기 위하여) ▶주어가 ~하기 위하여/하려고 …하다

그녀는 일식을 관찰하기 위해서 특수 안경을 구입했다.

- to부정사(to + 동사원형)는 여러 가지 의미로 쓰이지만 '~하기 위하여/하려고'라는 의미로 쓰이는 경우가 가장 많다.
- to 앞에 in order를 써서 'in order to + 동사원형'으로 쓰면 '~하기 위하여/하려고'라는 의미가 더 확실해진다.

패턴에 유의하며 각 문장을 새겨 읽고 의미를 파악해 보세요.

1 **He raises bugs** to feed his pet lizards.
그는 애완 도마뱀에게 먹이를 주기 위해 벌레를 키운다.

2 **They went to the station** to see Judy off.
그들은 주디를 배웅하려고 역에 갔다.

3 **I studied Chinese** to travel to China by myself.
나는 혼자서 중국 여행을 가기 위해 중국어를 공부했다.

4 **We skipped lunch** to go to the buffet in the evening.
우리는 저녁에 뷔페 식당에 가려고 점심을 건너뛰었다.

5 **He is writing short stories** in order to submit to the literary contest.
그는 문학 경연 대회에 출품하기 위해 단편 소설을 쓰고 있다.

6 **The two countries held a summit** to negotiate denuclearization.
양국은 비핵화 협상을 하기 위해서 정상회담을 열었다.

7 **She began to lose weight** to wear a bikini on the beach this summer.
그녀는 올 여름 해변에서 비키니를 입으려고 살을 빼기 시작했다.

> began to lose weight에서 to lose weight는 began의 목적어로 '살 빼기를 시작했다'라는 뜻

8 **He started aerobic exercise one month ago** to lower his blood pressure.
그는 혈압을 낮추기 위해 한 달 전에 유산소 운동을 시작했다.

9 **She went to the school** to consult teachers about her daughter's college entrance.
그녀는 딸의 대학 입학에 대해 선생님들과 상의하기 위해 학교에 갔다.

10 **Ministers gathered at Cheongwadae early in the morning** to attend the National Security Council.
국가안전보장회의에 참석하기 위해 이른 아침부터 장관들이 청와대에 모였다.

to부정사 (2) : 부사로 쓰이는 to부정사 ❷

MP3 101

She was so thrilled **to meet the Pope in person**.

주어 + 동사 + ~ + to부정사

그녀는 교황을 직접 만나게 되어서 너무나 감격했다.

- ~해서 어떤 감정이 되다(감정의 원인 – to부정사 앞에 감정을 나타내는 형용사가 온다)
- 어떤 행위를 하여 그 결과 ~하다(행동의 결과)
- ~한다면 …할[일] 것이다(조건)
- 앞의 형용사나 부사를 수식한다.

패턴에 유의하며 각 문장을 새겨 읽고 의미를 파악해 보세요.

1 **I awoke** to find that it was snowing heavily.
   잠에서 깨어 보니 눈이 펑펑 내리고 있었다. (결과)

2 **The story she told me was hard** to believe.
   그녀가 들려 준 이야기는 믿기 힘들었다. (형용사 hard 수식)

3 **They were so disappointed** to lose the game.
   그들은 그 경기에 져서 매우 실망했다. (감정의 원인)

4 **You would be a fool** to believe such a thing.
   그런 말을 믿으면 너는 바보일 거야. (조건)

5 **He is so stubborn and too difficult** to persuade.
   그는 무척 고집이 세고 설득하기 너무 어렵다. (형용사 too difficult 수식)

   '설득하기가 어렵다', 즉 to persuade가 too difficult를 꾸미고 있다. 감정을 이야기하는 것은 아니므로 감정의 원인은 아니다.

6 **I was so delighted** to see him again after a long time.
   나는 오랜만에 그를 다시 만나서 너무 기뻤다. (감정의 원인)

7 **To talk with the girl for an hour, you'll definitely like her.**
   그 소녀와 한 시간 동안 이야기를 나눠 보면 분명 좋아하게 될 거야. (조건)

8 **I searched everywhere only** to fail to find the missing key.
   나는 사방을 뒤졌지만 잃어버린 열쇠를 찾지 못했다. (결과)

   fail to find ~에서 to find ~는 fail의 목적어로 '~하는 데 실패하다, ~하지 못하다'라는 뜻

9 **He speaks too slowly** to finish what he has to say in time.

그는 말이 너무 느려서 시간 안에 할 말을 다 못 한다.
(= 그는 시간 안에 할 말을 끝내기에는 너무 말을 천천히 한다.) (부사 too slowly 수식)

10 **We're sorry** to hear that the lady passed away after a long illness.

그 부인이 오랜 투병 끝에 돌아가셨다는 소식을 들어 유감이다. (감정의 원인)

11 **To hear him sing,** you'll understand why he won the contest.

그 사람이 노래하는 걸 들으면 그가 그 대회에서 왜 1등 했는지 이해가 갈 거야. (조건)

12 **This little girl grew up** to be the best figure skater in the world.

이 어린 소녀는 자라서 세계 최고의 피겨 스케이팅 선수가 되었다. (결과)

13 **He was so startled** to hear that the plane crashed into the Pacific.

그는 그 비행기가 태평양에 추락했다는 소식을 듣고 너무 놀랐다. (감정의 원인)

14 **The woman spoke too fast for us** to understand everything she said.

그 여성은 말을 너무 빨리 해서 우리는 그녀가 하는 말을 모두 이해할 수는 없었다.
(= 그녀가 말한 모든 걸 우리가 이해하기에는 그녀가 너무 빨리 말했다.) (부사 too fast 수식)

15 **I went out wearing thin clothes on a windy fall day** to catch a cold.

나는 바람 부는 가을날 얇은 옷을 입고 나갔다가 감기에 걸렸다. (결과)

16 **To hear him speak,** you would take him for a native English speaker.

그가 말하는 것을 들으면 영어 원어민이라고 생각할 것이다. (조건)

17 **During the trip, she was deeply saddened** to hear that her cat had died.

여행 중에 그녀는 키우던 고양이가 세상을 떠났다는 소식을 듣고 깊은 슬픔에 빠졌다. (감정의 원인)

18 **They hurried to the hotel** to discover that the woman had already left.

그들은 서둘러 호텔로 갔으나 그 여자가 이미 떠났다는 것을 알았다. (결과)

19 **She was overjoyed** to win the right to attend the autograph session of her favorite group.

그녀는 좋아하는 그룹의 사인회에 당첨되어서 뛸 듯이 기뻤다.
(= 그녀는 좋아하는 그룹의 사인회에 참석할 수 있는 권리를 얻어서 아주 기뻤다.) (감정의 원인)

> the right to attend ~에서 to attend는 the right을 꾸미고 '~에 참석할 수 있는 권리'의 뜻이다.

20 **He was so touched** to receive a letter from his elementary school daughter on his birthday.

그는 생일날 초등학생 딸의 편지를 받고 무척 감동했다. (감정의 원인)

분사구문 (1) : ~하면서(동시 동작)

MP3 **102**

Smiling brightly, the baby walked toward her parents.

분사 ~, 주어 + 동사 ~   ▶~하면서, …하다

그 아기는 밝게 웃으면서 엄마 아빠를 향해 걸어갔다.

- 접속사와 주어를 생략하고 동사를 현재분사(동사-ing)로 바꿔 쓰는 분사구문은 경제적이어서(짧아서) 자주 쓰인다.
  여러 가지 의미로 쓰이므로 문맥 속에서 알맞은 의미를 파악해야 한다.
- '~하면서'의 의미로 쓰이는 경우가 많은데, 이는 두 가지 행동을 동시에 하는 것을 나타낸다.
  이 경우 접속사절을 'While + 주어 + 동사 ~'로 바꿀 수 있다.

패턴에 유의하며 각 문장을 새겨 읽고 의미를 파악해 보세요.

1 **Doing freehand exercises, she watches TV.**
그녀는 맨손 체조를 하면서 TV를 본다.

2 **The novelist usually writes** listening to music.
그 소설가는 대개 음악을 들으면서 글을 쓴다.

3 Watching Google Maps, **I looked for the building.**
구글맵을 보면서 나는 그 건물을 찾았다.

4 **We drank wine** enjoying the night view at the bar.
우리는 바에서 야경을 즐기며 와인을 마셨다.

5 Wiping his sweat, **the witness took the witness oath.**
땀을 닦으며 증인은 증인 선서를 했다.

6 Humming favorite songs, **she was cleaning the house.**
좋아하는 노래들을 흥얼거리면서 그녀는 집을 청소하고 있었다.

7 **The man made a presentation** moving around the stage.
그 남자는 무대를 이리저리 다니면서 발표를 했다.

8 Referring to the manual, **I assembled the chest of drawers.**
나는 매뉴얼을 참고하면서 서랍장을 조립했다.

9 **They talked about many things** eating foods they had brought.
그들은 가져온 음식을 먹으면서 많은 이야기를 나눴다.

10 **They exchanged opinions** watching the choreography practice
videos.
그들은 안무 연습 영상을 보면서 의견을 교환했다.

Operating on patients, the doctor always plays music.

분사 ~, 주어 + 동사 ~   ▶~할 때/하는 동안 …하다

환자들을 수술할 때 그 의사는 늘 음악을 틀어 놓는다.

• 이 의미로 쓰이는 분사구문에서는 접속사절을 'When/As + 주어 + 동사 ~'로 바꿀 수 있다.

패턴에 유의하며 각 문장을 새겨 읽고 의미를 파악해 보세요.

1 **Coming back home, he took out the garbage.**
집에 돌아왔을 때 그는 쓰레기를 내다 버렸다.

2 **Reading English books, she always reads aloud.**
그녀는 영어 책을 읽을 때 항상 소리 내어 읽는다.

3 **Driving long distances, I must wear sunglasses.**
장거리 운전을 할 때 나는 꼭 선글라스를 써야 한다.

4 **Arriving in Seoul, I went to Namsan Seoul Tower first.**
서울에 도착했을 때 나는 우선 남산서울타워에 갔다.

5 **Being left alone, the boy began to play mobile games.**
혼자 남게 됐을 때 그 남자아이는 모바일 게임을 하기 시작했다.

6 **Getting my first salary, I bought presents for my parents.**
첫 월급을 받았을 때 나는 부모님께 선물을 사 드렸다.

7 **Leaving Los Angeles, I didn't tell anyone I was leaving there.**
로스앤젤레스를 떠날 때 나는 아무에게도 그곳을 떠난다고 말하지 않았다.

8 **Having dinner at home with his friends, he kept serving new foods.**
집에서 친구들과 저녁 식사를 하는 동안 그는 계속 새 음식을 내 왔다.

9 **Seeing the man at the airport, I was so surprised that I almost lost my bag.**
공항에서 그 남자를 봤을 때 나는 너무 놀라서 가방을 잃어버릴 뻔했다.

10 **Looking out the window, I saw a shooting star passing through the night sky.**
창밖을 내다보고 있을 때 나는 별똥별이 밤하늘을 지나가는 것을 보았다.

분사구문 (3) : ~해서/~하기 때문에(이유)

MP3 104

Arriving five minutes late, he missed the train.

분사 ~, 주어 + 동사 ~   ▶~해서/하기 때문에 …하다

5분 늦게 도착해서 그는 기차를 놓쳤다.

• 이 의미로 쓰이는 분사구문에서는 접속사절을 'Because/As/Since + 주어 + 동사 ~'로 바꿀 수 있다.

패턴에 유의하며 각 문장을 새겨 읽고 의미를 파악해 보세요.

1 **Wearing a long sleeve shirt, I am so hot today.**
나는 긴 소매 셔츠를 입어서 오늘 너무 덥다.

2 **Feeling so tired after a hard day, I went straight to bed.**
힘든 하루를 보낸 후 너무 피곤해서 나는 곧장 잠자리에 들었다.

3 **Eating too much carbohydrate, she gained a lot of weight.**
탄수화물을 너무 많이 먹어서 그녀는 살이 많이 쪘다.

4 **Not knowing what to do, he stood still with his mouth shut.**
어찌해야 할지 몰라서 그는 입을 다물고 가만히 서 있었다.

> 분사구문의 부정은 분사 앞에 not이나 never를 쓴다.

5 **Having a headache, I took a painkiller and lay down to rest.**
머리가 아파서 나는 진통제를 먹고 누워서 쉬었다.

6 **Being unable to eat chicken, she had to order another menu.**
그녀는 닭고기를 먹을 수 없어서 다른 메뉴를 주문해야 했다.

7 **Not having done the laundry for a few days, I don't have a T-shirt to wear today.**   며칠 동안 빨래를 안 해서 오늘 입을 티셔츠가 없다.

> 빨래를 하지 않은 것은 입을 티셔츠가 없는 현재보다 과거의 일이어서 이때는 분사를 'having + 과거분사'로 쓴다.

8 **Being fascinated by a YouTube video, I passed the station I had to get off at.**   유튜브 동영상에 정신을 빼앗겨서 나는 내려야 할 역을 지나쳤다.

9 **Knowing little about baseball, I didn't feel any fun watching the baseball game.**   야구에 대해서는 아는 것이 거의 없어서 나는 야구 경기를 보는 동안 아무 재미가 없었다.

10 **Having so much work to do, she doesn't have time to meet her friends these days.**   할 일이 너무 많아서 그녀는 요즘 친구들을 만날 시간이 없다.

분사구문 (4) : ~하면(조건)

MP3 105

Turning left, you'll find the headquarters.
분사 ~, 주어 + 동사 ~   ▶ ~하면 …할 것이다

좌회전하면 본부 건물이 보일 것이다.

• 이 의미로 쓰이는 분사구문에서는 접속사절을 'If + 주어 + 동사 ~'로 바꿀 수 있다.

패턴에 유의하며 각 문장을 새겨 읽고 의미를 파악해 보세요.

1   **Doing as he told you, the problem will be solved.**
그가 말한 대로 하면 문제는 해결될 것이다.

2   **Wearing bright clothes, he would look more handsome.**
밝은 옷을 입으면 그 사람이 더 잘생겨 보일 것이다.

3   **Turning on the TV, you'll be able to see the latest news.**
TV를 켜면 최신 뉴스를 볼 수 있을 것이다.

4   **Writing a diary every day, your writing skills will get better.**
매일 일기를 쓰면 글 솜씨가 좋아질 것이다.

5   **Stirring it for 10 minutes, you'll get a delicious glass of coffee.**
10분간 저으면 맛있는 커피 한 잔이 나올 것이다.

6   **Walking an hour every day, your leg muscles will get stronger.**
매일 한 시간씩 걸으면 다리 근육이 더 튼튼해질 것이다.

7   **Winning the lottery, I would travel around the world for two years.**
복권에 당첨되면 나는 2년 동안 세계 여행을 할 것이다.

8   **Listening carefully, how much can you understand what he says?**
잘 들으면 그 사람이 하는 말을 얼마나 이해할 수 있어요?

9   **Losing some weight, your blood pressure and blood sugar will improve.**
살을 좀 빼면 혈압과 혈당이 개선될 겁니다.

10   **Not eating enough protein, your immune system will weaken and your hair will fall out.**
단백질을 충분히 섭취하지 않으면 면역력이 약해지고 머리카락이 빠질 겁니다.

분사구문 (5) : 주어나 접속사가 있는 분사구문

MP3 106

His mother being asleep, he came into the house quietly.

분사의 주어/접속사 + 분사

어머니가 주무시고 계셔서 그는 집에 조용히 들어왔다.

- 분사구문의 의미를 바로 파악할 수 있도록 분사구문 앞에 접속사를 쓰는 경우가 있다.
- 분사구문의 행동을 하는 주체와 뒤에 오는 절의 주어가 다를 때는 분사구문 앞에 주어를 따로 쓴다.

패턴에 유의하며 각 문장을 새겨 읽고 의미를 파악해 보세요.

1 **The baby crying out loud, I was at a loss.**
아기가 큰 소리로 울어서 나는 어찌할 바를 몰랐다.
(주절과 분사구문의 주어가 다른 경우 / 이유)

2 **People sometimes get injured while playing sports.**
사람들은 때때로 스포츠를 하다가 다치기도 한다. (때)

3 **Because it raining so much, I drove slower than usual.**
비가 너무 많이 와서 나는 평소보다 더 천천히 운전했다.
(주절과 분사구문의 주어가 다른 경우 / 이유)

4 **After eating dinner, he washed the dishes right away.**
그는 저녁을 먹은 후에 바로 설거지를 했다. (때 : ~한 후에)

5 **Her children playing in the pool, she prepared dinner.**
아이들이 수영장에서 노는 동안 그녀는 저녁을 준비했다.
(주절과 분사구문의 주어가 다른 경우 / 때)

6 **It being sunny tomorrow, let's go to the riverside for a bike ride.**
내일 날씨가 맑으면 강가로 자전거 타러 가자.
(주절과 분사구문의 주어가 다른 경우 / 조건)

7 **The audience clapping and singing along, the singer sang the song in tears.**
관객들은 박수를 치며 노래를 따라 불렀고 가수는 눈물을 흘리며 노래를 불렀다.
(주절과 분사구문의 주어가 다른 경우 / 때)

8 **Too many opinions coming out, they couldn't come to a conclusion that day.**
의견이 너무 많이 나와서 그들은 그날 결론을 내리지 못했다.
(주절과 분사구문의 주어가 다른 경우 / 이유)

9 <u>There</u> being no vaccine for the virus yet, **it is difficult to stop the spread of it.** 아직 그 바이러스에 대한 백신이 없어서 확산을 막기가 어렵다. (There be 구문 / 이유)

> There be동사 ~ 구문은 분사구문으로 쓸 때 There being ~이 된다.

10 <u>The professor</u> giving a lecture, **some students were listening to her but others were looking at their smartphones.**
교수가 강의하는 동안 일부 학생들은 교수의 강의에 귀를 기울였지만 다른 학생들은 스마트폰을 들여다보고 있었다. (주절과 분사구문의 주어가 다른 경우 / 때)

CHAPTER 2

가정법

현실과 다른 세계를
꿈꿀 때의 동반자!

MP3 107

가정법 (1) : 가정법 과거 ❶ – 현재 사실의 반대를 가정(if절의 동사가 be동사)

If I **were** invisible, I **could get in** there without being seen.

If+주어+were, 주어+would/could/should/might+동사원형

▶ (만일) ~라면 …할 텐데 / 할 수 있을 텐데 / 할지 모르는데(사실은 그렇지 못하다는 뜻)

내가 투명인간이라면 눈에 띄지 않고 거기 들어갈 수 있을 텐데.

- 현실에서 불가능한 일을 말하는 경우가 많다.
- 가정법 과거에서 be동사는 문법적으로는 were가 맞지만 was를 쓰는 경우도 있다.
- 가정법 과거의 주절(if절 외의 절)에서 조동사는 주로 would와 could를 쓴다.

패턴에 유의하며 각 문장을 새겨 읽고 의미를 파악해 보세요.

1 If she were my sister, I would be really happy.
그 애가 내 여동생이라면 난 진짜 행복할 텐데. (사실은 그 애가 내 여동생이 아님)

2 If it were winter now, you might miss this weather.
지금이 겨울이면 이런 날씨가 그리울지 모른다. (사실은 지금 겨울이 아님)

3 If that sea were land, I could run to you right away.
저 바다가 육지라면 너에게 당장 달려갈 수 있을 텐데. (사실은 바다가 육지가 아님)

4 I would do anything for you if I were your boyfriend.
내가 네 남자 친구라면 너를 위해서 무슨 일이든 할 텐데. (사실은 내가 네 남자 친구가 아님)

> 4, 7번 문장처럼 if절이 뒤에 올 수도 있다.

5 If that rain were snow, I could make a snowman with it!
저 비가 눈이라면 눈사람을 만들 수 있을 텐데! (사실은 비가 눈이 아님)

6 If she were your child, her blood type should be A or O.
그 애가 당신 애라면 그 아이의 혈액형은 A형이나 O형이어야 할 것이다. (사실은 그 애가 당신 애가 아님)

7 I could eat Spaghetti Aglio e Olio if I were not allergic to garlic.
내가 마늘 알레르기가 없다면 스파게티 알리오 올리오를 먹을 수 있을 텐데. (사실은 마늘 알레르기가 있음)

8 If Paul were healthy, there should be a lot of things he could do.
폴이 건강하다면 할 수 있는 일이 많을 텐데. (사실은 폴이 건강하지 못함)

9 If she were a freshman in high school now, she would study hard.
그녀가 지금 고등학교 1학년이라면 열심히 공부할 텐데. (사실은 고등학교 1학년이 아님)

10 If my dog were alive now, we would take walks more often together.
우리 개가 지금 살아 있다면 함께 더 자주 산책을 할 텐데. (사실은 개가 세상을 떠남)

MP3 108

가정법 (2) : 가정법 과거 ❷
− 현재 사실의 반대를 가정(if절의 동사가 일반동사)

If I had a lot of money, I would travel around the world.

If + 주어 + 동사 과거형, 주어 + would/could/should/might + 동사원형

▶ (만일) ~라면 …할 텐데 / 할 수 있을 텐데 / 할지 모르는데 (사실은 그렇지 못하다는 뜻)

내가 돈이 많다면 세계 일주를 할 텐데.

- 현실에서 불가능한 일을 말하는 경우가 많다.
- 가정법 과거의 주절(if절 외의 절)에서 조동사는 주로 would와 could를 쓴다.

패턴에 유의하며 각 문장을 새겨 읽고 의미를 파악해 보세요.

1 **If I lived near him, I would visit him often.**
내가 그 사람 근처에 산다면, 그를 자주 찾아갈 텐데.
(사실은 그 사람 근처에 살지 않음)

2 **We could talk together if they spoke English.**
그들이 영어를 한다면, 우리는 함께 이야기할 수 있을 텐데.
(사실은 그들이 영어를 못함)

3 **If she had long hair, she could do various hairstyles.**
그녀가 머리가 길면 다양한 헤어스타일을 할 수 있을 텐데.
(사실은 머리가 길지 않음)

4 **If you felt that much pain, you would be crying now.**
그 정도의 심한 통증을 느낀다면 넌 지금쯤 울고 있을 거야.
(사실은 통증이 심하지 않음)

5 **If we had eyes behind our heads, we could see everywhere.**
우리 머리 뒤에 눈이 있다면 사방을 다 볼 수 있을 텐데.
(사실은 머리 뒤에 눈이 없음)

6 **He would not say such a thing if he understood your mind.**
그가 네 마음을 이해한다면 그런 말은 하지 않을 텐데.
(사실은 마음을 이해 못함)

7 **If I had my mother by my side, I could get through anything.**
어머니가 곁에 계시면 난 무슨 일이든 헤쳐 나갈 수 있을 텐데.
(사실은 어머니가 곁에 안 계심)

8 **If I didn't have a headache now, I might go shopping with you.**
내가 지금 머리가 안 아프면 너와 함께 쇼핑하러 갈 수 있을지 모르는데.
(사실은 머리가 아픔)

9 **What** would **you** do **if you** forgot **all the memories of the past?**

당신이 과거의 모든 기억을 잊는다면 뭘 하겠어요?

(사실은 과거의 기억을 잊지 않음)

10 **If I** knew **his phone number, I could contact** him and **ask** him
about it.

내가 그 사람 전화번호를 안다면 연락해서 그것에 대해 물어볼 수 있을 텐데.

(사실은 번호를 모름)

가정법 (3) : 가정법 과거완료 – 과거 사실의 반대를 가정

If you **had told** me the truth at that time, I **could have solved** the problem.

If + 주어 + had + 과거분사, 주어 + would/could/should/might + have + 과거분사
▶ (과거에) ～했더라면 …했을 텐데

네가 그때 사실대로 얘기해 줬더라면 내가 문제를 해결할 수 있었을 텐데.

- 과거에 ～했더라면 …했을 거라고 과거 사실의 반대를 가정해서 말하는 표현이다.
- would have p.p. : ～했을 텐데 / would not have p.p. : ～하지 않았을 텐데
  could have p.p. : ～할 수 있었을 텐데 / could not have p.p. : ～하지 못했을 텐데
  should have p.p. : ～했어야 했는데(하지 않았다) / should not have p.p. : ～하지 말았어야 했는데(했다)
  might have p.p. : ～했을지 모르는데 / might not have p.p. : ～하지 않았을지 모르는데

패턴에 유의하며 각 문장을 새겨 읽고 의미를 파악해 보세요.

1 **I would have said** hello **if I had seen** you then.
그때 내가 널 봤다면 인사했을 것이다. (사실은 너를 못 봤음)

2 **He should have been** happy **if the girl** had appeared.
그 여자애가 나타났더라면 그는 행복했을 텐데. (사실은 나타나지 않았음)

3 **They might have won if she** had played **in the game.**
그녀가 시합에서 뛰었다면 그들이 이겼을지 모른다. (사실은 시합에서 뛰지 않았음)

4 **If he** had eaten **it, he might have had** food poisoning.
그가 그걸 먹었더라면 식중독에 걸렸을 수도 있다. (사실은 먹지 않았음)

5 **If she** had known **you were coming, she** would have stayed.
네가 오는 걸 알았더라면 그녀가 남아 있었을 텐데. (사실은 네가 오는 걸 몰랐음)

6 **If I** had taken **his advice, I would not have bought** the house.
내가 그의 충고를 따랐으면 그 집을 안 샀을 것이다. (사실은 충고를 따르지 않았음)

> 6, 8, 11, 15, 16, 19, 20번 문장에서 would/could/should/might의 부정은 그 뒤에 not을 쓴다.

7 **He would have entered** the university **if he** had studied **harder.**
그가 공부를 더 열심히 했더라면 그 대학에 갔을지 모르는데. (사실은 공부를 열심히 하지 않았음)

8 **If I** had not told **her about it, she would not have gotten** angry.
내가 그 얘길 그녀에게 안 했으면 그녀가 화가 나지 않았을 텐데. (사실은 그 얘기를 했음)

> 8, 9, 12, 16, 20번 문장에서 'had + 과거분사'의 부정은 had 뒤에 not을 쓴다.

9 If **you** had not been **absent that day, you** could have seen **the man.**
그날 네가 결석하지 않았으면 그 사람을 볼 수 있었을 텐데. (사실은 결석했음)

10 If **I** had had **enough money then, I** could have traveled **Europe.**
그때 내게 돈이 충분히 있었으면 유럽 여행을 갈 수 있었을 텐데. (사실은 돈이 충분히 없었음)

11 If **he** had listened **to her then, he** would not have been swindled.
그때 그가 그녀의 말을 들었더라면 사기를 당하지 않았을 것이다. (사실은 그녀의 말을 안 들었음)

12 I might have come **home earlier** if **I** had not met **him last night.**
어젯밤에 그를 만나지 않았다면 난 더 일찍 집에 왔을지 모른다. (사실은 어젯밤에 그를 만났음)

13 If **you** had understood **the importance of voting, you** should have **voted.**
네가 투표의 중요성을 이해했다면 투표를 했어야 했다. (사실은 이해하지 못했음)

> should have p.p. : ~했어야 했다(그런데 그렇게 하지 않았다)

14 If **he** had been taken **to the hospital earlier, he** might have saved **his life.**
그가 더 일찍 병원으로 옮겨졌더라면 목숨을 구했을지도 모른다. (사실은 병원으로 일찍 옮겨지지 않았음)

15 If **you** had known **his temper, you** should not have told **him such a thing.**
네가 그의 성질을 알았다면 그런 말을 하지 말았어야 했다. (사실은 그 사람 성질을 몰랐음)

> should not have p.p. : ~하지 말았어야 했다(그런데 그렇게 했다)

16 I would not have gained **weight** if **I** had not eaten **late at night too often.**
밤늦게 너무 자주 뭘 먹지 않았더라면 살이 찌지 않았을 텐데. (사실은 밤에 자주 뭘 먹었음)

17 If **she** had read **the novel, she** could have talked **with Jake about the book.**
그녀가 그 소설을 읽었더라면, 그 책에 대해 제이크와 이야기를 나눌 수 있었을 텐데.
(사실은 그 소설을 안 읽었음)

18 If **I** had brushed **my teeth well, I** wouldn't have had **any problems with my gums.**
내가 양치질을 잘했더라면 잇몸에 아무 문제가 없었을 텐데. (사실은 양치질을 잘 안 했음)

19 If **he** had been wearing **a mask, he** might not have been **infected with the disease.**
그가 마스크를 쓰고 있었다면 그 병에 감염되지 않았을지 모른다. (사실은 마스크를 쓰고 있지 않았음)

> had been wearing ~ : 과거완료진행. 과거보다 앞선 시점에 진행 중이던 일을 나타낸다.

20 If **you** hadn't dropped **your smartphone in the water, it** might not have been **broken.**
네가 스마트폰을 물에 빠뜨리지 않았다면 고장나지 않았을지 모른다. (사실은 스마트폰을 물에 빠뜨렸음)

가정법 (4) : 현재나 미래의 일을 단순히 가정

MP3 110

If you **study** English for 30 minutes every day, you **will be** good at it.

If + 주어 + 동사 현재형, 주어 + will + 동사원형   ▶ ~하면 …할/일 것이다

매일 30분씩 영어를 공부하면, 잘하게 될 것이다.

- 현재나 과거 사실을 반대로 가정하는 게 아니라 현재나 미래의 일을 단순히 가정하거나 상상하여 말하는 것으로, 실현 가능성이 비교적 높은 일들이다.

패턴에 유의하며 각 문장을 새겨 읽고 의미를 파악해 보세요.

1 I will have **diarrhea** if I drink **cold milk.**
나는 차가운 우유를 마시면 설사를 할 것이다.

2 **If** it snows **tomorrow morning, I** will not drive **to work.**
내일 아침에 눈이 오면 나는 운전해서 출근하지 않을 것이다.

3 **If** we eat **that bread now, we** won't be **able to eat dinner.**
지금 우리가 그 빵을 먹으면 저녁을 못 먹을 것이다.

4 **If** I am **not that hungry, I** will **just** have **a little fruit for lunch.**
그렇게 배가 고프지 않으면 나는 점심으로 과일만 조금 먹을 것이다.

5 **If** I save **a little more money, I** will be **able to buy a new car.**
나는 돈을 조금만 더 모으면 새 차를 살 수 있을 것이다.

6 **You** will fall **asleep soon if you** read **the book just a few pages.**
그 책을 몇 페이지만 읽으면 곧 잠이 들 것이다.

7 **If** you take **vitamin C every day, it** will help **you recover from fatigue.**
비타민 C를 매일 복용하면 피로 회복에 도움이 될 것이다.

8 **If** you practice **a little more, you** will be **able to play the song on the piano.**
조금만 더 연습하면 피아노로 그 노래를 연주할 수 있을 것이다.

9 **If** you don't prepare **your lunch box tonight, you** will be **too busy tomorrow morning.**
오늘 밤에 도시락을 준비해 두지 않으면 너는 내일 아침엔 너무 바쁠 것이다.

10 **If** there is **anything important to decide, they** will decide **by a vote of party members.**
중요한 결정 사항이 있으면 그들은 당원 투표로 결정할 것이다.

가정법 (5) : 혼합 가정법

MP3 **111**

If mom and dad **hadn't married**, you **wouldn't be** in this world now.

If + 주어 + had + 과거분사, 주어 + would/could/should/might + 동사원형
▶ 주어가 (과거에) ~했더라면 (현재) ~할 텐데/할 수 있을 텐데/할지 모르는데

엄마 아빠가 결혼을 안 했다면 너는 지금 이 세상에 없을 거야.

- if절에는 'had + 과거분사', 주절에는 '조동사 + 동사원형'을 쓰는 형태로, if절에 과거 사실의 반대, 주절에 현재 사실의 반대 내용을 써서 과거의 행동이 현재에 영향을 끼치는 상황을 가정해서 표현한다.

패턴에 유의하며 각 문장을 새겨 읽고 의미를 파악해 보세요.

1 If he hadn't died then, he would be over 30 now.
그가 그때 세상을 떠나지 않았다면 지금 서른이 넘었을 것이다.

2 If I had watered the plant well, it would be tall now.
내가 그 식물에 물을 잘 줬다면 그건 지금 키가 클 텐데.

3 If I had gotten married then, I might not be lonely now.
내가 그때 결혼했더라면 지금 외롭지 않을지도 몰라.

4 I wouldn't be hungry already if I had had enough breakfast.
내가 아침을 충분히 먹었다면 벌써 배가 고프지는 않을 텐데.

5 If I hadn't accepted his proposal then, I wouldn't be so distressed now.
그때 내가 그 사람 제안을 받아들이지 않았다면 지금 그렇게 괴롭지는 않을 텐데.

6 If I had checked the product well then, I wouldn't need to exchange it.
그때 내가 제품을 잘 확인했더라면 그걸 교환할 필요가 없을 텐데.

7 The pain might be better by now if you had taken the medicine earlier.
네가 약을 더 일찍 먹었다면 지금쯤이면 통증이 나아졌을지도 모르는데.

8 If I hadn't drunk too much last night, I wouldn't have a bad headache now.
어젯밤에 술을 너무 많이 마시지 않았다면 지금 이렇게 머리가 심하게 아프지는 않을 텐데.

9 If I had studied English hard when I was in school, I could speak English now.
내가 학교 다닐 때 영어를 열심히 공부했더라면 지금 영어를 할 수 있을 텐데.

10 If you had taken the subway instead of the bus, you might already be in the office.
네가 버스 대신 지하철을 탔다면, 이미 사무실에 있을지도 모르는데.

가정법 (6) : I wish 가정법

I wish I lived near a hill or a river.

I wish + 주어 + 동사(동사 과거형, had p.p., 조동사 과거형 + 동사원형)

▶ 주어가 ~라면 / 했다면 좋을 텐데

내가 언덕이나 강 근처에 살면 좋을 텐데.

- 현재와 과거의 소망을 나타내는 표현이다. I wish 뒤에 오는 절의 동사가 과거형이면 현재 사실의 반대를,
과거완료형(had p.p.)이면 과거 사실의 반대를 소망한다.

패턴에 유의하며 각 문장을 새겨 읽고 의미를 파악해 보세요.

1 I wish I could dance like him.
나도 그 사람처럼 춤을 출 수 있으면 좋을 텐데. (현재 그 사람처럼 춤을 못 춤)

2 I wish you were here with me.
네가 여기 나랑 같이 있으면 좋을 텐데. (현재 네가 여기 나와 함께 있지 않음)

3 I wish I were a little bit shorter.
내가 키가 조금 더 작다면 좋을 텐데. (현재 내가 키가 너무 큼)

4 I wish I could speak well in public.
내가 사람들 앞에서 말을 잘할 수 있다면 좋을 텐데. (현재 사람들 앞에서 말을 잘 못함)

5 I wish she and I were close friends.
그녀와 내가 친한 친구라면 좋을 텐데. (현재 그녀와 내가 친한 친구가 아님)

6 I wish he had stopped smoking then.
그가 그때 담배를 끊었으면 좋았을 텐데. (과거인 그때 담배를 끊지 못했음)

7 I wish you had pruned the tree earlier.
네가 나무를 좀 더 일찍 가지치기했다면 좋았을 텐데. (과거에 가지치기를 좀 늦게 했음)

8 I wish you had told me the truth then.
그때 당신이 나한테 사실을 말해 줬더라면 좋았을 텐데요. (과거인 그때 사실을 말해 주지 않았음)

9 I wish I had gone on a trip with you guys.
너희들과 함께 여행을 갔더라면 좋았을 텐데. (과거에 함께 여행을 가지 못했음)

10 I wish I had gone to bed earlier last night.
내가 어젯밤에 일찍 잤더라면 좋았을 텐데. (과거인 어제 일찍 자지 않았음)

가정법 (7) : as if 가정법

MP3 **113**

He **talks as if** he **knew** everything.

as if + 주어 + 동사(과거형/had p.p.)   ▶마치 ~하는/했던 것처럼 …한다

그는 마치 모든 걸 알고 있는 것처럼 이야기한다.

- 사실은 그렇지 않은데 그런 것처럼 행동하는 걸 나타낸다.
- as if절의 동사가 과거형이면 앞에 나온 주절과 같은 시제를, 과거완료형(had p.p.)이면 주절보다 앞선 시제를 뜻한다.

패턴에 유의하며 각 문장을 새겨 읽고 의미를 파악해 보세요.

1 **He** looks **as if he** were **an Arab.**
그는 마치 아랍인처럼 보인다. (사실은 아랍인이 아님)

2 **She** talks **as if she** knew **the secret.**
그녀는 마치 그 비밀을 아는 것처럼 말한다. (사실은 그 비밀을 모름)

3 **I** felt **as if the whole world** were **my enemy.**
마치 온 세상이 내 적인 것 같은 기분이었다. (사실은 온 세상이 적이 아님)

4 **He** acts **as if he** had not received **an answer.**
그는 답장을 못 받은 것처럼 행동한다. (사실은 과거에 답장을 받았음)

5 **He** helped **me as if I** were **his family member.**
그는 마치 내가 자기 가족인 양 나를 도와줬다. (사실은 내가 그의 가족이 아님)

6 **She** behaves **as if she** had not heard **the news.**
그녀는 마치 그 소식을 듣지 못한 것처럼 행동한다. (사실은 과거에 그 소식을 들었음)

7 **The man** talked **as if he** were **the child's father.**
그 남자는 마치 자신이 그 아이의 아버지인 것처럼 말했다. (사실은 그 아이의 아버지가 아님)

8 **She** loves **her cats as if they** were **her children.**
그녀는 자기 고양이들을 마치 자식인 듯 사랑한다. (사실은 고양이들이 자식이 아님)

9 **I** feel **as if I** had not slept **a minute last night.**
어젯밤에 한숨도 못 잔 것 같은 기분이다. (사실은 과거인 어젯밤에 잠을 잤음)

10 **He** speaks **as if he** had done **an important job in the government.**
그는 자신이 정부에서 중요한 일을 했던 것처럼 말한다. (사실은 과거에 정부에서 중요한 일을 하지 않았음)

가정법 (8) : if의 대용어

MP3 **114**

Make a copy of your passport **in case** you lose it.

- **in case** + 주어 + 동사 : ~할 경우에 대비하여
- **unless** + 주어 + 동사 : (만일) ~하지 않으면
- **without** + 명사 / **but for** + 명사 : ~가 없다면/없었다면
- **If it were not for** + 명사 : ~가 없다면 (= Were it not for)
  If it had not been for + 명사 : ~가 없었다면 (= Had it not been for)

잃어버릴 경우에 대비해서 여권을 복사해 둬라.

패턴에 유의하며 각 문장을 새겨 읽고 의미를 파악해 보세요.

1 **We insure ourselves** in case **we become ill.**
   우리는 병이 날 경우에 대비해서 보험에 든다.

2 **I won't be able to wake up** unless **I set the alarm.**
   자명종을 맞춰 놓지 않으면 나는 일어날 수 없을 거야.

3 **Without glasses, I can't read the letters on my smartphone.**
   나는 안경을 안 쓰면 스마트폰에 있는 글자를 읽을 수 없다.

4 **But for a car, life in the country would be very inconvenient.**
   차가 없으면 시골 생활이 무척 불편할 것이다.

5 **Her diabetes may get worse** unless **she exercises every day.**
   그녀가 매일 운동을 안 하면 당뇨병이 악화될 수 있다.

6 **In case it rains, you had better take an umbrella with you.**
   비가 올 경우에 대비해서 우산을 가지고 가렴.

7 **If it had not been for your help, I couldn't have survived those days.**
   네 도움이 없었으면 나는 그 시절을 견딜 수 없었을 거야.

8 **Unless you have any more questions, I will wrap up today's broadcast.**
   더 이상 질문이 없다면 오늘 방송을 마무리하겠습니다.

9 **But for the inspiration he gave me, I couldn't have made this movie.**
   그가 나에게 준 영감이 없었다면 나는 이 영화를 만들지 못했을 것이다.

10 **I save money** in case **I quit my job and cannot work for a long time.**
   회사를 그만두고 오랫동안 일을 할 수 없을 경우에 대비하여 나는 저축을 한다.

11 **Without her daughter, the woman would not be able to live.**
   딸이 없으면 그 여자는 살아갈 수 없을 것이다.

12 I left home early in case the bus came earlier than the timetable.
나는 버스가 시간표보다 일찍 올 것에 대비하여 집에서 일찍 나갔다.

13 Unless you review what you learned today, you'll forget most of it.
오늘 배운 내용을 복습하지 않으면 대부분 잊어버릴 거예요.

14 Without her advice, I wouldn't have been able to decide on my job.
그녀의 조언이 없었다면 나는 직업을 결정할 수 없었을 것이다.

15 I bought some bread in case I got hungry while watching the game.
나는 경기를 보다가 배가 고파질 때를 대비하여 빵을 조금 샀다.

16 Unless you keep your health when you're healthy, you will suffer later.
건강할 때 건강을 지키지 않으면 나중에 고생할 것이다.

17 Without a chronic disease, the quality of his life would get much better.
지병이 없으면 그의 삶의 질이 훨씬 나아질 텐데.

18 Unless you express it, the other person is not able to know how you feel.
표현하지 않으면 상대방은 네가 어떻게 느끼는지 알 수 없다.

19 If it had not been for the bus, it would have been hard for me to go to school.
버스가 없었다면 나는 학교에 다니기 힘들었을 것이다.

20 Unless you have your clothes ready to wear in advance, you'll be in a hurry tomorrow morning.
입을 옷을 미리 준비해 두지 않으면 내일 아침에 허둥댈 것이다.

CHAPTER 3

문장 연결하기

같은 말이면 매끈하게 이어서!

1 is an odd number **and** 2 is an even number.

주어 + 동사 + and + 주어 + 동사 ~   ▶ 그리고 ~

1은 홀수고 2는 짝수다.

- and로 연결된다는 것은 연결되는 두 절이 대등한 관계임을 나타내고, 문맥에 따라 행위의 순서를 나타내기도 한다.
- and는 문장과 문장 외에 단어와 단어, 구와 구도 이어 준다.

패턴에 유의하며 각 문장을 새겨 읽고 의미를 파악해 보세요.

1 **Frogs are amphibians and lizards are reptiles.**
개구리는 양서류고 도마뱀은 파충류다.

2 **I have severe allergic rhinitis and often have a runny nose.**
나는 알레르기성 비염이 심하고 콧물이 자주 나온다.

> 2, 3, 4, 5, 6번 문장처럼 두 절의 주어가 같을 경우 두 번째 절의 주어는 흔히 생략한다.

3 **After work, he takes a shower and eats dinner while watching TV.**
퇴근 후에 그는 샤워를 하고 TV를 보면서 저녁을 먹는다. (행위의 순서)

4 **China is a socialist state and is governed by the Communist Party of China.** 중국은 사회주의 국가로, 중국 공산당이 통치하고 있다.

5 **A foreign tourist came up to me and asked me the way to the folk museum.** 한 외국인 관광객이 내게 다가와서 민속 박물관으로 가는 길을 물었다. (행위의 순서)

6 **He started out as a voice actor and later became one of the best movie stars.** 그는 성우로 출발했고, 이후에 최고의 영화배우 중 한 명이 되었다. (행위의 순서)

7 **Denmark is a constitutional monarchy and it has a queen and a prime minister.** 덴마크는 입헌 군주국이며 여왕과 총리가 있다.

8 **On weekends, I usually take a rest at home and my husband plays sports outside.** 주말에 나는 보통 집에서 쉬고 남편은 밖에서 스포츠를 한다.

9 **About 70 percent of Korea's land is mountainous, and there are mountains everywhere.**
한국 국토의 약 70퍼센트가 산악지대로, 도처에 산이 있다.

10 **The flag of the United States is the Stars and Stripes and the flag of the United Kingdom is the Union Jack.**
미국 국기는 성조기이고 영국 국기는 유니언 잭이다.

접속사로 문장 잇기 A (2) : but

MP3 **116**

We are over seventy, **but** young at heart.
주어＋동사＋**but**＋주어＋동사 ▶하지만 ~

우리는 70이 넘었지만 마음은 젊다.

- but으로 연결된다는 것은 but 뒤에서 내용상 반전이 일어난다는 것을 뜻한다.
- 접속사 but은 and과 마찬가지로 문장과 문장 외에도 단어와 단어, 구와 구도 이어 준다.

패턴에 유의하며 각 문장을 새겨 읽고 의미를 파악해 보세요.

1 **She likes to see dogs and cats, but she can't touch them.**
그녀는 개와 고양이를 보는 것은 좋아하지만 그것들을 만지지는 못한다.

2 **In August, it's summer in Korea but it's winter in Australia.**
8월에 한국은 여름이지만 오스트레일리아는 겨울이다.

3 **Korea's KOSPI index rose, but the U.S. Dow Jones index fell.**
한국의 코스피 지수는 상승했지만 미국의 다우존스 지수는 하락했다.

4 **My boyfriend likes watching horror movies but I can't watch them.**
내 남자 친구는 공포 영화 보는 걸 좋아하지만 나는 공포 영화를 못 본다.

5 **The woman has never smoked in her life, but she has lung cancer.**
그 여성은 평생 담배를 피운 적이 단 한 번도 없지만 폐암에 걸렸다.

6 **The prosecution is not in the judiciary, but many people think it is.**
검찰은 사법부에 속해 있지 않지만 많은 사람들이 그렇다고 생각한다.

7 **I was very disappointed with his behavior, but I didn't say anything
to him.**
나는 그의 행동에 매우 실망했지만 그에게 아무 말도 하지 않았다.

8 **The director's first film was a success, but since then he hasn't made
a successful film.**
그 감독의 첫 영화는 성공했지만 그 이후로는 성공한 영화를 만들지 못하고 있다.

9 **Taking vitamin supplements is helpful, but taking them too much can
have side effects.**
비타민 보충제를 먹는 게 도움이 되지만 너무 많이 먹으면 부작용이 생길 수 있다.

10 **The U.S. Supreme Court ruled that tomatoes are vegetables, but many
think they are fruits.**
미 대법원은 토마토가 채소라고 판결했지만 많은 이들이 토마토는 과일이라고 생각한다.

접속사로 문장 잇기 A (3) : so, for, yet

MP3 **117**

The book was interesting, so I read it all night long.

주어 + 동사 + so/for/yet + 주어 + 동사   ▶ 그래서(so) / 왜냐하면 ~ (for) / 하지만(yet)

나는 그 책이 재미있어서 밤 새워 읽었다.

- so는 앞 내용의 결과를 나타내고, for는 앞 내용이 일어난 이유를 설명한다. yet이 접속사로 쓰이면 앞의 내용을 뒤집는 역접의 의미(그렇지만, 그래도)로 쓰인다.

패턴에 유의하며 각 문장을 새겨 읽고 의미를 파악해 보세요.

1 **We got hungry after a long walk, so we went into a restaurant on the street.**   한참을 걸었더니 배가 고파서 우리는 길거리에 있는 식당으로 들어갔다.

2 **My headache didn't go away even after a few days, so I went to the hospital.**   며칠이 지나도 두통이 가시지 않아서 나는 병원에 갔다.

3 **I dropped my smartphone in the water, so it broke down and I couldn't use it all weekend.**   스마트폰을 물에 빠뜨려 고장이 났고, 주말 내내 사용하지 못했다.

4 **The epidemic greatly dampened the economy, so the government came up with various measures.**
전염병이 경제를 크게 위축시켜서 정부는 다양한 대책을 내놓았다.

5 **She doesn't drink coffee after noon, for she can't sleep if she does.**
그녀는 정오 이후에는 커피를 마시지 않는데, 커피를 마시면 잠을 못 자기 때문이다.

> for 앞에는 보통 쉼표나 세미콜론을 찍는다. 앞 문장의 이유를 부가적으로 설명하는 느낌이다.

6 **The child was absent from kindergarten today, for he had a slight fever.**
그 아이가 오늘 유치원에 결석했는데, 미열이 있기 때문이었다.

7 **The suspect finally made a confession, for clear evidence has been found.**   용의자가 마침내 자백했는데, 명확한 증거가 발견되었기 때문이다.

8 **Mr. Robbins is physically disabled, yet he doesn't feel unhappy.**
로빈스 씨는 신체적으로는 장애가 있지만 불행하다고 느끼지는 않는다.

> = Though Mr. Robbins is physically disabled, yet he doesn't feel unhappy.
> (yet을 쓸 때, 앞 문장에는 though를 쓰기도 한다.)

9 **She works for a decent company, yet she always wants to quit it.**
그녀는 꽤 괜찮은 회사에서 일하지만 항상 회사를 그만두고 싶어 한다.

10 **The actor was popular and made a lot of money, yet he was not happy at all.**   그 배우는 인기가 많고 돈을 많이 벌었지만 전혀 행복하지 않았다.

접속사로 문장 잇기 B (1) : when

MP3 118

My mother was nine **when the Korean War broke out**.

주어＋동사＋**when**＋주어＋동사　▶ ~할 때

한국전쟁이 발발했을 때 우리 엄마는 아홉 살이었다.

패턴에 유의하며 각 문장을 새겨 읽고 의미를 파악해 보세요.

> when이 이끄는 절이 문장 앞에 올 수도 있고 뒤에 올 수도 있다.

1　**The singer was only seven years old** when **she made her debut.**
그 가수는 데뷔했을 때 겨우 일곱 살이었다.

2　**My allergic rhinitis tends to get worse** when **the seasons change.**
내 알레르기성 비염은 계절이 바뀔 때 더 심해지는 경향이 있다.

3　**Novelist Park Wan-suh published her first work** when **she was forty years old.**　소설가 박완서는 40세 때 첫 작품을 발표했다.

4　**Water becomes solid ice** when **the temperature is below zero degrees Celsius.**　물은 온도가 섭씨 0도 이하일 때 고체인 얼음이 된다.

5　**I love walking or riding a bike along the river** when **the sun slowly goes down.**　나는 천천히 해가 질 때 강가를 따라 걷거나 자전거 타는 것을 너무나 좋아한다.

6　When **you go to Italy, be sure to visit Amalfi Coast and the village of Positano.**　이탈리아에 가면 꼭 아말피 해안과 포지타노 마을을 방문해 보세요.

7　When **you have headaches or menstrual pains, don't hold back and take painkillers.**　두통이나 생리통이 있을 때는 참지 말고 진통제를 복용하세요.

8　When **you judge another, you do not define them; you define yourself.**
(Wayne Dyer) 다른 사람을 판단할 때, 당신은 그들을 정의하는 게 아니라 자기 자신을 정의하는 것이다.
(웨인 다이어, 미국의 심리학자이자 작가)

9　When **the democratic uprising was taking place in the city, other regions were barely aware of it.**
그 도시에서 민주 항쟁이 일어나고 있을 때 다른 지역에서는 그것을 거의 눈치채지 못하고 있었다.

10　When **the Chernobyl nuclear accident occurred, not a few residents watched the explosion without knowing the danger of radiation.**
체르노빌 원전 사고가 발생했을 때, 적지 않은 주민들이 방사능의 위험성을 모른 채 그 폭발 장면을 지켜보았다.

접속사로 문장 잇기 B (2) : before, after

MP3 119

You should eat **before you take painkillers**.

주어 + 동사 + **before/after** + 주어 + 동사 ▶ ~하기 전에(before) / ~하고 나서 / ~한 후에(after)

진통제를 복용하기 전에 식사를 해야 한다.

패턴에 유의하며 각 문장을 새겨 읽고 의미를 파악해 보세요.

1 **You'd better not lie down** right after **you take a meal.**
식사를 한 다음에는 바로 눕지 않는 것이 좋다.

2 **The migratory birds fly to warmer areas** before **winter comes.**
그 철새들은 겨울이 오기 전에 더 따뜻한 지역으로 날아간다.

> before/after가 이끄는 절이 문장 앞에 올 수도 있고 뒤에 올 수도 있다.

3 **The man wrote a book to remember his wife** after **she passed away.**
그 남자는 아내가 세상을 떠난 후 아내를 기억하기 위해 책을 집필했다.

4 **What is the last food you want to eat** before **you leave this country?**
이 나라를 떠나기 전에 마지막으로 먹고 싶은 음식이 뭐야?

5 **She studied fashion design in Milan** after **she graduated from university.** 그녀는 대학교를 졸업한 후 밀라노에서 패션 디자인을 공부했다.

6 **Please read the instructions carefully** before **you assemble the furniture.**
가구를 조립하기 전에 사용 설명서를 꼼꼼하게 읽어 보십시오.

7 **You have to prepare many documents** before **you apply to American universities.**
미국 대학에 지원하기 전에 많은 서류를 준비해야 한다.

8 **To my way of thinking, an actor's course is set even** before **he's out of the cradle.** (James Dean)
내가 생각하기에 배우의 길은 그가 요람에서 나오기 전부터 정해져 있다. (제임스 딘)

9 After the Berlin Wall fell in 1989, **the reunification of West Germany and East Germany accelerated.**
1989년에 베를린 장벽이 무너진 후, 서독과 동독의 재통일이 가속화되었다.

10 After Hong Kong's return to China was decided, **many Hong Kong people emigrated to Commonwealth countries.**
홍콩의 중국 반환이 결정된 후, 많은 홍콩 사람들이 영연방 국가들로 이민을 갔다.

SENTENCE PATTERN 120

접속사로 문장 잇기 B (3) : while

MP3 120

Our brains keep working **while** we are asleep.

주어 + 동사 + while + 주어 + 동사 　　▶ ~하는 동안에/~하면서/~이지만[하지만]

우리가 잠들어 있는 동안에도 우리 뇌는 계속 일을 한다.

- while은 뜻이 다양해 문맥을 보고 그 뜻을 파악해야 한다.

패턴에 유의하며 각 문장을 새겨 읽고 의미를 파악해 보세요.

> while이 이끄는 절이 문장 앞에 올 수도 있고 뒤에 올 수도 있다.

1 **He keeps interrupting** while **others are speaking.**
그는 다른 사람들이 말하는 동안 계속 끼어든다. (동안에)

2 **Some people like the sea,** while **others like mountains.**
어떤 사람들은 바다를 좋아하지만 다른 사람들은 산을 좋아한다. (~하지만)

3 While **he likes all kinds of sports, his son doesn't like them.**
그는 모든 종류의 스포츠를 좋아하지만, 그의 아들은 스포츠를 좋아하지 않는다. (~하지만)

4 While **the team manager is away, problems always arise, big or small.**
팀장이 자리를 비운 동안에 크든 작든 항상 문제가 발생한다. (동안에)

5 **I watch TV on the monitor in front of me** while **I walk on the treadmill.**
나는 러닝머신에서 걸으면서 앞에 있는 모니터로 TV를 본다. (~하면서 : 동시 동작)

6 **I used to listen to the radio** while **I was studying in my high school days.**
나는 고등학교 때 공부하면서 라디오를 듣곤 했다. (~하면서 : 동시 동작)

7 **The computer crashed** while **I was booking tickets for the group's concert.**
내가 그 그룹의 콘서트 티켓을 예매하던 중에 컴퓨터가 다운됐다. (동안에)

8 **In Korea, the driver's seat is on the left** while **in the U. K., it is on the right.**
한국에서는 운전석이 왼쪽에 있지만 영국에서는 오른쪽에 있다. (~이지만)

9 While **I was waiting at the taxi stand, taxis kept going by in the opposite direction.**
내가 택시 승강장에서 기다리고 있는 동안 반대 방향으로 계속 택시가 지나갔다. (동안에)

10 **Some people can't sleep with just a sip of coffee,** while **others sleep well with several drinks.**
어떤 사람들은 커피를 한 모금만 마셔도 잠을 못 자지만 다른 사람들은 몇 잔을 마셔도 잘 잔다. (~하지만)

MP3 **121**

She is wearing a mask **because she has a cold**.
주어 + 동사 + **because** + 주어 + 동사   ▶ ~하기 때문에, ~해서, ~하니까

그녀는 감기에 걸려서 마스크를 쓰고 있다.

패턴에 유의하며 각 문장을 새겨 읽고 의미를 파악해 보세요.

> because가 이끄는 절이 문장 앞에 올 수도 있고 뒤에 올 수도 있다.

1 **He quit the company** because **he was going to study abroad**.
그는 유학을 갈 예정이어서 회사를 그만뒀다.

2 Because **the apartment overlooks the Charles River, it's very expensive**.
그 아파트는 찰스 강이 내려다보여서 무척 비싸다.

3 **I canceled the appointment tonight** because **the fine dust level is high**.
미세먼지 농도가 높아서 난 오늘 밤 약속을 취소했다.

4 **People like him** because **he listens to people well and is always friendly**.
그는 사람들 말을 잘 들어 주고 항상 친절해서 사람들이 그를 좋아한다.

5 **She speaks German well** because **she lived in Germany for over 10 years**.
그녀는 독일에서 10년 넘게 살았기 때문에 독일어를 잘한다.

6 **She quit her job as a nurse** because **working in three shifts was so hard**.
그녀는 3교대 근무가 너무 힘들어서 간호사 일을 그만뒀다.

7 **It's autumn in New Zealand in April** because **it's in the southern hemisphere**.   뉴질랜드는 남반구에 있기 때문에 4월에 그곳은 가을이다.

8 **It's not good to drink black tea late at night** because **it contains a lot of caffeine**.   홍차에는 카페인이 많이 들어 있어서 밤늦게 마시는 것은 좋지 않다.

9 **Stephen Hawking spent his entire life in a wheelchair** because **he suffered from Lou Gehrig's disease**.
스티븐 호킹은 루게릭병을 앓아서 평생을 휠체어에서 보냈다.

10 **Mothers are fonder than fathers of their children** because **they are more certain they are their own. (Aristotle)**
어머니가 아버지보다 자식을 더 사랑하는 이유는 아이가 자기 자식임을 (아버지보다) 더 확신하기 때문이다. (아리스토텔레스)

접속사로 문장 잇기 B (5) : since

It's already **been** 10 years **since we traveled Iceland.**

주어＋동사＋since＋주어＋동사　　▶〜한 이래로, 〜한 지 / 〜해서, 〜하니

아이슬란드를 여행한 지 벌써 10년이 됐다.

- since가 '〜한 이래로, 〜한 지'라는 뜻일 때 since가 이끄는 절에는 과거 시제, 주절에는 현재완료 시제가 쓰인다.
- since가 '〜해서, 〜하니'라는 뜻일 때, because가 원인에 중점을 두는 반면, since는 결과에 중점을 두고 문어체에서 주로 쓰인다.

패턴에 유의하며 각 문장을 새겨 읽고 의미를 파악해 보세요.

1 **It's** been **ages** since I <u>went</u> to the movies.
　내가 영화를 보러 간 지 오래되었다.

　　1〜5번 문장까지는 '〜한 이래로, 〜한 지'의 뜻으로, since가 이끄는 절에는 과거 시제가, 주절에는 현재완료 시제가 쓰였다.

2 I haven't been **to the city again** since I <u>moved</u> to this city.
　이 도시로 이사 온 이후로 나는 그 도시에 다시 가 본 적이 없다.

3 I haven't seen **a shooting star again** since I <u>saw</u> one a few years ago.
　나는 몇 년 전에 별똥별을 하나 본 후로 다시는 보지 못했다.

4 It has been **more than a decade** since the novelist last <u>published</u>
her work.
　그 소설가가 마지막으로 작품을 출간한 지 10년이 넘었다.

5 Since he <u>won</u> the Oscar for Best Picture, **the director** has become
world famous.
　오스카 최우수 작품상을 수상한 이후로 그 감독은 세계적으로 유명해졌다.

　　since가 이끄는 절이 문장 앞에 올 수도 있고 뒤에 올 수도 있다.

6 **I should not walk long,** since I have bad knees.
　나는 무릎이 좋지 않아서 오래 걸으면 안 된다.

　　6〜10번 문장에서 since는 '〜해서, 〜하니'의 뜻이다.

7 **I have to cut down on expenses,** since my income has decreased.
　나는 수입이 줄어서 지출을 줄여야 한다.

8 **Singapore is hot all year round,** since it is located just above the
equator.
　싱가포르는 적도 바로 위에 위치하고 있어서 일 년 내내 덥다.

9 Since you have good handwriting, please write the addresses on the envelopes.

당신이 필체가 좋으니 봉투에 주소를 써 주세요.

10 Since global warming is getting worse, we should try to reduce greenhouse gases.

지구 온난화가 점점 심해지고 있기 때문에 온실가스를 줄이도록 노력해야 한다.

접속사로 문장 잇기 B (6) : as

MP3 **123**

As we grow older, time passes faster and faster.

주어 + 동사 + as + 주어 + 동사   ▶ ~할 때[하는 동안에, ~하자]/~함에 따라[할수록]/~하는 대로/
~하니까[해서]/~하는 것처럼/~이지만[하지만]

나이를 먹을수록 시간이 점점 더 빨리 간다.

- as가 '~할 때'의 의미일 때는 두 가지 일이 동시에 일어나는 뉘앙스다.
- as가 이유의 뜻일 때는 이유는 이미 알고 있어서 다시 한 번 상기시키는 정도의 느낌이고 주절의 내용을 더 강조한다.

패턴에 유의하며 각 문장을 새겨 읽고 의미를 파악해 보세요.

1 **As rust eats iron, so care eats the heart. (saying)**
녹이 쇠를 파먹는 것처럼, 근심은 마음을 좀먹는다. (속담) (~하는 것처럼)

> as가 이끄는 절이 문장 앞에 올 수도 있고 뒤에 올 수도 있다.

2 **I washed the dishes as my aunt vacuumed the floor.**
이모가 청소기를 돌리는 동안 나는 설거지를 했다. (~하는 동안에)

3 **Do unto others as you would have them do to you.**
다른 사람들이 당신에게 해 줬으면 하는 대로 그들에게 해라. (~하는 대로)

4 **As they get older, most people tend to think rigidly.**
나이가 들어감에 따라 대부분의 사람들은 경직되게 사고하는 경향이 있다. (~함에 따라)

5 **I usually listen to music or a podcast as I take a walk.**
나는 산책할 때 보통 음악이나 팟캐스트를 듣는다. (~할 때)

6 **Man as he is, Michael enjoys reading romance comics.**
마이클은 남자이지만 순정 만화를 즐겨 읽는다. (~이지만[하지만])

> 6. 17. 20번 문장에서처럼 as가 '~이지만'의 의미로 쓰일 때는 '관사 없는 명사/형용사/부사'가 as 앞으로 나간다.

7 **I was so nervous as the movie approached the climax.**
영화가 클라이맥스에 가까워짐에 따라 난 너무 긴장되었다. (~함에 따라)

8 **As COVID-19 is prevalent, everyone has to wear masks.**
코로나19가 만연하니 모두가 마스크를 착용해야 한다. (~하니까[해서])

9 **The man almost always does as his wife tells him to do.**
그 남자는 거의 항상 아내가 하라는 대로 한다. (~하는 대로)

10 As the store sign was so small, I couldn't catch sight of it at first.
가게 간판이 너무 작아서 처음에는 내 눈에 띄지 않았다. (~하니까[해서])

11 You can assemble the cat tree as it is written in the manual.
그 캣타워는 설명서에 적힌 대로 조립하면 된다. (~하는 대로)

12 As she helped me when I was in trouble, I'll be there for her.
내가 힘들 때 그 애가 나를 도와준 것처럼, 내가 그녀의 곁에 있을 거야. (~하는 것처럼)

13 As I was taking a walk with my dog, an old lady approached me.
강아지와 산책을 하고 있을 때 한 할머니가 나에게 다가왔다. (~할 때)

14 As the weather gets warmer, more and more people come to the park.
날씨가 따뜻해짐에 따라 점점 더 많은 사람들이 공원에 온다. (~함에 따라)

15 As I said before, Muslims do not eat pork and Hindus do not eat beef.
전에 말한 것처럼, 이슬람교도들은 돼지고기를 먹지 않고 힌두교도들은 쇠고기를 먹지 않는다. (~하는 것처럼)

16 A page turner turns sheet music pages as a pianist performs on the stage.
페이지 터너는 피아니스트가 무대에서 연주할 때 악보를 넘긴다. (~할 때)

17 Honest as the person may seem at first, he actually is not a trustful person.
처음에는 정직해 보일지 모르지만, 사실 그는 신뢰할 수 있는 사람이 아니다. (~이지만[하지만])

18 I turned on the air conditioner for the first time this year as it was hot today.
오늘 더워서 나는 올해 처음으로 에어컨을 켰다. (~하니까[해서])

19 As the girl entered the room, they began to sing the song *Happy Birthday to You*.
소녀가 방에 들어서자 그들은 〈해피 버스데이 투유〉를 부르기 시작했다. (~하자)

20 Cold as the weather is, I often see teenagers go outside barefoot with slippers on.
날씨가 춥지만 나는 10대들이 맨발에 슬리퍼를 신고 밖에 나가는 걸 자주 본다. (~이지만[하지만])

I don't know **if Picasso is French or Spanish**.

주어＋동사＋if＋주어＋동사　　▶ ～라면, ～하면(조건) / ～인지 아닌지

피카소가 프랑스 사람인지 스페인 사람인지 모르겠다.

- if가 '～인지 아닌지'의 뜻일 경우에는 동사의 목적어로 쓰이는 경우가 대부분이다.

패턴에 유의하며 각 문장을 새겨 읽고 의미를 파악해 보세요.

> if가 이끄는 절이 문장 앞에 올 수도 있고 뒤에 올 수도 있다.

1 **If** you like Britpop, **you'll like this song.**
브릿팝을 좋아한다면 이 노래가 마음에 들 겁니다. (조건)

2 **I wonder** if the tarot card results are credible.
타로 카드 결과가 믿을 만한 것인지 궁금하다. (～인지 아닌지 : wonder의 목적어)

3 **I'd be grateful** if you let me know when the results come out.
결과가 언제 나올지 알려 주면 고맙겠어. (조건)

4 **Do you know** if the group is planning a world tour next year**?**
그 그룹이 내년에 월드 투어를 계획하고 있는지 아십니까? (～인지 아닌지 : know의 목적어)

5 **If** I had lived in Seoul in the fifties, **I would have taken a tram.**
내가 50년대에 서울에 살았더라면 전차를 탔을 텐데. (가정법 과거완료)

6 **He couldn't tell** if people were in favor of basic income or not.
그는 사람들이 기본 소득에 찬성하는지 아닌지 알 수 없었다. (～인지 아닌지 : tell의 목적어)

7 **If** you treat people with an open mind, **you can have more friends.**
열린 마음으로 사람들을 대하면 더 많은 친구를 사귈 수 있다. (조건)

8 **If** I were good at Korean, **I could watch the movie without subtitles.**
내가 한국어를 잘하면 자막 없이 그 영화를 볼 수 있을 텐데. (가정법 과거)

9 **If** we don't care about the environment, **the next generation will suffer greatly.**
우리가 환경에 신경 쓰지 않는다면 다음 세대는 큰 고통을 받을 것이다. (조건)

10 **If** you habitually lie down right after eating, **you may develop reflux esophagitis.**
식사 직후에 습관적으로 눕게 되면 역류성 식도염에 걸릴 수도 있다. (조건)

접속사로 문장 잇기 B (8) : though/although/even though

MP3 **125**

It doesn't rain much **though** it's the rainy season.

주어 + 동사 + though/although/even though + 주어 + 동사
▶ ~이긴 하지만 / ~일지라도 / ~함에도 불구하고   *cf.* even if(설령 ~하더라도)

장마철이긴 한데 비가 많이 안 온다.

- 위의 접속사가 나오면 그 뒤에는 앞과 상반된 내용이 온다는 것을 알 수 있다.
- though/although/even though는 사실을 이야기하지만, even if는 '설령 ~하더라도'의 의미로 사실이 아닌 것을 가정하거나 불확실한 것을 표현한다.
- although〉even though〉though 순으로 격식 있는 표현이다.

패턴에 유의하며 각 문장을 새겨 읽고 의미를 파악해 보세요.

> though/although/even though가 이끄는 절이 문장 앞에 올 수도 있고 뒤에 올 수도 있다.

1 **Although** I don't agree with her idea, **I think it's good.**
그녀의 생각에 동의하지는 않지만 좋은 아이디어라고 생각한다.

2 **I don't know him well** even though **I've seen him several times.**
나는 그 사람을 몇 번 보기는 했지만 잘 모른다.

3 **The team won the game** though **they had been regarded weak.**
그 팀은 약체로 여겨졌었지만 그 시합에서 이겼다.

4 **Sandy gave us a hand** though **she was very busy doing her project.**
샌디는 자기 프로젝트를 하느라 무척 바빴지만 우리를 도와줬다.

5 **We enjoyed their concert** even though **the sound was not so good.**
음향은 별로 좋지 않았지만 우리는 그 밴드의 콘서트를 재미있게 봤다.

6 **Though** she once broke her leg while climbing, **she still goes climbing.**
그녀는 예전에 등산을 하다가 다리가 부러진 적이 있는데도 아직도 등산을 간다.

7 **Even though** my niece was born in the U. S., **now her nationality is Korean.**   우리 조카는 미국에서 태어났지만 지금은 국적이 한국이다.

8 **We will go surfing tomorrow** even if **it rains.**
설령 비가 온다고 해도 우리는 내일 서핑하러 갈 거야. (even if는 사실이 아닌 것을 가정하거나 불확실한 것을 표현)

9 **Even if** I win the lottery, **I won't quit my job.**
복권에 당첨되더라도 직장을 그만두지는 않을 거예요.

10 **Even if** he gets over it, **he is likely to be disabled.**
그 사람이 회복하더라도 장애를 얻게 될 가능성이 높아요.

no matter what

MP3 **126**

No matter what people say, you are a precious person.

no matter what + (주어) + 동사 ▶ 무엇이 ~하더라도[하든] / 주어가 무엇을 ~하더라도[하든]

사람들이 뭐라고 하든 당신은 소중한 사람입니다.

패턴에 유의하며 각 문장을 새겨 읽고 의미를 파악해 보세요.

> no matter what이 이끄는 절은 문장 앞에 올 수도 있고 뒤에 올 수도 있다.

1 **I don't care** no matter what **you wear.**
네가 뭘 입든 난 신경 안 쓴다.

2 No matter what **he says, don't believe him.**
그가 뭐라고 하든 그 사람 말 믿지 마세요.

3 No matter what **happens, I will stand by you.**
무슨 일이 있어도 난 당신 곁에 있을 거예요.

4 **Do what you want** no matter what **people say.**
사람들이 뭐라고 해도 당신 하고 싶은 대로 하세요. (문장의 첫 번째 what은 '~인/한 것'의 의미)

5 No matter what **happens, we will never break up.**
무슨 일이 일어나도 우리는 절대 헤어지지 않을 거예요.

6 No matter what **I said to him, he didn't change his mind.**
내가 무슨 말을 해도 그는 마음을 바꾸지 않았다.

7 No matter what **you choose, you should be responsible for it.**
무엇을 선택하든 그에 대한 책임을 져야 한다.

8 **I won't give up my goal** no matter what **obstacles stand in front of me.**
어떤 장애물이 내 앞에 있어도 난 내 목표를 포기하지 않을 것이다.

> what은 '무슨'이라는 뜻의 형용사로 쓰여서 뒤의 obstacle을 수식한다.

9 No matter what **you're going through, laughter makes you forget about your problems. (Kevin Hart)**
어떤 일을 겪고 있든 간에 웃음은 자신의 문제를 잊게 만든다. (케빈 하트, 미국의 배우이자 코미디언)

10 No matter what **anybody tells you, words and ideas can change the world. (John Keating from the movie** *Dead Poets Society***)**
누가 뭐라 해도 말과 생각이 세상을 바꿀 수 있다. (영화 〈죽은 시인의 사회〉에서 존 키팅 선생님의 대사)

no matter how

MP3 **127**

No matter how careful we are, we will make mistakes.

no matter how + 형용사/부사 + 주어 + 동사　▶ 아무리 ~해도[하든 간에]

아무리 조심해도 실수하기 마련이다.

- no matter how가 이끄는 절과 주절은 서로 상반되는 내용을 담고 있다.

패턴에 유의하며 각 문장을 새겨 읽고 의미를 파악해 보세요.

> no matter how가 이끄는 절은 문장 앞에 올 수도 있고 뒤에 올 수도 있다.

1 **No matter how** old you are, **you can start anything.**
아무리 나이가 많아도 무엇이든 시작할 수 있습니다.

2 **He doesn't gain weight** no matter how **much he eats.**
그는 아무리 많이 먹어도 살이 찌지 않는다.

3 **No matter how** many times she failed, **she didn't give up.**
그녀는 아무리 여러 번 실패해도 포기하지 않았다.

> no matter how 뒤에 이렇게 'many + 복수 명사'가 오기도 한다. '아무리 많은 ~를 …하더라도'의 의미

4 **Sleep at least 6 hours a day** no matter how **busy you are.**
아무리 바빠도 하루에 적어도 여섯 시간은 수면을 취하세요.

5 **No matter how** poor he is, **he can afford three meals a day.**
그가 아무리 가난해도 하루 세 끼 먹을 형편은 된다.

6 **My math grades didn't go up** no matter how **hard I studied.**
내가 아무리 열심히 공부해도 수학 성적은 오르지 않았다.

7 **No matter how** much she drinks, **she is fine the next morning.**
그녀는 술을 아무리 많이 마셔도 다음 날 아침에는 괜찮다.

8 **No matter how** cold and windy it is outside, **it's warm inside the house.**
밖이 아무리 춥고 바람이 불어도 집 안은 따뜻하다.

9 **I couldn't change his mind** no matter how **hard I tried to persuade him.**
설득하려고 아무리 노력해도 나는 그 사람 마음을 돌릴 수가 없었다.

10 **No matter how** difficult the past (was), **you can always begin again today.** (Jack Kornfield)
과거가 아무리 힘들었어도 오늘 언제나 다시 시작할 수 있다. (잭 콘필드, 미국의 명상 지도자)

No matter who you are, you are welcome here.
no matter who + (주어) + 동사   ▶누가 ~하더라도[하든] / 주어가 누구를 ~하더라도[하든]

당신이 누구든 여기서는 환영입니다.

패턴에 유의하며 각 문장을 새겨 읽고 의미를 파악해 보세요.

> no matter who가 이끄는 절은 문장 앞에 올 수도 있고 뒤에 올 수도 있다.

1 **I don't care** no matter who **you are dating.**
   네가 누구랑 사귀든 난 상관 안 해.

2 No matter who **says that, don't believe such a thing.**
   누가 그런 말을 하든 그런 건 믿지 마.

3 No matter who **you are, you have to pass security checks.**
   그쪽이 누구든 보안 검색을 통과해야 합니다.

4 No matter who **comes last, he or she has to buy the cake.**
   누가 마지막으로 오든, 그 사람이 케이크를 사야 한다.

5 **You must not miss your own light** no matter who **you follow.**
   누구를 따라가더라도 자신만의 빛을 놓쳐서는 안 된다.

6 No matter who **it is, no one else can take responsibility for you.**
   그게 누구든 다른 어떤 사람도 너를 책임질 수는 없다.

7 No matter who **wears the clothes, the person will look ridiculous.**
   누가 그 옷을 입어도 우스꽝스럽게 보일 것이다.

8 **I have no objection to the result** no matter who **wins the election.**
   누가 당선되든 나는 결과에 이의가 없다.

9 No matter who **you are close to, you must show good manners to the person.**
   누구와 친하든 그 사람에게 예의를 지켜야 한다.

10 No matter who **becomes the Chief Justice of the Supreme Court, I don't think things will change much.**
   누가 대법원장이 되든 상황이 크게 달라질 것 같지는 않다.

no matter where

No matter where you come from, you can all be friends.
no matter where + 주어 + 동사 ▶ 어디서 ~하더라도[하든]
어디 출신이든 모두 친구가 될 수 있다.

패턴에 유의하며 각 문장을 새겨 읽고 의미를 파악해 보세요.

> no matter where가 이끄는 절은 문장 앞에 올 수도 있고 뒤에 올 수도 있다.

1 **No matter where she is, I will go to meet her.**
그녀가 어디에 있든 나는 그녀를 만나러 갈 것이다.

2 **No matter where I go, I'm coming back to you.**
어디를 가든 나는 너에게 돌아갈 거야.

3 **I will surely find it no matter where the store is.**
그 가게가 어디에 있든 나는 꼭 찾고 말 것이다.

4 **No matter where you go, don't forget the time with us.**
네가 어디를 가든 우리와 함께했던 시간을 잊지 마.

5 **No matter where you are, my heart will always be with you.**
네가 어디에 있든 내 마음은 항상 너와 함께 있을 거야.

6 **I will definitely find him no matter where the man is hiding.**
그 남자가 어디에 숨어 있든 나는 반드시 그를 찾아낼 것이다.

7 **No matter where you buy it, you have to check the list price.**
그걸 어디서 사든 반드시 정가를 확인해야 한다.

8 **No matter where you study English, you can study it effectively.**
어디서 영어를 공부하든 효과적으로 공부할 수 있다.

9 **No matter where you are in Korea, you are never far from a mountain.**
한국 어디에 있든 산이 멀리 있지 않다.

10 **No matter where he takes me, a delicious and inexpensive restaurant will do.**
그가 나를 어디로 데려가든 맛있고 저렴한 식당이면 된다.

no matter when

MP3 130

No matter when you are in trouble, tell me.

no matter when + 주어 + 동사   ▶ 언제 ~하더라도[하든]

언제든 문제가 생기면 나한테 말해.

패턴에 유의하며 각 문장을 새겨 읽고 의미를 파악해 보세요.

> no matter when이 이끄는 절은 문장 앞에 올 수도 있고 뒤에 올 수도 있다.

1 **No matter when I call, their line is busy.**
   내가 언제 전화를 하든 거기 전화는 통화 중이다.

2 **No matter when their concert is, I'll definitely be there.**
   그들의 공연이 언제든 난 반드시 갈 것이다.

3 **No matter when I went, he was always out of the office.**
   내가 언제 가든 그는 항상 사무실에 없었다.

4 **No matter when I come home, I take my dog for a walk.**
   언제 집에 오든 나는 우리 강아지 산책을 시킨다.

5 **No matter when you need me, I'll always be by your side.**
   네가 언제 나를 필요로 하든 늘 네 곁에 있을게.

6 **The man is always neat and tidy no matter when I see him.**
   그 남자는 언제 봐도 항상 깔끔하고 단정하다.

7 **I get up at around seven a.m. no matter when I go to bed.**
   언제 잠자리에 들든 난 아침 7시쯤 일어난다.

8 **No matter when the test is, the child only plays mobile games.**
   시험이 언제든 그 아이는 모바일 게임만 한다.

9 **No matter when I go to her house, my grandma always welcomes me.**
   언제 할머니 댁에 가든 우리 할머니는 나를 항상 반겨 주신다.

10 **We'll be sure to attend his farewell party no matter when it takes place.**
   그의 송별회가 언제 열리든 우리는 꼭 참석할 것이다.

however

MP3 **131**

<u>However old you are</u>, you can learn anything.

however + 형용사/부사 + 주어 + 동사   ▶아무리 ~해도, 아무리 ~일지라도

아무리 나이가 많아도 무엇이든 배울 수 있다.

- however가 이끄는 절과 주절은 서로 반대되는 내용을 담고 있다.

패턴에 유의하며 각 문장을 새겨 읽고 의미를 파악해 보세요.

> however가 이끄는 절은 문장 앞에 올 수도 있고 뒤에 올 수도 있다.

1 <u>However tired she is</u>, **she works out after work.**
  아무리 피곤해도 그녀는 퇴근 후에 운동을 한다.

2 **Make sure to call me** <u>however late you get home.</u>
  아무리 집에 늦게 도착해도 나한테 꼭 전화해.

3 <u>However hungry you are</u>, **chew well and eat slowly.**
  아무리 배가 고파도 꼭꼭 씹어서 천천히 먹어.

4 <u>However rich you are</u>, **you can't buy a happy family.**
  아무리 부자여도 행복한 가정을 (돈을 주고) 살 수는 없다.

5 <u>However fast he runs</u>, **he can't run faster than a car.**
  그가 아무리 빨리 달려도 자동차보다 빨리 달릴 수는 없다.

6 **I'll finish the book today** <u>however late I go to bed.</u>
  아무리 늦게 잠자리에 들더라도 나는 오늘 그 책을 다 읽을 것이다.

7 <u>However young you are</u>, **you must take care of your health.**
  아무리 젊어도 건강은 꼭 챙겨야 한다.

8 <u>However hard I try</u>, **it's hard to pronounce Chinese properly.**
  아무리 열심히 노력해도 중국어를 제대로 발음하는 건 어렵다.

9 <u>However long a summer vacation is</u>, **it feels short after it's over.**
  여름방학이 아무리 길다고 해도 끝나고 나면 짧게 느껴진다.

10 <u>However busy you are</u>, **you should go to the funeral of your best friend's parent.**
  아무리 바빠도 가장 친한 친구의 부모님 장례식에는 가야 한다.

whatever

<u>Whatever</u> **happens**, I believe in you.

whatever + (주어) + 동사

▶ 무엇이/무엇을 ∼하더라도(**no matter what**) / ∼는 무엇이든(**anything that**)

무슨 일이 일어난다 해도 나는 너를 믿는다.

패턴에 유의하며 각 문장을 새겨 읽고 의미를 파악해 보세요.

> whatever가 이끄는 절은 문장 앞에 올 수도 있고 뒤에 올 수도 있다.

1 **You can take <u>whatever</u> you want.**
원하는 건 뭐든 가져도 된다. (∼는 무엇이든)

2 **<u>Whatever</u> you do, I'll support you.**
네가 무슨 일을 하든 난 너를 지지할 거야. (무엇을 ∼하더라도)

3 **<u>Whatever</u> she said, he always disagreed.**
그녀가 뭐라고 말을 하든 그는 늘 동의하지 않고 반대했다. (무엇을 ∼하더라도)

4 **They will do <u>whatever</u> he tells them to do.**
그들은 그가 하라고 하는 건 무엇이든 할 것이다. (∼는 무엇이든)

5 **<u>Whatever</u> appears there, don't be surprised.**
거기에 무엇이 나타나더라도 놀라지 마라. (무엇이 ∼하더라도)

6 **They say he never forgot <u>whatever</u> he heard.**
그는 자기가 들었던 건 뭐든 하나도 잊지 않았다고 한다. (∼는 무엇이든)

7 **<u>Whatever</u> the man shows me, I'm not interested.**
그 남자가 나한테 무엇을 보여 줘도 나는 관심이 없다. (무엇을 ∼하더라도)

8 **<u>Whatever</u> might come to her, she's ready to get over it.**
무슨 일이 생길지라도 그녀는 그것을 극복할 준비가 되어 있다. (무엇이 ∼하더라도)

9 **A person can't always do <u>whatever</u> he or she wants to do.**
사람이 하고 싶은 일이 뭐든 언제나 그걸 다 할 수는 없다. (∼는 무엇이든)

10 **<u>Whatever</u> the mind can conceive and believe, the mind can achieve.**
(Napoleon Hill)
마음은 상상하고 믿을 수 있는 게 무엇이든 그걸 이룰 수 있다. (나폴레온 힐, 미국의 성공학 연구자) (∼는 무엇이든)

Whoever goes abroad must have a passport.

whoever + (주어) + 동사
▶ 누가/누구를 ~하더라도(no matter who) / ~하는 사람은 누구든(anyone who)

외국에 가는 사람은 누구든 여권이 있어야 한다.

패턴에 유의하며 각 문장을 새겨 읽고 의미를 파악해 보세요.

1 **Whoever** says so, I don't believe such a thing.
누가 그런 말을 해도 나는 그런 건 안 믿는다. (누가 ~하더라도)

2 **Whoever** has any questions, please raise your hand.
질문이 있으신 분은 손을 들어 주십시오. (~하는 사람은 누구든)

3 **Whoever** you are, you have to follow the rules here.
당신이 누구든 여기 규칙을 따라야 합니다. (누가 ~하더라도)

4 **Whoever** did not vote gave up their rights as a citizen.
투표하지 않은 사람은 누구든 시민으로서의 권리를 포기한 것이다. (~하는 사람은 누구든)

5 **Whoever** is happy will make others happy. (Anne Frank)
누구든 행복한 사람은 다른 사람들도 행복하게 만들 것이다. (안네 프랑크) (~하는 사람은 누구든)

6 **Whoever** has a high blood pressure should not eat salty food.
혈압이 높은 사람은 짠 음식을 먹으면 안 된다. (~하는 사람은 누구든)

7 **Whoever** he is, he should be hired through a formal recruiting process.
그가 누구든 정식 채용 절차를 거쳐 채용해야 한다. (누가 ~하더라도)

8 **Whoever** cannot speak English fluently is not able to apply for the job.
영어를 유창하게 할 수 없는 사람은 그 직장에 지원할 수 없다. (~하는 사람은 누구든)

9 **Whoever** is even a minute late is not allowed to attend the professor's class.
1분이라도 늦는 사람은 그 교수의 수업에 참석할 수 없다. (~하는 사람은 누구든)

10 **Whoever** said the small things don't matter has never seen a match start a wildfire. (Beau Taplin)
작은 일이 중요하지 않다고 말한 사람은 성냥 하나가 들불을 일으키는 것을 본 일이 없는 것이다.
(보 태플린, 소셜 미디어 센세이션을 일으킨 작가) (~하는 사람은 누구든)

Whenever I feel down, I walk alone for hours.

whenever + 주어 + 동사

▶~할 때는 언제나, ~할 때마다(at any time when) / 언제 ~하더라도(no matter when)

기분이 울적할 때마다 나는 혼자 몇 시간씩 걷는다.

패턴에 유의하며 각 문장을 새겨 읽고 의미를 파악해 보세요.

> whenever가 이끄는 절은 문장의 앞에 올 수도 있고 뒤에 올 수도 있다.

1 **Call me whenever you come to this town.**
   이 동네에 오면 언제나 나한테 연락해.

2 **Whenever you have worries, feel free to tell me.**
   걱정거리가 있을 때는 언제나 부담 갖지 말고 나에게 얘기해.

3 **Whenever I come home, my dog passionately welcomes me.**
   내가 집에 올 때면 언제나 우리 개는 나를 열광적으로 환영해 준다.

4 **She has diarrhea whenever she drinks cold milk or iced coffee.**
   그녀는 찬 우유나 아이스커피를 마실 때면 항상 설사를 한다.

5 **When I was little, I ate boiled eggs whenever I traveled by train.**
   나는 어렸을 때 기차로 여행할 때마다 삶은 달걀을 먹었다.

6 **Whenever I hear that song, I think of the days when I studied in London.**
   나는 그 노래를 들을 때마다 런던에서 공부하던 날들이 생각난다.

7 **She bought a guidebook first whenever she was preparing to travel.**
   그녀는 여행 준비를 할 때마다 가이드북을 먼저 샀다.

8 **Whenever I have negative thoughts, I try to change my thinking positively.**
   나는 부정적인 생각이 들 때마다 긍정적으로 생각을 바꾸려고 노력한다.

9 **Whenever people agree with me, I always feel I must be wrong.**
   (Oscar Wilde)
   사람들이 내 말에 동의할 때마다 항상 내가 틀렸다는 느낌이 든다. (오스카 와일드)

10 **Whenever you do a thing, act as if all the world were watching.**
    (Thomas Jefferson)
    어떤 일을 할 때는 언제나 온 세상이 지켜보고 있는 것처럼 행동하라. (토머스 제퍼슨)

wherever

MP3 **135**

Wherever you are, I hope you are happy.

wherever + 주어 + 동사

▶~하는 곳은 어디라도[어디든] / 어디에[로] ~하든(no matter where)

네가 어디에 있든 행복하길 바란다.

패턴에 유의하며 각 문장을 새겨 읽고 의미를 파악해 보세요.

> wherever가 이끄는 절은 문장의 앞에 올 수도 있고 뒤에 올 수도 있다.

1 **You can sit** wherever **you want.**
원하는 곳 아무 데나 앉으셔도 됩니다. (~하는 곳은 어디라도)

2 Wherever **you go, you must behave well.**
어디에 가든 처신을 잘해야 한다. (어디에 ~하든)

3 **The man causes trouble** wherever **he goes.**
그 남자는 어디에 가든 말썽을 일으킨다. (어디에 ~하든)

4 Wherever **he works, he'll do his job responsibly.**
그는 어디서 일하든 책임감 있게 일할 것이다. (어디에 ~하든)

5 **You can see roses** wherever **you go in the village.**
그 마을에서는 어디에 가든 장미를 볼 수 있다. (어디에 ~하든)

6 **In those days, she danced** wherever **there was music.**
그 시절에 그녀는 음악이 있는 곳이면 어디서라도 춤을 췄다. (~하는 곳은 어디라도)

7 **You should wear a mask** wherever **there's another person present.**
다른 사람이 있는 곳에서는 어디서라도 마스크를 써야 한다. (~하는 곳은 어디라도)

8 Wherever **you drive, you have to abide by traffic regulations.**
어디서 운전을 하든 교통 법규를 준수해야 한다. (어디에 ~하든)

9 **Remember that** wherever **your heart is, there you will find your treasure.** (Paulo Coelho)
당신의 마음이 어디에 있든 거기서 보물을 찾을 수 있으리라는 걸 기억하라. (파울로 코엘료) (어디에 ~하든)

> that wherever ~ your treasure까지가 Remember의 목적어

10 Wherever **we look upon this earth, the opportunities take shape within the problems.** (Nelson A. Rockefeller)
지구상 어디를 보아도 기회는 어려움 속에서 생긴다. (넬슨 A. 록펠러, 미국의 정치가) (어디에 ~하든)

PART 4

리딩이 쉬워지다

CHAPTER 1

영어가 한눈에 들어오는 관용 표현

알고 나면 영어의 장벽이 사라지는
관용 표현

SENTENCE PATTERN 136

MP3 136

· 주어+be likely+to부정사 : ~일 것 같다, ~일 가능성이 있다
· It is likely (that)+ 주어 + 동사 : ~일 것 같다, ~일 가능성이 있다

It is likely that the baseball player will retire next year.

그 야구선수는 내년에 은퇴할 것 같다.

- It is likely that ~에서 it은 가주어로, 해석하지 않는다.
- It is like that에서 that은 생략 가능하다.

패턴에 유의하며 각 문장을 새겨 읽고 의미를 파악해 보세요.

1 **It** is likely to snow **this afternoon.**
오늘 오후에 눈이 올 것 같다.

> 주어 it은 날씨를 나타내는 비인칭주어

2 **The team** is likely to win **the game tonight.**
그 팀이 오늘 밤 경기에서 이길 것 같다.

3 **The recession** is likely to continue **for a while.**
불경기가 한동안 계속될 것 같다.

4 **Frequent intake of the food** is likely to cause **cancer.**
그 음식을 자주 섭취하면 암을 유발할 가능성이 있다.

5 **None of the things you worry about** are likely to happen.
당신이 걱정하는 일들 중 어떤 것도 일어날 가능성이 없다.

6 It is likely that **most tenants will oppose the new policy.**
대부분의 세입자들이 새 정책에 반대할 것 같다.

7 It is likely that **the candidate will be the next U. S. president.**
그 후보가 차기 미국 대통령이 될 것 같다.

8 It is not likely that **the bill will pass the plenary session today.**
그 법안이 오늘 본회의를 통과할 것 같지 않다.

9 It is likely that **extreme weather will continue to occur due to global warming.**
지구 온난화 때문에 기상 이변이 계속 일어날 것 같다.

10 It is likely **the city's soil contains more than desirable amounts of radioactivity.**
그 도시의 토양에 방사능이 적정량 이상 포함되어 있을 가능성이 있다.

SENTENCE PATTERN 137

· 주어＋seem/appear＋to부정사 : ～인 것 같다, ～인 듯하다
· It seems/appears that + 주어 + 동사 : ～인 것 같다, ～인 듯하다

MP3 137

It seems that she needs to take some rest.

그녀는 좀 쉬어야 할 것 같다.

· It seems/appears that ～에서 it은 가주어로, 해석하지 않는다.

패턴에 유의하며 각 문장을 새겨 읽고 의미를 파악해 보세요.

1 **The country's birthrate** seems to continue **to decline.**
그 나라의 출산율은 계속 감소하는 것 같다.

2 **The girl doesn't** seem to have **a lot of mood swings.**
그 여자아이는 감정 기복이 별로 심하지 않은 것 같다.

3 **The company's sales** seem to be **on the rise this year.**
올해 그 회사 매출이 상승하고 있는 것 같다.

4 **Staycation** appears to have become **one of the trends these days.**
요즘 스테이케이션이 트렌드의 하나가 된 것 같다.
(staycation은 stay와 vacation의 합성어로, 집이나 집 근처에서 휴가를 보내는 것)

> 트렌드가 된 것이 그렇게 보이는 것(appear)보다 과거에 시작된 일이므로 appear 뒤의 to부정사는 have p.p.가 된다.

5 **The religious organization and some politicians** appear to be **involved.**
그 종교 단체와 일부 정치가들이 연루되어 있는 것 같다.

6 **Success** seems to be **connected with action. Successful people keep moving.** (Conrad Hilton)
성공은 행동과 연결되어 있는 것 같다. 성공하는 사람들은 계속 움직인다. (콘래드 힐튼, 힐튼 호텔 창업자)

7 **It seems that fluorescent colors are in fashion this summer.**
올 여름에는 형광색이 유행인 것 같다.

8 **It appears that young people these days enjoy abbreviating words.**
요즘 젊은 사람들은 말을 줄여서 쓰는 걸 좋아하는 것 같다.

9 **It seems that the travel industry is facing a major crisis around the world.** 전 세계적으로 여행업계가 큰 위기를 맞고 있는 것 같다.

10 **It appears that a vaccine for the epidemic could be developed within this year.**
올해 안에 그 전염병 백신이 개발될 수 있을 것으로 보인다.

MP3 138

- 주어 + feel like + 명사 / 주어 + feel like + 주어 + 동사
  : ~하는 기분[느낌]이 들다
- **It feels like** + 명사 / **It feels like** + 주어 + 동사
  : ~하는 기분[느낌]이 들다, ~한[인] 것 같다

It feels like I'm in high school again.

다시 고등학생이 된 기분이다.

- It feels like ~에서 it은 가주어로, 해석하지 않는다.
- 자신이 느끼는 감정을 부드럽게 표현하는 느낌을 준다.

패턴에 유의하며 각 문장을 새겨 읽고 의미를 파악해 보세요.

1 **I feel like** I am on a cloud.
꼭 구름 위에 떠 있는 기분이다.

2 **It feels like** a blink of an eye.
눈 깜짝할 사이 같다.

3 **I feel like** I've come down with a cold.
나 감기 걸린 것 같아.

4 **It felt like** someone was staring at me.
누군가 나를 빤히 쳐다보는 느낌이 들었다.

5 **I feel like** I have seen the man somewhere before.
전에 어디선가 그 남자를 본 적이 있는 것 같은 기분이 든다.

6 **It feels like** we have lost our original intentions.
우리가 초심을 잃은 건 아닌가 하는 기분이 든다.

7 **I feel like** I need to tell you the truth about Jessica.
제시카에 대한 진실을 너에게 얘기해야 할 것 같다.

8 **It feels like** winter is less cold than when I was little.
내가 어렸을 때보다 겨울이 덜 추운 것 같은 기분이 든다.

9 **It feels like** there are only two seasons, summer and winter these days.
요즘은 계절이 여름과 겨울 둘뿐이라는 기분이 든다.

10 **I had my dream come true, but** it feels like I am not living my own life.
나는 꿈을 이뤘지만, 온전히 내 삶을 살고 있지는 않은 것 같다.

· 주어+turn out+to부정사 : 주어가 ~라고 밝혀지다/판명되다
· It turns out (that)+주어+동사 : ~라고 밝혀지다/판명되다

It turns out that mercury is unrelated to dementia.

수은은 치매와 관련이 없는 것으로 밝혀졌다.

- It turns out that ~에서 it은 가주어로, 해석하지 않는다.
- 알지 못하고 있던 새로운 사실이 밝혀졌음을 표현한다.

패턴에 유의하며 각 문장을 새겨 읽고 의미를 파악해 보세요.

1 **His testimony** turned out to be **false.**
그의 증언은 거짓으로 드러났다.

2 **What are you going to do if it** turns out to be **true?**
그게 사실로 판명되면 넌 어떡할 거야?

3 **Mr. Taylor** turned out to be **Timothy's mother's brother.**
테일러 선생님이 티모시 엄마의 남동생인 것으로 밝혀졌다.

4 **The company's financial condition** turned out to be **not so good.**
그 회사의 재정 상태가 별로 좋지 않은 것으로 밝혀졌다.

5 It turned out that **her boyfriend had been seeing another woman.**
그녀의 남자 친구가 다른 여자를 만나 온 것으로 밝혀졌다.

6 It turned out that **he took a bribe from the construction company.**
그가 건설사로부터 뇌물을 받은 것으로 드러났다.

7 It turned out that **he was doing all the important work on the team.**
그가 그 팀에서 중요한 일은 다 하고 있는 것으로 밝혀졌다.

8 It turned out that **coffee and green tea hinder the absorption of iron.**
커피와 녹차가 철분 흡수를 방해하는 것으로 밝혀졌다.

9 It turned out that **the suspect attempted to break into the victim's house.**
용의자가 피해자의 집에 침입하려 시도한 것으로 밝혀졌다.

10 It turned out that **the person was infected with the disease at the hospital.**
그 사람은 병원에서 그 병에 감염된 것으로 드러났다.

It is no wonder (that) + 주어 + 동사
: ~하는 것은 놀랄 일이 아니다, 당연하다

MP3 **140**

It is no wonder he is called the 21st century Chopin.

그가 21세기의 쇼팽이라고 불리는 것도 놀랄 일은 아니다.

- It is no wonder (that) ~에서 it은 가주어로, 해석하지 않는다.
- It is를 빼고 No wonder로 시작하기도 하지만, 격식을 갖춘 글에서는 It is를 생략하지 않는다.

패턴에 유의하며 각 문장을 새겨 읽고 의미를 파악해 보세요.

1 **It is no wonder that he succeeded in the end.**
그 사람이 결국 성공한 건 놀랄 일이 아니다.

2 **It is no wonder he speaks English like his mother tongue.**
그 사람이 영어를 모국어처럼 하는 것도 당연하다.

3 **It is no wonder that people in many countries like Korean dramas.**
많은 나라 사람들이 한국 드라마를 좋아하는 건 놀랄 일이 아니다.

4 **It is no wonder their new song topped the Billboard Hot 100 this time.**
이번에 그들의 신곡이 빌보드 Hot 100에서 1위를 차지한 것은 놀랄 일이 아니다.

5 **It is no wonder that many people get hurt in traffic accidents every day.**
매일 교통사고로 많은 사람들이 다치는 것은 놀랄 일이 아니다.

6 **He goes to sleep late at night, so** it's no wonder **he gets up late in the morning.**
그는 밤에 늦게 자니 아침에 늦게 일어나는 것도 당연하다.

7 **It is no wonder she doesn't like summer because she can't stand the heat.**
그녀는 더위를 못 견디니 여름을 싫어하는 것도 당연하다.

8 **It is no wonder electricity consumption is soaring in the middle of summer.**
한여름에 전기 소비량이 급증하는 건 놀랄 일이 아니다.

9 **It is no wonder that she has been named the most influential sports player.**
그녀가 가장 영향력 있는 스포츠 선수로 꼽힌 것은 놀랄 일이 아니다.

10 **There was little rain this spring and summer, so** it is no wonder **we had a bad harvest.**
올봄과 여름엔 비가 거의 안 왔으니 작황이 나쁜 것도 당연하다.

That's why + 주어 + 동사 : 그래서 ~다, 그것이 ~한 이유다

MP3 **141**

That's why I like November most out of the twelve months.

그게 내가 열두 달 중 11월을 가장 좋아하는 이유다.

- 앞에 나온 내용의 결과를 이끄는 표현으로, 앞에 나온 내용이 이유, That's why가 이끄는 내용이 결과다.
- That's why = For this reason이라고 생각하면 리딩이 더 쉬워진다.

패턴에 유의하며 각 문장을 새겨 읽고 의미를 파악해 보세요.

1 **That's why** he left you.
그래서 그가 너를 떠난 거야.

2 **That's why** I cannot eat mackerel.
그래서 나는 고등어를 못 먹어.

3 **That's why** people elected him president.
그것이 사람들이 그를 대통령으로 뽑은 이유다.

4 **That's why** I really want to go to Iceland before I die.
그게 내가 죽기 전에 아이슬란드에 꼭 가 보고 싶은 이유야.

5 **That's why** they grow a lot of ginseng in the province.
그게 그 지방에서 인삼을 많이 재배하는 이유다.

6 **That's why** the boy was chosen to head the dance team.
그래서 그 남자아이가 댄스팀 팀장으로 뽑혔다.

7 **That's why** the company's employees are working from home today.
그래서 그 회사 직원들이 오늘 재택근무를 하고 있는 것이다.

8 **That's why** he doesn't eat anything but water and tea after six o'clock.
그것이 그가 6시 이후에는 물과 차 외에 아무것도 먹지 않는 이유다.

> but은 '~을 제외하고'라는 뜻의 전치사

9 **That's why** the restaurant was ordered to suspend its business for
a week.
그래서 그 식당은 일주일간 영업 정지 명령을 받았다.

10 **That's why** the gap between the rich and the poor is so wide in the
country.
그것이 그 나라에서 빈부격차가 그렇게 심한 이유다.

That's because I like fall foliage and late fall weather.

그건 내가 단풍과 늦가을 날씨를 좋아하기 때문이다.

• 어떤 결과의 원인을 설명하는 표현이다.

패턴에 유의하며 각 문장을 새겨 읽고 의미를 파악해 보세요.

1 **That's because you cheated on him.**
그건 네가 그 사람을 두고 바람을 피웠기 때문이야.

2 **That's because I hate the fishy smell so much.**
그건 내가 비린내를 너무 싫어해서 그래.

3 **That's because people wanted an honest and trustworthy president.**
그건 사람들이 정직하고 신뢰할 만한 대통령을 원했기 때문이다.

4 **That's because I want to see the aurora and drive around Ring Road.**
그건 내가 오로라를 보고 싶고 링로드를 따라 드라이브를 하고 싶기 때문이야.

5 **That's because the well-drained sandy soil is good for growing ginseng.**
그건 배수가 잘되는 사질 토양이 인삼 재배에 좋기 때문이다.

6 **That's because the boy is the best dancer and has leadership.**
그건 그 남자아이가 춤도 가장 잘 추고 리더십도 있어서다.

7 **That's because the company has to take preventive measures against the epidemics.**
그건 그 회사가 전염병에 방역 조치를 취해야 하기 때문이다.

8 **That's because he's losing weight for health reasons such as diabetes and high blood pressure.**
그건 그가 당뇨병과 고혈압 같은 건강상의 이유로 체중을 감량하고 있어서다.

9 **That's because the restaurant sold alcohol to minors.**
그건 그 식당에서 미성년자들에게 술을 판매했기 때문이다.

10 **That is because the country has achieved rapid industrialization.**
그건 그 나라가 급격한 산업화를 이뤘기 때문이다.

MP3 143

- **be supposed to + 동사원형 : ~하기로 되어 있다, ~해야 한다**
- **be about to + 동사원형 : 막 ~하려 하다**

I'm supposed to finish this book by the end of this month.

나는 이 책을 이번 달 말까지 다 끝내야 한다.

- be supposed to가 '~하기로 되어 있다'라는 뜻일 때는 be going to에 비해 변동의 여지가 있다는 뉘앙스를 풍긴다.

패턴에 유의하며 각 문장을 새겨 읽고 의미를 파악해 보세요.

1 **Jenny is supposed to arrive at seven thirty.**
제니는 7시 30분에 도착하기로 되어 있다.

2 **You are not supposed to take in too much sodium.**
나트륨을 너무 많이 섭취하면 안 된다.

3 **The building is supposed to be completed by 2022.**
그 건물은 2022년까지 완공하기로 되어 있다.

4 **He is supposed to graduate from university next year.**
그는 내년에 대학을 졸업할 예정이다.

5 **The mayor is supposed to make a statement at 10 a.m. tomorrow.**
시장이 내일 오전 10시에 성명을 발표하기로 되어 있다.

6 **The house phone rang when I was about to go out.**
내가 막 나가려고 하는데 집 전화가 울렸다.

7 **We were about to board a flight to New York then.**
그때 우리는 막 뉴욕행 비행기에 오르려던 참이었다.

8 **The post office was about to close when I arrived there.**
내가 도착했을 때 우체국이 막 문을 닫으려던 참이었다.

9 **It began to rain when the boys were about to play soccer.**
아이들이 막 축구를 하려고 할 때 비가 오기 시작했다.

10 **The man ran away from the building as the police were about to come in.**
경찰이 막 들이닥치려고 할 때 그 남자는 건물에서 도망쳤다.

SENTENCE PATTERN **144**

MP3 **144**

- 형용사 + **enough to** + 동사원형
  : 충분히 ~해서 …할 수 있다, …할 만큼 ~하다

- **have no choice but to** + 동사원형
  : ~할 수밖에 없다, ~ 외에 다른 수가 없다

She **had no choice but to raise** the stray cat herself.

그녀는 그 길 잃은 고양이를 직접 키울 수밖에 없었다.

- have no choice but to ~는 그렇게 하는 것만이 유일한 선택 사항임을 강조할 때 쓴다.

패턴에 유의하며 각 문장을 새겨 읽고 의미를 파악해 보세요.

1 **The tomatoes are** ripe enough to eat.
그 토마토는 충분히 익어서 먹어도 된다.

2 **We are** old enough to take care of **our health.**
우리도 건강을 챙겨야 할 만큼 나이가 들었다.

3 **The room is** large enough **for 30 people** to fit in.
그 방은 충분히 넓어서 30명이 들어갈 수 있다.

> for 30 people이 to fit in의 행동을 하는 주어

4 **He was** strong enough to get through **the incident.**
그는 그 사건을 이겨낼 만큼 강했다.

5 **The name of the product is** unique enough to remember.
그 제품명이 (충분히) 독특해서 기억에 남는다.

6 **The child is** patient enough to sit **at his desk for about an hour.**
그 아이는 1시간 정도는 책상에 앉아 있을 만큼 참을성이 있다.

7 **We** have no choice but to accept **the majority decision.**
우리는 다수결을 따르는 수밖에 없다.

8 **He** had no choice but to lay off **a large number of his employees.**
그는 직원들을 다수 해고하는 수밖에 없었다.

9 **As of now, they** have no choice but to follow **the CEO's instructions.**
지금으로서는 그들이 CEO의 지시를 따를 수밖에 없다.

10 **I** have no choice but to wear **what I wore yesterday because I haven't washed my clothes.**
나는 옷을 안 빨아서 어제 입던 걸 입을 수밖에 없다.

SENTENCE PATTERN 145

- **get[come] to + 동사원형** : ~하게 되다
- **have only to + 동사원형** : ~하기만 하면 된다
- **know better than to + 동사원형** : ~할 정도로 어리석지는 않다

MP3 145

She **knows better than to believe** such a rumor.

그녀가 그런 소문을 믿을 정도로 어리석지는 않다.

패턴에 유의하며 각 문장을 새겨 읽고 의미를 파악해 보세요.

1 **As I grew older, I came to like seafood.**
나는 나이가 들면서 해산물을 좋아하게 되었다.

2 **I'd like to see him again and get to know him better.**
그를 다시 만나서 더 잘 알아가고 싶어.

3 **If you want to get to know a town, take a stroll through the alleys.**
한 마을에 대해 알고 싶다면 골목을 구석구석 거닐어 보세요.

4 **You have only to press this button to start the car.**
이 버튼만 누르면 자동차 시동이 켜진다.

5 **You have only to do your job and wait for the result.**
네 할 일을 하고 결과를 기다리기만 하면 된다.

6 **You have only to ask Mr. Jones and he will let you know.**
존스 씨에게 물어보기만 하면 그가 알려 줄 겁니다.

7 **I know better than to tell him the news of her return.**
그에게 그녀가 돌아왔다는 소식을 전할 정도로 내가 어리석지는 않다.

8 **Gentleman should know better than to keep a lady waiting.**
신사는 숙녀를 기다리게 하면 안 된다. (= 신사는 숙녀를 기다리게 할 정도로 어리석지 않아야 한다.)

9 **She knows better than to climb a mountain with bad knees.**
그녀는 안 좋은 무릎으로 등산을 할 정도로 어리석지는 않다.

10 **He knows better than to spend his hard-earned money gambling.**
그는 열심히 일해서 번 돈을 도박에 쓸 정도로 어리석지는 않다.

SENTENCE PATTERN 146

- have something to do with ~ : ~와 관계가 있다
- have much[a lot]/little/nothing to do with ~
  : ~와 관계가 많다/거의 없다/전혀 없다

Blood type **has little to do with** personality.

혈액형은 성격과 거의 관계가 없다.

패턴에 유의하며 각 문장을 새겨 읽고 의미를 파악해 보세요.

1 Sleep has much to do with **health.**
수면은 건강과 관련이 많다.

2 Does she have anything to do with **it?**
그녀가 그 일과 관계가 있어요?

> 의문문일 때는 something을 anything으로 쓴다.

3 Money has little to do with **happiness.**
돈은 행복과 거의 관계가 없다.

4 Hard work has a lot to do with **success.**
근면함과 성공은 깊은 관련이 있다.

5 Gender has nothing to do with **work ability.**
성별은 업무 능력과 아무 관계가 없다.

6 Her job has something to do with **marketing.**
그녀의 일은 마케팅과 관련이 있다.

7 The person seems to have something to do with **the plot.**
그 사람이 그 음모와 관계가 있는 것 같다.

8 I think starting something new has nothing to do with **age.**
나는 무언가를 새로 시작하는 것과 나이는 아무 관계가 없다고 생각한다.

9 The party claims it has nothing to do with **the religious group.**
그 정당은 그 종교 단체와 아무 관계가 없다고 주장한다.

10 Do you think the hoarding of the book has something to do with **the writer?**
그 책의 사재기가 작가와 관련이 있다고 생각합니까?

used to + 동사원형 : 과거에 ～하곤 했다/～였다/～했다

MP3 **147**

There **used to be** a roller rink here.

예전에 여기에 롤러스케이트장이 있었다.

- be used to + 동사 -ing/명사(～하는 데/～에 익숙하다)와 혼동하지 않아야 한다.
- 과거에는 그랬지만 현재는 그렇지 않다는 의미다.

패턴에 유의하며 각 문장을 새겨 읽고 의미를 파악해 보세요.

1 **He used to live in San Diego, California.**
그는 예전에 캘리포니아 주 샌디에이고에 살았다.

2 **I used to climb the hill behind my house every day.**
나는 매일 우리 집 뒷산에 오르곤 했다.

3 **She used to read the Bible before she went to sleep.**
그녀는 잠들기 전에 성경을 읽곤 했다.

4 **They used to play soccer together every Sunday morning.**
그들은 일요일 아침마다 함께 축구를 하곤 했다.

5 **She used to read English novels for about 30 minutes a day.**
그녀는 하루에 30분 정도씩 영어 소설을 읽곤 했다.

6 **When she was a teenager, she used to request songs on radio shows.**
그녀는 10대 시절에 라디오 프로그램에 노래를 신청하곤 했다.

7 **He used to drink alcohol almost every day, but now he only drinks once a week.**
그 사람이 전에는 술을 거의 매일 마셨는데, 이제는 일주일에 한 번만 마신다.

8 **When I was little, I used to spend my summer vacation at my grandmother's house.**
나는 어렸을 때 할머니 댁에서 여름방학을 보내곤 했다.

9 *cf.* **Kids these days are used to smartphones and videos.**
요즘 아이들은 스마트폰과 동영상에 익숙하다.

> 9, 10번 문장의 be used to + 명사/동사-ing : ～에/～하는 데에 익숙하다

10 *cf.* **I'm used to getting up at five every morning.**
나는 매일 아침 5시에 일어나는 데 익숙하다.

- **cannot (help) but + 동사원형** : ~하지 않을 수 없다
- **may well + 동사원형** : ~하는 것도 당연하다, ~할 만하다

MP3 **148**

I **couldn't but laugh** at his funny expression.

나는 그의 우스꽝스러운 표정을 보고 웃지 않을 수 없었다.

- cannot (help) but + 동사원형 = cannot help + 동사-ing

패턴에 유의하며 각 문장을 새겨 읽고 의미를 파악해 보세요.

1 **I couldn't help but feel angry at the injustice.**
  나는 불의를 보고 분노하지 않을 수 없었다.

2 **I couldn't but shed tears when I heard him singing.**
  그가 노래하는 걸 듣고 나는 눈물을 안 흘릴 수 없었다.

3 **The book was so interesting that I couldn't but read it all night.**
  그 책이 너무 재미있어서 밤새 읽지 않을 수 없었다.

  > so + 형용사 + that + 주어 + 동사 : 너무 ~해서 (that절 이하)하다

4 **Due to the man's suspicious behavior, we couldn't but suspect him.**
  그 남자의 의심스러운 행동 때문에 우리는 그를 의심 안 할 수가 없었다.

5 **We cannot but feel sorry for the remarks made by the organization's representative.**
  그 단체 대표의 발언에 우리는 유감을 느끼지 않을 수 없다.

6 **You may well be offended by his behavior.**
  네가 그 사람 행동에 기분이 상하는 것도 당연하다.

7 **Working meticulously may well take more time.**
  꼼꼼하게 일을 하면 시간이 더 걸리는 게 당연하다.

8 **The people of the country may well be proud of the player.**
  그 나라 사람들이 그 선수를 자랑스러워할 만하다.

9 **People may well blame those who staged illegal demonstrations.**
  사람들이 불법 시위를 벌인 사람들을 비난할 만도 하다.

10 **Electricity use may well increase since the weather is so hot these days.**
  요즘 날씨가 너무 더워서 전기 사용량이 증가하는 것도 당연하다.

SENTENCE PATTERN 149

- **do nothing but + 동사원형** : ~만 하다
- **do anything but + 동사원형** : ~ 빼고 다 하다

MP3 149

She **does nothing but use** the Internet on weekends.

그녀는 주말에는 인터넷만 한다.

- 이 패턴에서 but은 '~을 제외하고'의 의미다.
- don't do anything but + 동사원형 = do nothing but + 동사원형 : ~ 말고는 아무것도 안 하다, ~만 하다

패턴에 유의하며 각 문장을 새겨 읽고 의미를 파악해 보세요.

1 **I** did nothing but watch **TV this holiday.**
난 이번 연휴에는 TV만 봤다.

2 **He** did nothing but play **soccer after class.**
그는 수업이 끝나면 축구만 했다.

3 **The man** does nothing but complain **all day long.**
그 남자는 하루 종일 불평만 한다.

4 **The teacher** does nothing but find **fault with the students.**
그 선생님은 학생들의 흠만 잡는다.

5 **The novelist** does nothing but write **except having meals.**
그 소설가는 식사하는 것 외에는 글만 쓴다.

6 **I'll** do anything but sing **in public.**
나는 사람들 앞에서 노래하는 것만 빼고는 뭐든 다 할 거다.

7 **I will** do anything but break up **with him.**
그 사람과 헤어지는 것 말고는 뭐든 다 할게요.

8 **The child** doesn't do anything but play **mobile games.**
그 아이는 모바일 게임을 하는 것 말고는 아무것도 안 한다.

9 **I thought I could** do anything but work **for the same company as him.**
나는 그 사람과 같은 회사에서 일하는 것 말고는 무엇이든 할 수 있을 것 같았다.

10 **They could** do anything but betray **their country and** surrender **to the enemy.**
그들은 조국을 배반하고 적국에 굴복하는 일 말고는 무슨 일이든 할 수 있었다.

> anything but에 걸리는 동사는 betray와 surrender로 2개

had better + 동사원형 : ~하는 게 좋다, ~해야 하다

MP3 **150**

You **had better go** to bed earlier.

너는 더 빨리 잠자리에 드는 게 좋겠다.

- 윗사람이 아랫사람에게 쓰거나 친구나 동료끼리 쓰는 표현이다. 윗사람이나 친하지 않은 사람에게 쓰면 무례할 수 있다.
- 부정형은 'had better not + 동사원형'

패턴에 유의하며 각 문장을 새겨 읽고 의미를 파악해 보세요.

had better를 줄여서 보통 'd better로 쓴다.

1 **We'd better eat healthier food.**
우리는 좀 더 건강에 좋은 음식을 먹는 게 좋겠다.

2 **You'd better not listen to the man.**
그 사람 말은 듣지 않는 게 좋다.

3 **You'd better take a bus to get to the market.**
그 시장에 가려면 버스를 타라.

4 **You had better not force your opinion on others.**
자기 의견을 남에게 강요하지 마.

5 **You had better prepare for your old age from now on.**
너는 지금부터 노후 준비를 해야 해.

6 **They say we'd better not use our smartphones too much.**
스마트폰을 너무 많이 사용하지 말라고들 한다.

7 **To be happy, we had better think positively and talk positively.**
행복해지려면 긍정적으로 생각하고 긍정적으로 이야기해야지.

had better에 걸리는 동사는 think와 talk로 2개

8 **She had better choose one of the two men before it's too late.**
그녀는 너무 늦기 전에 두 남자 중 한 명을 선택해야 해.

9 **You had better not drink alcohol every day to avoid alcoholism.**
알코올 의존증에 걸리지 않으려면 술을 매일 마시지 마.

10 **You'd better remember what others do to you instead of what you do to others.**
네가 남들에게 해 주는 것 대신 남들이 너에게 해 주는 것을 기억하도록 해.

would rather A(동사원형) than B(동사원형) : B 하느니 차라리 A 하겠다

I'd rather go home than stand in line to eat the food.

줄을 서서 그 음식을 먹느니 나는 집에 가겠다.

• 둘 다 썩 마음에 드는 것은 아니지만 그중 더 나은 것을 고른다는 뉘앙스가 있다.

패턴에 유의하며 각 문장을 새겨 읽고 의미를 파악해 보세요.

1 I'd rather starve than ask him such a favor.
그 사람에게 그런 부탁을 하느니 차라리 굶어 죽겠다.

2 I would rather walk than take a taxi alone at night.
나는 밤에 혼자 택시를 타느니 차라리 걸어가겠다.

3 I'd rather eat at home alone than have dinner with them.
그 사람들과 함께 저녁을 먹느니 차라리 나 혼자 집에서 밥을 먹겠다.

4 I'd rather meet him after work today than on the weekend.
주말에 그를 만나느니 차라리 오늘 퇴근 후에 만나겠다.

> than 뒤에 meet him이 생략되었다. 앞의 would rather 뒤의 동사와 같기 때문이다.

5 She thinks she would rather live free on her own than get married.
그녀는 결혼하기보다 차라리 혼자 자유롭게 사는 게 낫다고 생각한다.

6 I'd rather buy a small house than live in a big house with high rent.
나는 비싼 월세를 내고 큰 집에 사느니 차라리 작은 집을 사겠다.

7 I'd rather stay at home than go out because I'm not feeling well today.
나는 오늘은 컨디션이 안 좋아서 외출하느니 집에 있겠다.

8 He thought he'd rather die than give up his dream of becoming a singer.
그는 가수가 되겠다는 꿈을 포기하느니 차라리 죽는 게 낫다고 생각했다.

9 They thought they would rather die than change their names to Japanese names.
그들은 창씨개명을 하느니 차라리 죽는 게 낫겠다고 생각했다.

10 I would rather be exposed to the inconveniences attending too much liberty than to those attending too small a degree of it. (Thomas Jefferson)
나는 자유가 너무 적어서 오는 불편함보다는 자유가 넘쳐서 오는 불편함을 겪겠다. (토머스 제퍼슨)

> than 뒤에 be exposed가 생략되었다. 앞의 would rather 뒤의 동사와 같기 때문이다.

- **be worth + 동사 -ing : ~할 가치가 있다**
- **be busy + 동사 -ing : ~하느라 바쁘다**

This column **is worth discussing** with the students.

이 칼럼은 학생들과 토론해 볼 가치가 있다.

패턴에 유의하며 각 문장을 새겨 읽고 의미를 파악해 보세요.

1 **He**'s worth paying **more for his work.**
그 사람은 돈을 더 주고 일을 맡길 가치가 있다.

2 **Such rumors** are not worth paying **attention to.**
그런 소문은 신경 쓸 가치도 없다.

3 **Classical literary works** are worth reading **at any time.**
고전 문학 작품은 언제든 읽어 볼 가치가 있다.

4 **The movie** is worth downloading **for a fee and** watching.
그 영화는 돈 내고 다운로드받아서 볼 가치가 있다.

5 **If it's something you really want to do, it**'s worth trying **even if you fail.**
그게 꼭 해 보고 싶은 일이라면 실패한다 해도 시도해 볼 가치는 있다.

6 **I** was busy dealing with **customers at that time.**
나는 그때 고객들을 응대하느라 바빴다.

7 **These days, they** are busy preparing **to move out.**
요즘 그들은 이사 갈 준비를 하느라 바쁘다.

8 **Public officials** were busy preparing **for the typhoon damage.**
공무원들은 태풍 피해에 대비하느라 바빴다.

9 **Farmers** are busy harvesting **hot peppers, beans, sesame seeds, etc.**
농부들은 고추, 콩, 참깨 등을 수확하느라 바쁘다.

10 **Candidates for the National Assembly** have been very busy canvassing
for the past two weeks.
국회의원 후보자들은 지난 2주 동안 유세하느라 매우 바빴다.

be used to + 동사 -ing / 명사 : ~하는 데/~에 익숙하다

He **is not used to speaking** in public.

그는 사람들 앞에서 말하는 데 익숙하지 않다.

- 부정형은 동사 be를 부정하면 되므로 be동사 뒤에 not/never를 쓴다.
- used to + 동사원형(과거에 ~하곤 했다)와 혼동하지 않아야 한다.
- 'get used to + 동사 -ing/명사'는 '~하는 데/~에 익숙해지다'라는 뜻으로, 익숙해지는 과정을 강조한다.
- 'be accustomed to + 동사 -ing/명사'와 같은 뜻이다.

패턴에 유의하며 각 문장을 새겨 읽고 의미를 파악해 보세요.

1 I'm used to traveling **at home and abroad alone.**
나는 혼자 국내외를 여행하는 데 익숙하다.

2 **He** is still not used to eating **alone in a restaurant.**
그는 아직도 혼자 식당에서 밥을 먹는 데 익숙하지 않다.

3 **People in the area** are used to such natural disasters.
그 지역 사람들은 그런 자연 재해에 익숙하다.

4 **I'm used to taking care of my sick mother by myself.**
나는 혼자 아픈 엄마를 돌보는 데 익숙하다.

5 **The new nurse** is not yet used to giving **intravenous injections.**
그 신입 간호사는 정맥주사를 놓는 데 아직 익숙하지 않다.

6 **He** is used to cooking, washing **the dishes,** cleaning, **and doing** laundry.
그는 요리하고 설거지하고 청소하고 빨래하는 데 익숙하다.

> be used to의 목적어가 cooking, washing, cleaning, doing으로 총 4개

7 **He** has been used to getting **people's attention since he was a child.**
그는 어려서부터 사람들의 시선을 받는 데 익숙했고 지금도 그렇다.

8 **Teenagers these days** are used to texting **rather than** talking **on the phone.** 요즘 10대들은 전화 통화보다 문자 메시지를 하는 데 익숙하다.

> than 뒤에 they are used to가 생략되었다.

9 **About a month after I started working, I** got used to getting up **at six a.m.** 회사에 다니기 시작하고 한 달쯤 지나자 나는 아침 6시에 일어나는 데 익숙해졌다.

10 **She** is used to dealing with **a wide variety of people for she has been in the service industry.** 그녀는 서비스업에 종사해 와서 다양한 사람들을 다루는 데 익숙하다.

MP3 **154**

- **cannot help + 동사 -ing** : ~하지 않을 수 없다, ~할 수밖에 없다
- **come near (to)+ 동사 -ing** : 거의 ~할 뻔하다

I **couldn't help shedding** tears at the scene.

나는 그 장면에서 눈물을 흘리지 않을 수 없었다.

- cannot help + 동사 -ing = cannot (help) but + 동사원형

패턴에 유의하며 각 문장을 새겨 읽고 의미를 파악해 보세요.

1 I can't help falling in love with you.
난 널 사랑하지 않을 수 없어.

2 I couldn't help doing her the favor since she cried and begged.
나는 그녀가 울며 애원했기 때문에 부탁을 들어 주지 않을 수 없었다.

3 I slept only a couple of hours, but I couldn't help waking up because of the noise.
나는 두어 시간밖에 못 잤지만 소음 때문에 잠에서 깰 수밖에 없었다.

4 The debate moderator was so biased that the participants could not help protesting.
토론 진행자가 너무 편파적이어서 참가자들이 항의를 안 할 수가 없었다.

5 The baby I saw in the elevator was so cute that I couldn't help saying she was cute.
나는 엘리베이터에서 본 아기가 너무 귀여워서 귀엽다고 말하지 않을 수 없었다.

6 The old man came near being run over by the truck.
그 노인이 하마터면 트럭에 치일 뻔했다.

7 She came near to dying when the department store collapsed.
그녀는 그 백화점이 무너졌을 때 거의 목숨을 잃을 뻔했다.

8 I came near to punching him for his brazen and vicious manner.
나는 그의 뻔뻔하고 악랄한 태도에 주먹을 날릴 뻔했다.

9 Many old people came near dying of heatstroke that summer.
그해 여름 열사병으로 많은 노인들이 목숨을 잃을 뻔했다.

10 I slipped on the ice this morning and came near breaking my tailbone.
나는 오늘 아침에 빙판에서 미끄러져서 꼬리뼈가 부러질 뻔했다.

SENTENCE PATTERN **155**

- feel like + 동사 -ing : ~하고 싶다, ~하고 싶은 기분이 들다
- end up + 동사 -ing : 결국 ~하게 되다

MP3 **155**

I **feel like going** on a trip to Jeju Island.

나는 제주도로 여행을 가고 싶다.

- 'want to + 동사원형'이 하고 싶은 마음을 강하게 내비치는 반면, 'feel like + 동사 -ing'는 그보다는 조금 약하게 하고 싶은 것을 표현하는 느낌이다.
- 'end up + 동사 -ing'는 여러 과정을 거쳐 그런 결과가 나오게 됐음을 나타낸다.

패턴에 유의하며 각 문장을 새겨 읽고 의미를 파악해 보세요.

1 I don't feel like eating alone any more. 나는 더 이상 혼자 밥 먹고 싶지 않다.

2 Do you feel like going for a drive along the beach? 해변 따라 드라이브 가고 싶어?

3 I feel like eating kimchi stew and bulgogi my mom made.
나는 엄마가 만든 김치찌개와 불고기가 먹고 싶다.

4 I feel like going camping with my friends and talking all night.
나는 친구들이랑 캠핑 가서 밤새 얘기를 나누고 싶다.

> feel like의 목적어는 going과 talking 2개, camping은 go -camping으로 '~하러 가다(go -ing)'라는 표현의 일부

5 On a breezy day like this, I feel like walking endlessly listening to music with earphones.
이렇게 산들바람이 부는 날에는 이어폰을 끼고 음악을 들으며 하염없이 걷고 싶은 기분이 든다.

6 The child went out alone and ended up getting lost.
그 어린아이는 혼자 밖에 나갔다가 결국 길을 잃었다.

7 Mr. Lee ended up going back to his hometown and farming.
이 씨는 결국 고향으로 돌아가서 농사를 지었다.

> end up의 목적어는 going과 farming으로 2개

8 The movie is a little dull at first, but you'll end up crying at the end.
그 영화가 처음에는 좀 따분해도 마지막에 가서는 눈물을 흘리게 될 거야.

9 Even if it's a little hard now, you'll end up living comfortably in your old age. 지금은 조금 힘들어도 결국 노후에는 편히 살게 될 것이다.

10 After decades of drinking every day, he ended up having alcohol related dementia. 몇 십 년 동안 매일 술을 마시더니 그는 결국 알코올성 치매에 걸렸다.

SENTENCE PATTERN 156

MP3 156

- **go + 동사 -ing : ~하러 가다**
- **have difficulty[trouble] + 동사 -ing**
  : ~하는 데 어려움이 있다, ~하기가 어렵다

I **had difficulty choosing** between the two.

나는 둘 중 하나를 고르기가 어려웠다.

- 'go + 동사 -ing'에서 동사는 주로 스포츠나 레저, 취미 등을 나타내는 내용이 온다.

패턴에 유의하며 각 문장을 새겨 읽고 의미를 파악해 보세요.

1 **She goes shopping when she feels down.**
그녀는 기분이 울적할 때면 쇼핑을 간다.

2 **Would you like to go cycling with me this Saturday?**
이번 토요일에 나랑 자전거 타러 갈래?

3 **The two used to go fishing together when they had time.**
그 둘은 시간이 날 때면 함께 낚시를 가곤 했다.

4 **My mom went swimming every morning for over 30 years.**
우리 엄마는 30년 넘게 매일 아침 수영을 하러 다니셨다.

5 **After lunch, we will go sightseeing downtown and the markets.**
점심 식사 후에는 시내와 시장 관광을 할 것입니다.

6 **Do you often have trouble falling asleep at night?**
밤에 잠들기가 자주 어려우세요?

7 **I have presbyopic so I have difficulty reading small letters.**
노안이어서 나는 작은 글자를 읽는 게 힘들다.

8 **The map was so rough that they had difficulty finding his house.**
지도가 너무 엉성해서 그들은 그의 집을 찾느라 고생을 했다.

9 **The old woman has trouble walking because of severe knee pain.**
그 노인은 심한 무릎 통증으로 걷는 게 힘들다.

10 **He had learned English for six years at school, but had difficulty communicating with foreigners in English.**
그는 영어를 학교에서 6년이나 배웠지만 외국인과 영어로 의사소통하는 데 어려움이 있었다.

· **It goes without saying that** + 주어 + 동사 : ~은 말할 필요도 없다
· **There is no** + 동사 -ing : ~하는 것은 불가능하다, ~할 수는 없다

It goes without saying that everyone has problems and worries.

모든 사람이 문제가 있고 고민이 있다는 것은 말할 필요도 없다.

· It goes without saying that ~ = It is needless to say that ~ : that절 이하 내용이 너무 당연한 일이라는 의미를 나타낸다.

패턴에 유의하며 각 문장을 새겨 읽고 의미를 파악해 보세요.

1   It goes without saying that **all life is precious.**
    모든 생명이 소중하다는 것은 말할 필요도 없다.

2   It goes without saying that **health is the most important thing.**
    건강이 가장 중요한 것이라는 건 두말할 필요도 없다.

3   It goes without saying that **living in one's own country is the best.**
    자기 나라에서 사는 게 가장 좋다는 건 두말할 필요가 없다.

4   It goes without saying that **eating salty food is not good for your health.**
    짜게 먹는 게 건강에 좋지 않다는 건 두말할 필요도 없다.

5   It goes without saying that **people should not be discriminated against by their skin color.**
    피부색으로 사람을 차별하면 안 된다는 것은 두말할 필요가 없다.

6   There is no accounting **for taste.** (saying)
    취향은 설명할 수 없는 것이다. (속담)

7   There is no telling **when this drought will end.**
    언제 이 가뭄이 끝날지 알 수는 없다.

8   There is no knowing **what other people are thinking.**
    다른 사람들이 무슨 생각을 하고 있는지를 아는 건 불가능하다.

9   There is no denying **that they are now the best band in the world.**
    그들이 현재 세계 최고의 밴드라는 건 부인할 수 없다.

10 There is no predicting **who will become the next president in two years.**
    2년 후에 누가 다음 대통령이 될지 예측하는 것은 불가능하다.

· **It is no use[good] + 동사 -ing : ~해도 소용없다**

MP3 **158**

It's no use trying to recover damaged hearing.

손상된 청력을 회복하려고 해도 소용없다.

패턴에 유의하며 각 문장을 새겨 읽고 의미를 파악해 보세요.

1 **It is no use blaming others now.**
지금은 남 탓을 해야 소용이 없다.

2 **It's no use pretending you're okay.**
네가 괜찮은 척해도 소용없다.

3 **It is no good trying to win her heart.**
그녀의 마음을 얻으려고 애써 봐야 소용없다.

4 **It is no use trying to persuade the coach.**
코치를 설득하려고 해 봐야 소용없다.

5 **It's no use regretting you didn't quit smoking.**
네가 담배를 끊지 않은 걸 후회해야 소용없다.

6 **It's no good arguing with him about such a matter.**
그 사람과 그런 문제로 언쟁을 해야 소용없어.

7 **It's no use complaining about your natural appearance.**
자신의 타고난 외모에 불만을 갖는 건 아무 소용이 없다.

8 **It's no use raising questions about the election results now.**
이제 와서 선거 결과에 문제를 제기해야 소용이 없다.

9 **It's no good trying to avoid the problem, so face it head on.**
문제를 피하려고 해 봐야 소용없으니 정면으로 부딪쳐라.

10 **It is no use asking him because he doesn't know anything about it.**
그는 그것에 대해 전혀 모르니까 그 사람에게 물어봐도 소용이 없다.

MP3 **159**

- **keep [prevent] A from + 동사 -ing** : A가 ~하는 것을 막다,
  (주어 때문에) A가 ~을 못하다
- **look forward to + 동사 -ing** : ~할 것을 고대하다[무척 기다리다]

That year, the epidemic **kept us from traveling** abroad.

그 해에 우리는 전염병으로 해외여행을 할 수 없었다.

패턴에 유의하며 각 문장을 새겨 읽고 의미를 파악해 보세요.

1 **Is there a way to** keep people from littering **the streets?**
사람들이 길에 쓰레기를 버리지 못하게 하는 방법이 있나요?

2 **The constant ringing of the phone** kept me from sleeping **well.**
전화벨이 계속 울려서 나는 잠을 제대로 못 잤다. (= 계속된 전화벨 소리는 내가 잘 자는 걸 막았다.)

> '주어 + keep + 목적어 + from + 동사 -ing' 구문은 '주어 때문에 목적어가 ~하지 못하다'라고 해석하는 게 자연스럽다.

3 **Guards were placed to** keep the homeless from entering **the historic site.** 노숙자들이 그 유적지에 들어가지 못하도록 경비원들이 배치되었다.

4 **The government is doing its best to** prevent avian influenza from spreading. 정부는 조류독감이 확산되는 것을 막기 위해 최선을 다하고 있다.

5 **Measures should be taken to** prevent the same problem from occurring **again.** 같은 문제가 또 발생하는 것을 막을 수 있도록 조치를 취해야 한다.

6 **I'm** looking forward to **winter** coming **and** going **skiing.**
난 겨울이 어서 와서 스키 타러 가기를 고대하고 있다.

> coming의 주체는 winter, going의 주체는 문장의 주어인 I

7 **They** are looking forward to playing **the new mobile game.**
그들은 새 모바일 게임을 하기를 고대하고 있다.

8 **I** look forward to hearing **a positive response from your company.**
저는 귀사로부터 긍정적인 답변을 듣기를 고대합니다.

9 **We** are looking forward to working **with the new public relations team leader.** 우리는 새로 오실 홍보 팀장님과 함께 일하기를 매우 고대하고 있습니다.

10 **The couple** are looking forward to meeting **their baby to be born in November.** 그 부부는 11월에 태어날 아기를 만나기를 고대하고 있다.

SENTENCE PATTERN 160

MP3 160

· On/Upon + 동사 -ing/명사 : ~하자마자

On seeing the man, she turned back and ran away.

그 남자를 보자마자 그녀는 돌아서서 도망쳤다.

- 'On + 동사 -ing'에서 동사의 행동을 하는 주체는 뒤에 이어지는 절의 주어와 같다.
- 'On + 동사 -ing' 뒤에 곧바로 다른 행동이 이어졌음을 나타낸다.

패턴에 유의하며 각 문장을 새겨 읽고 의미를 파악해 보세요.

1 **On having** a sip of coffee, I instantly felt good.
커피를 한 모금 마시자 나는 즉시 기분이 좋아졌다.

2 **On receiving** the letter, he opened it and read it.
그는 편지를 받자마자 열어서 읽었다.

3 **On receiving** the lottery payout, she bought a luxury car.
복권 당첨금을 받자마자 그녀는 고급 승용차를 샀다.

4 **On arrival,** they took the elevator up to the meeting place.
도착하자마자 그들은 엘리베이터를 타고 모임 장소로 올라갔다.

5 **On hearing** of her son's accident, the mother passed out.
아들의 사고 소식을 듣자마자 그 어머니는 정신을 잃었다.

6 **Upon receipt** of the order, they packed and shipped the product.
주문을 받자마자 그들은 제품을 포장해서 발송했다.

7 **On arriving** at the company, she went straight to the CEO's office.
회사에 도착하자마자 그녀는 곧바로 대표이사 사무실로 갔다.

8 **On receiving** the package, he opened it and checked the contents.
그는 택배를 받자마자 열어서 내용물을 확인했다.

9 **On hearing** the song, she remembered the fall of her junior year
in college.
그 노래를 듣자마자 그녀는 대학 3학년 가을이 떠올랐다.

10 **Upon getting home,** he fell asleep on the sofa without taking off
his clothes.
집에 돌아오자마자 그는 옷도 벗지 않고 소파에 쓰러져 잠들었다.

· **What if + 주어 + 동사 ~?** : 만일 ~라면[하면] 어떡하지?/어떨까?

MP3 161

What if today is the last day of our lives?

오늘이 우리 삶의 마지막 날이라면 어쩌지?

· What if 뒤에는 가정법이 올 수도 있고 직설법이 올 수도 있다. 현재나 과거 사실의 반대를 가정하여 '~라면 어쩌지/어떨까?/어땠을까?'라고 묻는 것이기도 하고(가정법), 단순히 '~라면 어떨까/어떡하지?'라고 불확실한 사실에 대해 묻는 것이기도 하다(직설법).

패턴에 유의하며 각 문장을 새겨 읽고 의미를 파악해 보세요.

1 **What if what he said is a lie?**
그가 한 말이 거짓말이면 어떡하지? (직설법)

2 **What if I had lived in the 1970s?**
내가 1970년대에 살았다면 어땠을까? (가정법)

> 과거 사실의 반대를 가정하므로 What if 뒤에 가정법 과거완료가 온다. 따라서 동사는 had + p.p.가 쓰인다.

3 **What if she never changes her mind?**
그녀가 절대로 마음을 안 바꾸면 어떡하지? (직설법)

4 **What if he hadn't been to the contest?**
그가 그 경연 대회에 안 나왔더라면 어땠을까? (가정법)

5 **What if I want to exchange or refund this?**
이걸 교환하거나 환불하고 싶다면 어떡하죠? (직설법)

6 **What if he's not as good as you've thought?**
그가 네가 생각해 온 것처럼 좋은 사람이 아니면 어떡할래? (직설법)

7 **What if I get uglier after I get plastic surgery?**
성형수술을 받고 더 못생겨지면 어떡하지? (직설법)

8 **What if this painkiller doesn't work on my pain anymore?**
이 진통제가 더 이상 내 통증에 듣지 않게 되면 어떡하지? (직설법)

9 **What if people all over the world spoke the same language?**
온 세상 사람들이 같은 언어를 쓴다면 어떨까? (가정법)

10 **What if the person who has a tougher policy becomes the country's next prime minister?**
더 강경한 정책을 펼치는 사람이 그 나라 차기 총리가 되면 어떡하죠? (직설법)

· **if ever** : ~한다 하더라도 (거의 하지 않는다)
· **if any** : 있다 하더라도 (거의 없다)

She seldom, **if ever**, speaks negative things.

주어 + (seldom/rarely), **if ever**, 동사 ~ / 주어＋동사＋(few/little), **if any**, 명사 ~

그녀는 부정적인 말은 설사 한다 해도 거의 하지 않는다.

- if ever와 if any는 삽입구로 쓰이며 부정적 의미를 강조한다.
- if ever 앞에는 흔히 '거의 ~하지 않는'이라는 뜻의 부사 seldom이나 rarely가 쓰인다.
- if any 앞에는 흔히 '거의 없는'이라는 뜻의 형용사 few나 little이 쓰인다. 뒤에 오는 명사가 셀 수 있을 때는 few, 셀 수 없을 때는 little을 쓴다.

패턴에 유의하며 각 문장을 새겨 읽고 의미를 파악해 보세요.

> if ever와 if any가 있는 문장은 해석할 때는 그냥 각각 '거의 ~않다', '거의 없다'라고 하면 된다.

1 **Mr. Lewis seldom, if ever, wears a suit.**
루이스 씨는 정장을 (어쩌다 입을지 몰라도) 거의 입지 않는다.

2 **They seldom, if ever, go to a crowded place.**
그들은 사람이 많은 곳에는 (설사 가는 일이 있을지 몰라도) 거의 가지 않는다.

3 **He seldom, if ever, goes to sleep before midnight.**
그는 밤 12시 전에 자는 일은 (어쩌다 있을지 몰라도) 거의 없다.

4 **The brothers rarely, if ever, quarrel with each other.**
그 형제는 다투는 일이 (설사 있을지 몰라도) 거의 없다.

5 **The newspaper rarely, if ever, sends out false information.**
그 신문은 허위 정보를 내보내는 일이 (어쩌다 있을지 몰라도) 거의 없다.

6 **The store has few, if any, customers.**
그 가게는 손님이 (조금 있다 하더라도) 거의 없다.

7 **There are few, if any, mistakes or typos in her writing.**
그녀의 글에는 실수나 오타가 (설혹 있더라도) 거의 없다.

8 **There is little, if any, chance of his entering the university.**
그가 그 대학에 들어갈 가능성은 (설사 있다 하더라도) 거의 없다.

9 **She has little, if any, time for her hobbies or friends these days.**
그녀는 요즘 취미 생활을 하거나 친구들을 만날 시간이 (설혹 있다 하더라도) 거의 없다.

10 **There are few, if any, K-POP bands that have been more successful worldwide than BTS.**
BTS보다 세계적으로 성공을 거둔 K-POP 밴드는 (설사 있다 하더라도) 거의 없다.

- **as long as + 주어 + 동사 ~ : ~하는 한**
- **as far as + 주어 + 동사 ~ : ~하는 한, ~하기로는**

Any place is fine **as long as** you are with me.

네가 나와 함께 있는 한 어디라도 괜찮아.

- as long as는 보통 조건과 기간을 나타내며, as far as는 지식, 의견, 범위 등을 나타낸다.

패턴에 유의하며 각 문장을 새겨 읽고 의미를 파악해 보세요.

1   **You can stay here** as long as **you want during the vacation.**
방학 동안 네가 원하는 동안 여기서 지내도 돼.

2   **I have nothing to wish for** as long as **my children are healthy.**
아이들이 건강하기만 하면 난 바랄 것이 없다.

3   **I think you can live as you want** as long as **you don't harm others.**
남들에게 해만 끼치지 않는다면 자기 살고 싶은 대로 살아도 된다고 생각한다.

4   **It doesn't matter to me where you are from** as long as **you love me.**
날 사랑하기만 하면 당신이 어디 출신인지는 난 상관없어요.

5   **It does not matter how slowly you go** as long as **you do not stop. (Confucius)**
멈추지 않는 한 얼마나 천천히 가는지는 문제가 되지 않는다. (공자)

6   As far as **I can judge, he has done nothing illegal.**
내가 판단하기에 그는 불법적인 일을 한 게 없다.

7   As far as **I am concerned, there are some problems with the policy.**
내 생각에 그 정책에 문제점이 몇 가지 있다.

8   As far as **I remember, she was always the first in my class to come to school.**
내가 기억하는 한 그녀는 늘 우리 반에서 가장 먼저 학교에 왔다.

9   As far as **I know, the movie *The Lord of the Rings* was filmed in New Zealand.**
내가 알기로 영화 〈반지의 제왕〉은 뉴질랜드에서 촬영됐다.

10 As far as **I can tell, he is a man who tries to take responsibility for what he says.**
내가 아는 한 그는 자기가 하는 말에 책임을 지려고 노력하는 사람이다.

MP3 **164**

- the 비교급(＋주어＋동사 ~), the 비교급(＋주어＋동사 ~)
  : ~하면 할수록 더 ~하다
- 비교급＋and＋비교급 / more and more＋형용사/부사
  : 점점 더 ~한, 점점 더 ~하게

The more good friends, the better.

좋은 친구는 많을수록 좋다.

패턴에 유의하며 각 문장을 새겨 읽고 의미를 파악해 보세요.

1 The higher the altitude is, the lower the temperature is.
고도가 높아질수록 기온은 낮아진다.

2 It is natural that the more books you read, the more you know.
책을 많이 읽을수록 아는 것이 많아지는 것은 당연하다.

3 The harder you try, the more likely you are to achieve your goal.
열심히 노력할수록 목표를 이룰 가능성이 높아진다.

4 The older you get, the more likely you are to get lifestyle diseases.
나이가 들수록 생활 습관병에 걸릴 확률이 높아진다.

5 The more delicious the food is, the more customers the restaurant has.
음식이 맛있을수록 식당의 손님이 많다.

6 It's getting harder and harder for young people to find a job.
젊은 사람들이 직장을 구하는 것이 점점 더 어려워지고 있다.

7 The days are getting longer and longer after the winter solstice.
동지가 지나고 나자 낮이 점점 길어지고 있다.

8 As I talked with the woman, I felt more and more uncomfortable.
그 여성과 이야기를 나누다 보니 나는 마음이 점점 더 불편해졌다.

9 The TV drama I am watching these days is getting more and more interesting.
요즘 내가 보고 있는 TV 드라마는 점점 더 흥미진진해지고 있다.

10 Though he tried to make me feel better, I was getting more and more annoyed.
그는 내 기분을 풀어 주려고 애썼지만 나는 점점 더 화가 났다.

- **as + 형용사/부사 원급 + as possible** : 가능한 한 ~한/가능한 한 ~하게
- **as + 형용사/부사 원급 + as any + 명사** : 어느 ~ 못지않게 ~한
- **as + 형용사/부사 원급 + as ever lived** : 이제껏 없었을 만큼 역사상 가장 ~한

Periodontal diseases should be treated **as early as possible**.

치주질환은 가능한 한 일찍 치료해야 한다.

패턴에 유의하며 각 문장을 새겨 읽고 의미를 파악해 보세요.

1 **When you go on a field trip, please pack** as simple as possible.
현장학습 갈 때 짐은 가능한 한 간단하게 싸세요.

2 **He tried to tell his thoughts on the matter** as clearly as possible.
그는 그 문제에 대한 자기 생각을 가능한 한 명확하게 말하려고 했다.

3 **After the flood, residents want to return to normal life** as soon as possible.
홍수가 지나간 후 주민들은 가능한 한 빨리 정상 생활로 돌아오길 원한다.

4 **Thinking and speaking** as positively as possible **is the shortcut to happiness.**
가능한 한 긍정적으로 생각하고 말하는 게 행복해지는 지름길이다.

5 **Your child is** as tall as any **child his age.**
당신 아이가 또래 어느 아이 못지않게 키가 크군요.

6 **I think she is** as qualified as any **other applicant.**
나는 그녀가 다른 어떤 지원자 못지않게 자격을 갖췄다고 생각한다.

7 **He practices** as hard as any **other football team member.**
그는 다른 축구 부원 못지않게 열심히 연습한다.

8 **She is** as great a ballerina as ever lived.
그녀는 이제껏 없었을 만큼 아주 뛰어난 발레리나다.

9 **He is** as brilliant **an innovator** as ever lived.
그는 역사상 가장 뛰어난 혁신가다.

10 **The man is** as creative a copywriter as ever lived.
그는 지금껏 없었을 만큼 가장 창의적인 카피라이터다.

- **as + 형용사 원급 + as can be** : 더할 나위 없이 ~한, 매우 ~한
- **not so much as + 동사원형** : ~조차 않다
- **not so much A**(형용사/명사/동사) **as B**(형용사/명사/동사)
  : A라기보다는 B이다

MP3 166

The sky is **as blue as can be** today.

오늘 하늘은 더할 나위 없이 푸르다.

패턴에 유의하며 각 문장을 새겨 읽고 의미를 파악해 보세요.

1 **She is** as happy as can be **these days.**
그녀는 요즘 더할 나위 없이 행복하다.

2 **Her performance today was** as superb as could be.
오늘 그녀의 연기는 더할 나위 없이 훌륭했다.

3 **The beef curry he made was** as delicious as could be.
그가 만든 소고기 카레는 더할 나위 없이 맛있었다.

4 **The mystery novel I read today was** as interesting as could be.
내가 오늘 읽은 추리 소설은 더할 나위 없이 재미있었다.

5 **He does** not so much as clean **his room.**
그는 자기 방 청소조차도 안 한다.

6 **She did** not so much as apologize **for her behavior.**
그녀는 자기 행동에 대해 사과조차 하지 않았다.

7 **My grandmother could** not so much as write **her own name.**
우리 할머니는 당신 이름조차 쓰지 못하셨다.

8 **He is now** not so much a singer as a TV presenter.
그는 이제 가수라기보다는 TV 진행자다.

9 **The person is** not so much prudent as too indecisive.
그 사람은 신중하다기보다는 너무 우유부단하다.

10 **I didn't feel** angry so much as sad **to hear the story.**
나는 그 이야기를 듣고 화가 난다기보다 슬펐다.

> sad 앞에 feel이 생략되었다. 앞의 feel angry에 나온 동사가 반복되기 때문이다.

· **twice/~ times as + 원급 + as …**
· **twice/~ times + 비교급 + than … : …보다 두 배/~배 ~한/하게**

MP3 **167**

The African continent is **three times larger than** the European continent.

아프리카 대륙은 유럽 대륙보다 세 배는 크다.

· The African continent is three times larger than the European continent.
= The African continent is three times as large as the European continent.

패턴에 유의하며 각 문장을 새겨 읽고 의미를 파악해 보세요.

1 **My sister's room is about** twice as big as **my room.**
우리 언니 방은 내 방보다 두 배 정도 크다.

2 **This video is** three times as long as **the other one.**
이 영상은 다른 영상보다 (시간이) 세 배는 길다.

3 **The bag she carries is** ten times more expensive than **mine.**
저 여자가 든 가방이 내 가방보다 열 배 넘게 비싸다.

4 **The population of this city is** ten times larger than **that of the village.**
이 도시 인구는 그 마을 인구보다 열 배는 많다.

5 **The company's revenue this year is** three times as much as **last year's.**
이 회사의 올해 수입은 작년보다 세 배나 많다.

6 **The singer earns more than** twenty times as much money as **last year.**
그 가수는 작년보다 20배 이상 돈을 더 번다.

7 **This machine can produce** twice as many products as **the previous one.**
이 기계는 이전 기계보다 두 배는 많은 제품을 생산할 수 있다.

8 **This year, about** four times as many tourists **visited the city as** last year.
올해에는 작년보다 네 배 정도 많은 관광객이 그 도시를 찾았다.

9 **Sales of this milk are about** 1.5 times higher than **those of competitor's milk.**
이 우유의 매출이 경쟁사 우유의 매출보다 1.5배 정도 높다.

10 **The number of viewers for Program A is** 2.5 times larger than **that for Program B.**
프로그램 A의 시청자 수가 프로그램 B의 시청자 수보다 2.5배 많다.

SENTENCE PATTERN 168

- **no less than + 명사 : ~(만큼)이나, 무려 ~**
  (= as many as, as much as)
- **A is no less + 형용사 원급 + than B : A도 B 못지않게 ~하다**
- **not less than + 명사 : 적어도 ~ (= at least)**

MP3 168

A balanced diet is **no less** important to health **than** exercise.

균형 잡힌 식생활은 운동만큼 건강에 중요하다.

패턴에 유의하며 각 문장을 새겨 읽고 의미를 파악해 보세요.

1 She has translated no less than 72 books so far.
그녀는 지금까지 무려 72권의 책을 번역했다.

2 The performance drew no less than 20,000 spectators.
그 공연은 무려 2만 명이나 되는 관객을 모았다.

3 No less than 15,000 people died due to the 2011 earthquake off the Pacific coast of Japan.
2011년 동일본 대지진으로 무려 15,000명이나 되는 사람들이 목숨을 잃었다.

4 Summer in Seoul is no less hot than summer in Tokyo.
서울의 여름은 도쿄의 여름 못지않게 덥다.

5 The new leaves of the tree are no less pretty than the flowers.
신록이 꽃 못지않게 예쁘다.

6 Realizing social justice is no less important than economic growth.
사회 정의를 실현하는 것은 경제 성장 못지않게 중요하다.

7 The director's latest movie is no less interesting than the last one.
그 감독의 최신작 영화도 지난번 영화 못지않게 재미있다.

8 He must work in the country for not less than ten years.
그는 그 나라에서 최소 10년은 반드시 일해야 한다.

9 Not less than 400 people came to the author's book signing.
적어도 4백 명은 되는 사람들이 그 작가의 책 사인회에 왔다.

10 Not less than 3,000 people watch his YouTube live every day.
적어도 3천 명은 되는 사람들이 매일 그의 유튜브 생방송을 시청한다.

MP3 **169**

- **no more than + 명사 : 겨우 ~만(= only)**
- **A + 동사 + no more B than + C + 동사 + D**
  : C가 D가 아닌 것처럼 A는 B가 아니다
- **not more than + 명사 : 기껏해야, 많아야(= at most)**

No more than 30 days are left for this year.

올해가 30일밖에 남지 않았다.

- 'A + 동사 no more B than C + 동사 + D'에서 동사는 주로 be동사가 쓰이지만 다른 동사가 쓰이기도 한다.
- 'A + 동사 no more B than C + 동사 + D'에서 B와 D가 같을 때 D는 생략한다.

패턴에 유의하며 각 문장을 새겨 읽고 의미를 파악해 보세요.

1 **No more than two of the applicants were finally hired.**
지원자 중 단 두 명만이 최종적으로 채용되었다.

2 **The child can concentrate for** no more than **five minutes.**
그 아이는 5분 넘게 집중하지 못한다.

3 **I decided to eat instant ramyeon** no more than **once a week.**
나는 인스턴트 라면을 일주일에 한 번만 먹기로 했다.

4 **At that time, she could sleep** no more than **four hours a day.**
그 당시에 그녀는 하루에 잠을 4시간밖에 못 잤다.

5 **A whale is** no more **a fish** than **a sheep is.**
양이 어류가 아닌 것처럼 고래도 어류가 아니다.

> A whale is no more a fish than a sheep is a fish.에서 a sheep is 뒤에 a fish가 생략되었다.
> no more 뒤의 a fish와 같기 때문이다.

6 **He is** no more **my boyfriend** than **you are.**
네가 내 남자 친구가 아닌 것처럼 그 애도 내 남자 친구가 아니다.

> He is no more my boyfriend than you are my boyfriend.에서 you are 뒤에 my boyfriend가 생략되었다.
> no more 뒤의 my boyfriend와 같기 때문이다.

7 **I can** no more **speak Chinese** than **he can speak Korean.**
그가 한국어를 못 하는 것처럼 나는 중국어를 못 한다.

8 Not more than **ten students submitted the report on time.**
제시간에 보고서를 제출한 학생은 기껏해야 10명이었다.

9 **The shelf life of this frozen food is** not more than **six months.**
이 냉동식품의 유통기한은 최대 6개월이다.

10 **The stadium can accommodate** not more than **30,000 people.**
그 경기장은 많아야 3만 명을 수용할 수 있다.

CHAPTER 2

특수 구문

영어 특유의 맛을 느낀다!

다양한 부정 표현 (1) : 부분 부정

MP3 **170**

Not all women like jewelry.

부정어(not, never, no) + all /every/both/always/completely
▶ 모두/모든/둘 다/항상/완전히 ~한 건 아니다

모든 여자가 보석을 좋아하는 건 아니다.

- 부정어는 all/every/both/always 등의 앞에 올 수도 있고 뒤에 올 수도 있다.
- no, none, nobody, nothing, neither 등을 쓰면 전체 부정의 의미다.

패턴에 유의하며 각 문장을 새겨 읽고 의미를 파악해 보세요.

1 **I do not always go jogging after work.**
나는 퇴근 후에 늘 조깅하러 가지는 않는다.

2 **Not everyone can be a morning person.**
모든 사람이 아침형 인간이 될 수는 없다.

3 **Both of them are not from the United States.**
두 사람 모두 미국 출신인 건 아니다.

4 **Not all Koreans are good at eating spicy food.**
모든 한국인이 매운 음식을 잘 먹는 건 아니다.

5 **I think it is not altogether unreasonable to believe so.**
나는 그렇게 믿는 것이 전적으로 불합리한 건 아니라고 생각한다.

6 **Contrary to what you think, not every dog likes to walk.**
당신이 생각하는 것과 달리, 모든 개가 산책을 좋아하는 것은 아니다.

7 **He achieved his dream, but he wasn't completely happy.**
그는 꿈을 이루었지만 완전히 행복하지는 않았다.

8 **They did not invite all of the club members to the party.**
그들이 클럽 회원들 모두를 파티에 초대한 것은 아니었다.

9 **Even if the plan fails, it is not entirely the government's fault.**
그 계획이 실패한다 해도 그게 전적으로 정부의 잘못은 아니다.

10 **Every man is not born with a silver spoon in his mouth.** (Scottish proverb)
모든 사람이 입에 은수저를 물고 태어나는 건 아니다. (스코틀랜드 속담)

다양한 부정 표현 (2) : not ~ until/till ...

MP3 171

I didn't realize **until** he pointed it out.

not + 동사 + until/till ...(주어 + 동사) / It was not until/till ... that ~

▶ ...해서야/하고 나서야 비로소 ~하다

그가 그걸 지적하고 나서야 나는 깨달았다.

• 이 표현이 쓰인 문장은 부정문이지만 부정으로 해석하기보다는 until 뒤에 오는 내용을 '~하고 나서야'라고 해석한 다음 나머지 부분을 해석하는 게 좋다.

패턴에 유의하며 각 문장을 새겨 읽고 의미를 파악해 보세요.

1 **I cannot watch TV until my child goes to sleep.**
나는 아이가 잠들고 나서야 TV를 볼 수 있다.

2 **He didn't learn English until he came to England.**
그는 영국에 오고 나서야 영어를 배웠다.

3 **It was not until she was thirty that she went abroad.**
그녀는 서른이 되어서야 외국에 나갔다.

4 **They did not resume the meeting until the man returned.**
그들은 그 남자가 돌아오고 나서야 회의를 재개했다.

5 **It was not until I got older that I realized youth was beautiful.**
나는 나이가 들고 나서야 젊음이 아름답다는 것을 깨달았다.

6 **Those people didn't wear masks until the epidemic became serious.**
그 사람들은 전염병이 심각해지고 나서야 마스크를 썼다.

7 **It wasn't until the rain stopped that they could start shooting again.**
비가 그치고 나서야 그들은 촬영을 다시 시작할 수 있었다.

8 **I didn't really understand my mother's mind until I became a mother.**
내가 엄마가 되고 나서야 우리 엄마의 마음을 정말로 이해할 수 있었다.

9 **It wasn't until the end of the 19th century that women began to gain suffrage.**
19세기 말이 되어서야 여성들은 참정권을 얻기 시작했다.

10 **She didn't know the meaning of the word until she looked it up in the dictionary.**
그녀는 사전을 찾아보고 나서야 그 단어의 뜻을 알았다.

다양한 부정 표현 (3) : not because ~ but because …
= not that ~ but that …

MP3 **172**

I like him **not because** he is handsome, **but because** he is kind.

not because + 주어 + 동사 ~ but because + 주어 + 동사 ~   ▶~ 때문이 아니라 … 때문이다

나는 그가 잘생겨서 좋아하는 게 아니라 친절해서 좋아한다.

패턴에 유의하며 각 문장을 새겨 읽고 의미를 파악해 보세요.

1 **It is** not because **I don't love him any more.**
그를 더 이상 사랑하지 않기 때문이 아니에요.

> not because만 쓰기도 한다.

2 **It's** not that **I don't want to go,** but that **I don't have time.**
가기 싫은 게 아니라 시간이 없어서다.

3 **I'm here** not because **I have a lot of time,** but because **I promised.**
나는 시간이 많아서가 아니라 약속했기 때문에 여기 와 있는 거다.

4 **It is** not because **I love Caesar less,** but because **I love Rome more.**
내가 카이사르를 덜 사랑해서가 아니라 로마를 더 사랑하기 때문이다.

5 Not because **I don't trust you,** but because **I'm not sure about myself.**
너를 믿지 못해서가 아니라 나 자신에게 확신이 없어서다.

6 **The baby is crying** not because **he is hungry,** but because **he is sleepy.**
그 아기는 배가 고파서가 아니라 졸려서 울고 있다.

7 **It's** not because **I don't like summer,** but because **I can't stand the heat.**
여름이 싫어서가 아니라 더위를 못 참아서다.

8 **She lost weight** not because **she was on a diet,** but because **she was sick.**   그녀는 다이어트를 해서가 아니라 몸이 아파서 살이 빠졌다.

9 **I'm disappointed** not that **you lost the game,** but that **you didn't do your best.**   나는 네가 경기에 져서가 아니라 최선을 다하지 않아서 실망했다.

10 **She learned Korean** not because **someone forced her,** but because **she wanted to.**
그녀가 한국어를 배운 건 누가 강요해서가 아니라 자기가 원해서였다.

다양한 부정 표현 (4) : not A but B

MP3 **173**

Dolphins are **not** fish **but** mammals.

not + A(단어/구/절) + **but** + B(단어/구/절)   ▶ A가 아니라 B다

돌고래는 어류가 아니라 포유류다.

패턴에 유의하며 각 문장을 새겨 읽고 의미를 파악해 보세요.

1 **What I like is not singing but listening to music.**
내가 좋아하는 것은 노래를 부르는 게 아니라 음악을 듣는 것이다.

2 **Their new song is not hip hop but a pop ballad.**
그들의 신곡은 힙합이 아니라 팝발라드다.

3 **The important thing is not to win, but to participate.**
중요한 것은 이기는 게 아니라 참가하는 것이다.

4 **Mr. Harrison is not a math teacher, but a physics teacher.**
해리슨 씨는 수학 교사가 아니라 물리 교사다.

5 **Success does not come from luck, but from steady effort.**
성공은 운에서 오는 게 아니라 꾸준한 노력에서 온다.

6 **Life is not about having and getting but about loving and sharing.**
인생의 목적은 소유하고 얻는 게 아니라 사랑하고 나누는 것이다.

7 **She does not go to a Protestant church but goes to a Catholic church.**
그녀는 개신교 교회에 다니는 게 아니라 천주교회에 다닌다.

8 **Her dream is not just to be a singer, but to be a singer and be on stage with him.**
그녀의 꿈은 단순히 가수가 되는 게 아니라 가수가 되어 그와 함께 무대에 서는 것이다.

9 **The greatest glory in living lies not in never falling, but in rising every time we fall. (Nelson Mandela)**
삶에서 가장 큰 영광은 결코 넘어지지 않는 게 아니라 넘어질 때마다 일어서는 것에 있다. (넬슨 만델라)

10 **What's important is not how many times you've been in a relationship, but how sincere you've been in it.**
중요한 것은 얼마나 여러 번 연애를 했느냐가 아니라 얼마나 진실한 연애를 했느냐다.

Was **THE SONG** *Both Sides Now* written by the singer-songwriter Joni Mitchell

다양한 부정 표현 (5) : too 형용사/부사 ~ to부정사

MP3 **174**

The book is **too difficult** for me **to understand**.

too + 형용사/부사 + (for + 명사/대명사 목적격) + to부정사   ▶ 너무 ~해서 …할 수 없다/ …하기는 너무 ~하다

그 책은 너무 어려워서 내가 이해할 수가 없다.

- for 뒤에 오는 명사/대명사 목적격이 to부정사의 행동을 하는 주체
- 'so + 형용사/부사 + that + 주어 + cannot + 동사'와 같은 표현
  위 문장 = The book is so difficult that I can't understand it.(that절에 understand의 목적어 it (= the book)을 써야 한다.)

패턴에 유의하며 각 문장을 새겨 읽고 의미를 파악해 보세요.

1 **He walked too fast for me to keep up.**
= He walked so fast that I couldn't keep up with him.
그는 걸음이 너무 빨라서 내가 따라갈 수가 없었다.

2 **The boy was too shy to talk to the girl.**
= The boy was so shy that he couldn't talk to the girl.
그 소년은 너무 수줍어서 그 소녀에게 말을 걸 수가 없었다.

3. **The lecture is too long for children to listen to.**
= The lecture is so long that children can't listen to it.
그 강연은 너무 길어서 아이들이 집중해서 들을 수가 없다.

4 **Is the mountain too dangerous for a woman to climb alone?**
= Is the mountain so dangerous that a woman can't climb it alone?
저 산에 여자가 혼자 올라가는 건 너무 위험할까요?

5 **I was too sleepy to concentrate on what the man said at that time.**
= I was so sleepy that I couldn't concentrate on what the man said at that time.
그때 나는 너무 졸려서 그 사람이 하는 말에 집중할 수가 없었다.

6 **The theme of the movie was too profound for a child to understand.**
= The theme of the movie was so profound that a child couldn't understand it.
그 영화의 주제는 너무 심오해서 어린이는 이해할 수 없었다.

7 **You are never too old to set another goal or dream a new dream.**
= You are never so old that you can't set another goal or dream a new dream. (C. S. Lewis)
다른 목표를 세우거나 새로운 꿈을 꾸기에 너무 늦은 나이란 없다. (C. S. 루이스, 영국의 소설가)

8 *cf.* **My eyesight is** so bad that I can't read the handbook without glasses.
= My eyesight is too bad to read the handbook without glasses.

나는 시력이 너무 안 좋아서 안경 없이는 안내서를 읽을 수가 없다.

> 8, 9, 10번 문장의 so + 형용사/부사 + that + 주어 + cannot + 동사원형: 너무 ~해서 ...할 수 없다

9 *cf.* **When I met him, I was** so nervous that I couldn't look him in the eye.
= When I met him, I was too nervous to look him in the eye.

그 사람을 만났을 때, 난 너무 긴장되어서 그의 눈을 쳐다볼 수 없었다.

10 *cf.* **The new house was** so small that he couldn't keep all the books at home.
= The new house was too small for him to keep all the books.

새 집이 너무 좁아서 그는 책을 집에 다 둘 수가 없었다.

도치 (1) : 부정어가 문장 앞에 올 때

MP3 **175**

Little **did he dream** that he would be a champion.

부정어 + do/does/did + 주어 + 동사원형
부정어 + have/has/had + 주어 + 과거분사
부정어 + 조동사 + 주어 + 동사원형

그는 자신이 챔피언이 되리라고는 거의 꿈도 꾸지 않았다.

- 부정어 : never, little, hardly, seldom, rarely, not until, not only 등
- 부정의 의미를 강조하고 싶을 때 이처럼 도치 구문을 사용한다.

패턴에 유의하며 각 문장을 새겨 읽고 의미를 파악해 보세요.

1 Hardly <u>can</u> I ask **others a favor.**
나는 남들에게 부탁을 거의 못 한다.

2 Seldom <u>does</u> she take **outdoor exercise.**
그녀는 야외 운동을 거의 하지 않는다.

3 Not only <u>can</u> she speak **English but also Spanish.**
그녀는 영어뿐만 아니라 스페인어도 할 줄 안다.

4 Never <u>have</u> I dreamed of **meeting him in person.**
나는 그를 직접 만나는 건 한 번도 꿈 꿔 본 적이 없다.

5 Hardly <u>does</u> she sleep **these days due to the project.**
요즘 그녀는 그 프로젝트 때문에 잠을 거의 못 잔다.

6 Not only <u>does</u> this taste **good but it is good for our health.**
이것은 맛이 좋을 뿐 아니라 건강에도 좋다.

7 Rarely <u>does</u> she talk about **anyone else, whether good or bad.**
그녀는 좋은 얘기든 나쁜 얘기든 다른 사람에 대해서는 얘기를 거의 하지 않는다.

8 Not until this morning <u>did</u> I find out **that he had passed away.**
오늘 아침에야 나는 그가 세상을 떠났다는 사실을 알았다.
(= 오늘 아침까지 나는 그가 세상을 떠났다는 걸 알지 못했다.)

9 Little <u>did</u> he think **that he would become a world-famous singer.**
그는 자신이 세계적으로 유명한 가수가 될 거라고는 거의 생각도 못했다.

10 Barely <u>could</u> I sleep **last night because of the interview today.**
오늘 면접 때문에 나는 어젯밤에 잠을 거의 못 잤다.

11 Little <u>did</u> I think **that I would get married before I am thirty.**
내가 서른이 되기 전에 결혼하리라고는 거의 생각도 못했다.

12 Rarely <u>has</u> the actor shown **himself in public except in movies.**
그 배우는 영화 외에는 대중 앞에 모습을 드러낸 적이 거의 없다.

13 Not until <u>did</u> I meet **him in person that I knew he wasn't quiet.**
나는 그를 직접 만나고 나서야 그가 조용한 사람이 아니라는 것을 알았다.

14 Never <u>had</u> she been **in a romantic relationship with a man until then.**
그때까지 그녀는 한 번도 남자와 연애를 한 적이 없었다.

15 Seldom <u>did</u> I go out **on weekends with my family when I was little.**
나는 어렸을 때 가족들과 주말에 거의 외출을 하지 않았다.

16 Never <u>does</u> she sleep **without washing up no matter how tired she is.**
그녀는 아무리 피곤해도 씻지 않고 자는 법이 결코 없다.

17 Not until the mid-2000s <u>did</u> we begin **not to go to work on Saturdays.**
2000년대 중반이 되어서야 우리는 토요일에 출근을 하지 않기 시작했다.

18 Seldom <u>has</u> he visited **his grandparents since he started working for a company.**
그는 회사를 다니기 시작한 후로 할아버지 할머니를 거의 찾아뵙지 못했다.

19 Not only <u>do</u> they enjoy **watching Korean dramas but also eat Korean food often.**
그들은 한국 드라마를 즐겨 볼 뿐 아니라 한국 음식도 자주 먹는다.

20 Little <u>did</u> he know **that he was pumping negative energy into himself with negative words.**
그는 자신이 부정적인 말로 스스로에게 부정적인 기운을 불어넣고 있다는 것을 거의 알지 못했다.

MP3 **176**

Only then will you truly **be** able to live your own life.

Only + 부사/부사구/부사절 + do/does/did + 주어 + 동사원형
Only + 부사/부사구/부사절 + have/has/had + 주어 + 과거분사
Only + 부사/부사구/부사절 + 조동사 + 주어 + 동사원형

그때가 되어야만 너는 진정 네 삶을 주체적으로 살 수 있게 될 거야.

• only then, only after ~, only when ~, only in ~, only on ~, only recently 등이 있다.

패턴에 유의하며 각 문장을 새겨 읽고 의미를 파악해 보세요.

1 **Only after the meeting did Julia appear.**
회의가 끝나고 나서야 줄리아가 나타났다.

2 **Only then can people understand his feelings.**
그때가 되어야만 사람들이 그의 기분을 이해할 수 있다.

3 **Only when she arrives can we start the meeting.**
그녀가 도착할 때만 우리는 회의를 시작할 수 있다.

4 **Only then did he realize he had loved her so much.**
그제야 그는 자신이 그녀를 무척 사랑했다는 것을 깨달았다.

5 **Only in this region of this country do these plants grow.**
이 나라의 이 지역에서만 이 식물이 자란다.

6 **Only after his father passed away could he visit his home country.**
아버지가 세상을 떠나신 뒤에야 그는 고국을 방문할 수 있었다.

7 **Only on Saturday do I go to the movies or watch baseball games.**
토요일에만 나는 영화를 보러 가거나 야구 경기를 본다.

8 **Only when he called my name did I go to him and become a flower.**
그가 나의 이름을 불러 주었을 때에야 나는 그에게로 가서 꽃이 되었다.

9 **Only on stage does he display one hundred percent of his talent and charm.**
무대 위에서만 그는 자신의 모든 재능과 매력을 백 퍼센트 발휘한다.

10 **Only recently have the researchers found out that the disease is more common in women.**
최근에서야 연구자들은 이 병이 여성에게 더 흔하다는 것을 알아냈다.

도치 (3) : 가정법 문장의 if절에서 if 생략

MP3 **177**

Were I you, I would accept the proposal.
Were + 주어 + ~/ Had + 주어 + 과거분사/ 조동사 + 주어 + 동사원형

내가 당신이라면 그 제안 받아들일 거예요.

가정법 문장의 if절에서 if를 생략하면 be동사, had, 조동사가 주어 앞으로 나간다.

패턴에 유의하며 각 문장을 새겨 읽고 의미를 파악해 보세요.

1 **Were I in New York now, I could see a Broadway musical.**
지금 내가 뉴욕에 있다면 브로드웨이 뮤지컬을 볼 수 있을 텐데. (= If I were)

2 **Had he passed the exam, he would have traveled somewhere.**
그가 시험에 합격했다면 어딘가로 여행을 갔을 것이다. (= If he had passed)

3 **Should I find his name card, I'll let you know his phone number.**
만일 그 사람 명함을 찾으면 그 사람 전화번호를 알려 줄게요. (= If I should find)

4 **Could I speak Korean, I could talk with my Korean friend in Korean.**
내가 한국어를 할 줄 안다면 한국인 친구와 한국어로 대화할 수 있을 텐데. (= If I could speak)

5 **Had you not been by my side, I would not have known what to do.**
당신이 내 옆에 없었다면 나는 어떻게 해야 할지 몰랐을 것이다. (= If you had not been)

6 **Were you in his situation, you might feel frustrated or just give it up.**
네가 그 사람 상황이라면 좌절감을 느끼거나 그냥 포기할지도 모른다. (= If you were)

7 **Had the man heard your voice, he would have stopped and looked back.**
그 사람이 당신 목소리를 들었다면 멈춰 서서 뒤를 돌아봤을 겁니다. (= If the man had heard)

8 **Should you visit his office next month, please hand this document to him.**
혹시 다음 달에 그 사람 사무실에 가면 이 서류 좀 그에게 전해 주세요. (= If you should visit)

9 **Hadn't he wasted money in his youth, he might not suffer from poverty now.**
그가 젊어서 돈을 낭비하지 않았다면 지금 가난으로 고생하지 않을 수도 있을 텐데. (= If he hadn't wasted)

10 **Had he been taken to the hospital a little earlier, he might have saved his life.**
그가 병원에 좀 더 일찍 실려 갔더라면 목숨을 구했을지도 모른다. (= If he had been taken)

강조 (1) : It is ~ that 강조 구문

It was **Botticelli that** painted *The Birth of Venus*.

It is + 강조하고 싶은 말(주어/목적어/부사구) + **that** + (주어) + 동사 ~

▶ ~는 (다름 아닌) (주어/목적어/부사구)이다

〈비너스의 탄생〉을 그린 사람은 보티첼리였다.

- 강조하는 것이 사람일 때는 that을 who로, 장소 부사구일 때는 where로, 시간 부사구일 때는 when으로 쓸 수도 있다.
- '다름 아닌'의 의미가 숨어 있다고 보면 된다.

패턴에 유의하며 각 문장을 새겨 읽고 의미를 파악해 보세요.

1 It is sky blue that **I like most of all the colors.**
모든 색 중에 내가 가장 좋아하는 건 (다름 아닌) 하늘색이다. (like의 목적어 강조)

2 It was a lack of sleep that **caused my headache today.**
오늘 내 두통을 일으킨 것은 (다름 아닌) 수면 부족이었다. (주어 강조)

3 It is *Anna Karenina* by Tolstoy that **I am reading these days.**
내가 요즘 읽고 있는 책은 (다름 아닌) 톨스토이의 《안나 카레니나》다. (am reading의 목적어 강조)

4 It was Mr. Ferrante that **taught us English conversation that semester.**
그 학기에 우리에게 영어 회화를 가르쳤던 분은 (다름 아닌) 페란테 선생님이셨다. (주어 강조)

5 It is New York City that **she has visited most often among foreign cities.**
그녀가 외국 도시들 중에서 가장 자주 방문한 곳은 뉴욕 시다. (has visited의 목적어 강조)

6 It is at the Gymnastics Stadium that **the concert will be held next month.**
다음 달에 그 콘서트가 열릴 곳은 (다름 아닌) 체조 경기장에서다. (장소의 부사구 강조)

7 It was on April 27th that **I was admitted to the hospital's neurology ward.**
내가 그 병원 신경과 병동에 입원했던 건 (다름 아닌) 4월 27일이었다. (시간의 부사구 강조)

8 It is Qatar, a Western Asian country, that **will host the 2022 FIFA World Cup.**
2022년 피파 월드컵을 개최할 나라는 (다름 아닌) 서아시아 국가인 카타르다. (주어 강조)

9 It was Charles de Gaulle Airport in Paris that **I first went to among foreign airports.**
내가 외국 공항 중에서 처음 간 곳은 (다름 아닌) 파리 샤를 드골 공항이었다. (전치사 to의 목적어 강조)

10 It was in Wuhan City, China that **the first human cases of COVID-19 were first reported.**
코로나19의 최초 인간 감염 사례가 처음 보고된 것은 (다름 아닌) 중국 우한 시에서였다. (장소의 부사구 강조)

I **did know** the answer to the question.

주어 + do/does/did + 동사원형   ▶ 주어는 정말 ~하다/~했다

나는 그 문제의 답을 정말 알고 있었다.

- 동사의 의미를 강조하고 싶을 때 동사 앞에 조동사 do를 시제와 주어 수에 맞게 쓴다.

패턴에 유의하며 각 문장을 새겨 읽고 의미를 파악해 보세요.

1 **She does hate cockroaches and mosquitoes.**
그녀는 바퀴벌레와 모기를 정말 싫어한다.

2 **He did pass the college entrance examination.**
그는 대학 입학시험에 정말로 합격했다.

3 **I did return the book I had borrowed from him.**
나는 그에게서 빌렸던 책을 분명 돌려줬다.

4 **Anne does like walking in the rain listening to music.**
앤은 음악을 들으며 빗속을 걷는 걸 진짜로 좋아한다.

5 **We did go on a trip to the nearby beach last weekend.**
우리는 지난 주말에 근처 해변으로 여행을 갔던 게 맞다.

6 **The country did invade and colonize many countries in Asia.**
그 나라는 실제로 아시아의 많은 국가들을 침략하고 식민지로 만들었다.

7 **He does remember that tomorrow is his wedding anniversary.**
그는 내일이 자기 결혼기념일이라는 것을 잘 기억하고 있다.

8 **The government did urge the people to abide by safety rules.**
정부는 국민들에게 안전 수칙을 지켜줄 것을 철저히 당부했다.

9 **The guide did inform the visitors of the necessary information.**
안내원은 방문객들에게 필요한 정보를 분명 알려 줬다.

10 **I do exercise for about 30 minutes every day and do take vitamins.**
나는 매일 30분 정도씩 꼭 운동을 하고 비타민도 반드시 챙겨 먹는다.

She is **the very actress** that I've liked so long.

the very   +   명사   ▶바로 그~

그녀가 내가 오랫동안 좋아했던 바로 그 여배우다.

- 여기서 very는 명사를 꾸미는 형용사 역할을 한다.

패턴에 유의하며 각 문장을 새겨 읽고 의미를 파악해 보세요.

1 **This is the very city that I was born in.**
여기가 내가 태어난 바로 그 도시다.

2 **That is the very car that he got for a prize.**
저것이 그가 부상으로 받은 바로 그 차다.

3 **She is the very person that let me know the song.**
그녀가 나에게 그 노래를 알려 준 바로 그 사람이다.

4 **He is the very person who won the singing contest.**
그가 바로 그 노래 경연 대회에서 우승한 사람이다.

5 **Malaysia is the very first foreign country that I went to.**
말레이시아는 내가 처음으로 갔던 외국이다.

6 **She is the very novelist with controversy over plagiarism.**
그녀가 표절 논란이 있는 바로 그 소설가다.

7 **He is the very person who influenced me to take this job.**
그가 내가 이 직업을 갖도록 영향을 준 바로 그 사람이다.

8 **He is the very man that Katie has been dating since last year.**
그는 케이티가 작년부터 사귀고 있는 바로 그 남자다.

9 **This is the very book that impressed me so much when I was a child.**
이것이 내가 어렸을 때 깊은 감명을 받았던 바로 그 책이다.

10 **That is the very cinema where I watched the movie _What's Eating Gilbert Grape_?**
거기가 내가 영화 〈길버트 그레이프〉를 보았던 바로 그 극장이다.

강조 (4) : 재귀대명사의 강조 용법

MP3 **181**

The poet himself recited the poem.

강조하는 명사 + 재귀대명사 / 주어 + 동사 + ~ + 재귀대명사   ▶ (자신이) 직접 ~

시인이 직접 그 시를 낭독했다.

• 재귀대명사는 주어가 어떤 행동을 직접 했음을 강조할 뿐, 문법적으로는 생략해도 문제없다.

패턴에 유의하며 각 문장을 새겨 읽고 의미를 파악해 보세요.

1 I painted the wall myself.
   내가 벽을 직접 칠했다.

2 Did he himself make this chair?
   그 사람이 이 의자 직접 만든 거예요?

3 You should wash your underwear yourself.
   네 속옷은 네가 직접 빨아야지.

4 The singer himself sang the song for the patients.
   그 가수가 환자들을 위해 직접 그 노래를 불러 줬다.

5 The prime minister herself should announce the result.
   총리 본인이 직접 결과를 발표해야 한다.

6 After the event, we have to clean up the mess ourselves.
   행사가 끝나면 우리가 직접 뒷정리를 해야 한다.

7 The cook filmed a cooking video herself and posted it on YouTube.
   그 요리사는 요리 영상을 직접 촬영해서 유튜브에 올렸다.

8 Did you make all the dishes yourself including pasta, stew and so on?
   당신이 파스타랑 스튜랑 다 해서 모든 요리를 직접 만들었어요?

9 The students themselves will go to the mayor and deliver the suggestions.
   학생들이 직접 시장에게 가서 건의사항을 전달할 것이다.

10 They picked strawberries themselves from the strawberry farm and ate them.
   그들은 딸기 농장에서 직접 딸기를 따서 먹었다.

강조 (5) : 형용사나 부사의 비교급 강조

MP3 **182**

Russia is **much bigger** than Mongolia.
much/even/still/far/a lot + 형용사/부사의 비교급 ▶훨씬 더 ~한/하게

러시아가 몽골보다 훨씬 더 크다.

패턴에 유의하며 각 문장을 새겨 읽고 의미를 파악해 보세요.

1 **James runs much faster than Phil.**
제임스는 필보다 훨씬 더 빨리 달린다. (부사 비교급 강조)

2 **She sings much better than I thought.**
그녀는 내가 생각했던 것보다 훨씬 더 노래를 잘한다. (부사 비교급 강조)

3 **Your proposal seems far more realistic than his.**
당신 제안이 그의 제안보다 훨씬 더 현실적으로 보인다. (형용사 비교급 강조)

4 **He looks a lot more like his father than his mother.**
그는 어머니보다 아버지를 훨씬 더 닮았다. (형용사 비교급 강조)

5 **This city is even more pleasant to live in than I expected.**
이 도시는 내가 예상했던 것보다 훨씬 더 살기에 쾌적하다. (형용사 비교급 강조)

6 **I think Mr. Anderson is far more handsome than Mr. Patrick.**
내 생각에는 앤더슨 씨가 패트릭 씨보다 훨씬 더 잘생겼다. (형용사 비교급 강조)

7 **The Empire State building is a lot taller than the Eiffel Tower.**
엠파이어스테이트 빌딩이 에펠 탑보다 훨씬 더 높다. (형용사 비교급 강조)

8 **This application is still more useful and reliable than the former one.**
이 애플리케이션이 이전 것보다 훨씬 더 유용하고 믿을 만하다. (형용사 비교급 강조)

9 **She became much more responsible after becoming a high school student.**
그 애는 고등학생이 되더니 훨씬 더 책임감이 있어졌다. (형용사 비교급 강조)

10 **The Nile, which is 6,650 km long, is still longer than the Mississippi River, which is 3,730 km long.**
나일강은 길이가 6,650킬로미터로 길이가 3,730킬로미터인 미시시피강보다 훨씬 더 길다. (형용사 비교급 강조)

동격 (1) : 명사 명사 / 명사, 명사

MP3 **183**

Charlie Chaplin directed the movie *Modern Times*.

찰리 채플린이 영화 〈모던 타임스〉를 감독했다.

- '동격'은 같은 것을 가리킨다. the movie = Modern Times
- 동격은 쉼표 없이 나란히 쓰기도 하고 쉼표로 구분하기도 한다.

패턴에 유의하며 각 문장을 새겨 읽고 의미를 파악해 보세요.

1 **This is** my cousin, George.
   이쪽은 제 사촌 조지예요.

2 **Emily was playing in the yard with** her dog Coco.
   에밀리는 마당에서 강아지 코코와 놀고 있었다.

3 **I want you to meet** Ms. Sanders, my piano teacher.
   전 당신이 제 피아노 선생님인 샌더스 씨를 만나 보셨으면 해요.

4 **"I owe this to my mother," said** Cynthia, the award winner.
   "제가 이 상을 탄 건 제 어머니 덕분입니다."라고 수상자인 신시아가 말했다.

5 Nicholas II, the last emperor of Russia, **was shot and killed in 1918.**
   러시아의 마지막 황제 니콜라이 2세는 1918년에 총살당했다.

6 Sarah, my best friend since high school, **is getting married this weekend.**
   고등학교 때부터 내 단짝인 사라가 이번 주말에 결혼을 한다.

7 **I am going to go to** Sicily, the largest island in the Mediterranean Sea, **this fall.**
   나는 이번 가을에 지중해에서 가장 큰 섬 시칠리아에 갈 것이다.

8 John Baird, a Scottish electrical engineer, **invented the world's first television system.**
   스코틀랜드의 전기공학자 존 베어드가 세계 최초의 텔레비전 시스템을 발명했다.

9 **She wants to study** geology, the study of the Earth's structure, surface, and origins, **at the university.**
   그녀는 대학에서 지구의 구조, 표면, 기원을 다루는 학문인 지질학을 공부하고 싶어 한다.

10 **The book is about** Aphrodite, an ancient Greek goddess associated with love, beauty, pleasure, and passion.
   이 책은 사랑, 미, 쾌락, 열정과 관련 있는 고대 그리스 신화 속 여신인 아프로디테에 관한 것이다.

동격 (2) : 동격의 that

I can't buy **the fact that many people follow the man**.

명사 + **that** + 주어 + 동사 ~

나는 많은 사람들이 그 남자를 추종한다는 사실을 믿을 수가 없다.

- that이 이끄는 절이 그 앞의 명사와 동격이다. 즉, 같은 것을 가리킨다.
  the fact = that many people follow the man

패턴에 유의하며 각 문장을 새겨 읽고 의미를 파악해 보세요.

1 **He is** living proof **that social media is a waste of life.**
그는 SNS가 인생의 낭비라는 살아 있는 증거다.

2 **We need** the evidence **that he was there at that time.**
우리는 그가 그 시각에 그곳에 있었다는 증거가 필요하다.

3 **They faced** the truth **that the man was not his real son.**
그들은 그 남자가 그의 진짜 아들이 아니라는 진실과 마주했다.

4 **I heard** the news **that he passed away on my way to work.**
나는 출근길에 그가 세상을 떠났다는 소식을 들었다.

5 **Many people live with** the idea **that money is all-important.**
많은 사람들이 돈이 너무나 중요하다는 생각을 가지고 산다.

6 **There is no** possibility **that the epidemic will end in the near future.**
가까운 시일 내에 그 전염병이 종식될 가능성은 없다.

7 **I saw** the news **on TV that a major earthquake and tsunami hit the country.**
나는 TV에서 대규모 지진과 해일이 그 나라를 강타했다는 뉴스를 봤다.

8 **Don't forget** the fact **that eating too much carbohydrates can be unhealthy.**
탄수화물을 너무 많이 먹는 것은 건강에 안 좋을 수 있다는 사실을 잊지 마라.

9 **He has** the belief **that somewhere in space, there must be a planet like Earth.**
그에게는 우주 어딘가에 지구와 같은 행성이 분명 있을 거라는 믿음이 있다.

10 **We came to** the conclusion **that we had no choice but to postpone the event.**
우리는 그 행사를 연기하지 않을 수 없다는 결론에 도달했다.

동격 (3) : 명사 + to부정사 / 명사 + of + 명사/동명사

MP3 **185**

The chicken has lost <u>its ability</u> to fly.

▶ ~하는 명사

닭은 나는 능력을 잃어버렸다.

· ability = to fly

패턴에 유의하며 각 문장을 새겨 읽고 의미를 파악해 보세요.

1 She made <u>a promise</u> to get back by ten.
그녀는 10시까지 돌아오겠다고 약속했다. (a promise = to get back by ten)

2 The singer was born in <u>the city</u> of New Orleans.
그 가수는 뉴올리언스 시에서 태어났다. (the city = New Orleans)

3 They made <u>a decision</u> to cancel the upcoming event.
그들은 다가오는 행사를 취소하기로 결정했다. (a decision = to cancel the upcoming event)

4 There is little <u>hope</u> of Christopher's achieving the goal.
크리스토퍼가 그 목표를 달성할 희망은 거의 없다. (hope = Christopher's achieving the goal)

5 I had no <u>intention</u> to conceal the information from you.
나는 너에게 그 정보를 숨길 생각이 없었다. (intention = to conceal the information from you)

6 He is in <u>the habit</u> of taking a walk after dinner every day.
그는 매일 저녁 식사 후 산책하는 습관이 있다. (the habit = taking a walk after dinner every day)

7 She made <u>a plan</u> to study English in Vancouver for six months.
그녀는 밴쿠버에서 6개월간 영어를 공부하겠다는 계획을 세웠다.
(a plan = to study English in Vancouver for six months)

8 She realized her <u>dream</u> of traveling to 100 countries for 10 years.
그녀는 10년 동안 100개국을 여행하겠다는 꿈을 실현했다.
(dream = traveling to 100 countries for 10 years)

9 I turned down <u>his proposal</u> to run a restaurant together in the neighborhood.
나는 동네에서 함께 식당을 운영하자는 그의 제안을 거절했다.
(proposal = to run a restaurant together in the neighborhood)

10 These glasses prevent <u>the risk</u> of eye damage by using smartphones for a long time.
이 안경은 장시간 스마트폰 사용으로 눈이 손상될 위험을 막아 준다.
(the risk = eye damage by using smartphones for a long time)

삽입 (1) : '주어 + 동사'가 삽입된 경우

First, do what **you believe** is important for yourself.

• 주어 + think / believe / guess / suppose / be sure / be afraid
▶주어가 생각하기에 / 믿기에 / 추측하기에 / 확신하는데 / 유감스럽게도 ~

우선 당신 자신에게 중요하다고 믿는 일을 하세요.

- 접속사나 관계사 없이 '주어 + 동사(~)'로 이루어진 절이 문장 가운데에 삽입되는 경우다.
- 관계사절에서 관계사 뒤 또는 의문문에서 의문사 뒤에 '주어 + 동사'의 절이 삽입되는 경우가 많다.
- 삽입된 절을 빼도 문장은 온전하다.(의문문의 경우는 삽입된 절을 빼면 동사 위치가 달라질 수 있다.)

패턴에 유의하며 각 문장을 새겨 읽고 의미를 파악해 보세요.

1 **This, I suppose, is what she meant.**
내 생각에 이게 그녀의 뜻인 것 같다.

2 **Who do you guess that lady in black is?**
검은 옷을 입은 저 여성이 누구인 것 같아요?

> 문장이 의문문이어서 조동사 do와 주어, 동사가 삽입되었다. 삽입절을 빼면 Who is that lady in black?

3 **Choose what you think is the most cost-effective.**
네가 생각하기에 가장 비용 대비 효과적인 걸 골라라.

4 **This, I'm afraid, is all I can say about the incident.**
유감스럽지만 이것이 내가 그 사건에 대해 말할 수 있는 전부다.

5 **Elizabeth tries to reinforce what she thinks she lacks.**
엘리자베스는 자신이 생각했을 때 자기에게 부족한 점을 보강하려고 노력한다.

6 **The man, I am sure, has nothing to do with this case.**
그 남자는, 내가 확신하는데, 이 사건과는 무관하다.

7 **She hired a person who she thought was the most diligent.**
그녀는 자신이 생각하기에 가장 근면한 사람을 고용했다.

8 **Please tell me what you believe is the truth at this moment.**
지금 이 순간 당신이 생각하기에 진실인 것을 말해 주세요.

9 **This is the house where I guess he lived when he was little.**
내 생각에 여기가 그가 어렸을 때 살았던 집인 것 같다.

10 **I will vote for the candidate who I believe is the most honest.**
내가 생각하기에 가장 정직한 후보에게 투표할 것이다.

This restaurant is, **as I told you before**, famous for kimchi dishes.

주어＋동사, 부사절, ~ / 주어, 관계사절, 동사 ~

이 식당은, 전에 말한 것처럼, 김치 요리로 유명하다.

- 접속사가 이끄는 부사절이나 관계사가 이끄는 관계사절이 앞뒤에 쉼표를 쓴 후 문장에 삽입되는 경우다.
- 이때 접속사절과 관계사절은 문장 전체에 정보를 추가하는 느낌이다.

패턴에 유의하며 각 문장을 새겨 읽고 의미를 파악해 보세요.

1 **The girl, who is kind and cute, is loved by most people.**
그 여자아이는 친절하고 귀여워서 대부분의 사람들이 그 아이를 사랑한다. (관계사절 삽입)

2 **The boy is, as far as I know, good at playing the saxophone.**
그 남자아이는, 내가 아는 한, 색소폰을 잘 분다. (부사절 삽입)

3 **Cathy, whom I have known for years, moved near my house recently.**
캐시는 내가 여러 해 동안 알고 지내 왔는데, 최근에 우리 집 근처로 이사 왔다. (관계사절 삽입)

4 **I heard that, although she was allergic to cats, Julia had adopted a cat.**
줄리아는 고양이 알레르기가 있지만, 고양이를 한 마리 입양했다고 들었다. (부사절 삽입)

5 **The building, which is in front of the post office, was newly built last year.** 그 건물, 우체국 앞에 있는 그 건물은 작년에 새로 지어졌다. (관계사절 삽입)

6 **He will, after he leaves work today, go to the fitness club to exercise for an hour.** 그는 오늘 퇴근 후에 헬스클럽에 가서 한 시간 동안 운동을 할 것이다. (부사절 삽입)

7 **The actor, who previously played a detective, is said to play a serial killer this time.**
그 배우는 전에 형사를 연기했었는데, 이번에는 연쇄살인범을 연기할 거라고 한다. (관계사절 삽입)

8 **There must be, as far as I can remember, a pizza place and a flower shop near here.**
내가 기억하는 한 이 근처에 분명 피자집과 꽃가게가 있다. (부사절 삽입)

9 **We know that, even if she will not come back tonight, she will surely come tomorrow.**
우리는, 그녀가 설령 오늘 밤에 돌아오지 않을 거라 해도 내일은 꼭 오리라는 걸 알고 있다. (부사절 삽입)

10 **Chloe, when she was in college, used to work part time at fast food restaurants.**
클로이는 대학생 시절에 패스트푸드 식당에서 파트타임으로 일하곤 했다. (부사절 삽입)

That is **what we call** a pseudo-religion.

그것은 말하자면 사이비 종교다.

- as it were, so to speak, what we call : 말하자면 • if you like : 뭐랄까
- to be sure : 확실히 • in the end : 마침내, 결국 • if ever : 한다 해도
- if any : 있다 해도 • for example : 예를 들어 • on the other hand : 한편, 반면에

패턴에 유의하며 각 문장을 새겨 읽고 의미를 파악해 보세요.

1 **Her daughter is,** so to speak, **a bookworm.**
그녀의 딸은 말하자면 책벌레다.

2 **Tommy seldom,** if ever, **says negative things.**
토미는 부정적인 말을, 설사 한다 하더라도, 거의 하지 않는다.

3 **She is,** as it were, **a walking encyclopedia of movies.**
그녀는 말하자면 걸어 다니는 영화 백과사전이다.

4 **The news,** in the end, **turned out to be false information.**
그 소식은 결국 허위 정보로 밝혀졌다.

5 **He is still in his early twenties, but,** so to speak, **an "old soul."**
그는 아직 20대 초반이지만, 말하자면 '애늙은이'다.

6 **Children there have little,** if any, **chance of getting an education.**
그곳 아이들은 교육을 받을 기회가 설사 있다 하더라도 거의 없다.

7 **She is,** to be sure, **a person with a strong sense of responsibility.**
그녀는 확실히 책임감이 강한 사람이다.

8 **It was,** if you like, **the end of an era and the advent of a new one.**
그건, 뭐랄까, 한 시대의 종말과 새 시대의 도래였다.

9 **Winter migratory birds,** for example, **bean geese and hooded cranes, come to Korea every winter.**
겨울 철새, 예를 들어 큰기러기와 흑두루미 등은 매년 겨울 한국에 온다.

10 **Protestant pastors can get married. Roman Catholic priests,** on the other hand, **are not allowed to marry.**
개신교 목사들은 결혼할 수 있다. 반면에, 로마 가톨릭 사제들은 결혼을 할 수 없다.

I think (that) everyone will meet somewhere someday.

- 목적어를 이끄는 경우 : 주어 + 동사 + (that 생략) + 주어 + 동사 ~
- 감정/확신(sure, certain, convinced)의 형용사 뒤에서 부사절을 이끄는 경우 : 주어 + be동사 + 형용사 + (that 생략) + 주어 + 동사 ~ (감정의 원인/확신하는 내용)
- 보어를 이끄는 경우 : 주어 + be동사 + (that 생략) + 주어 + 동사 ~
- 가주어 진주어 구문 : It is + 형용사 + (that 생략) + 주어 + 동사 ~

언젠가는 모든 사람이 어디선가 만난다고 생각한다.

패턴에 유의하며 각 문장을 새겨 읽고 의미를 파악해 보세요.

1 **The truth is** that **he did not take a bribe.**
진실은 그가 뇌물을 받지 않았다는 것이다. (보어를 이끈다.)

2 **At that time, people believed** that **the earth was flat.**
당시에 사람들은 지구가 평평하다고 믿었다. (목적어를 이끈다.)

3 **We are glad** that **she has recovered from her illness.**
우리는 그녀가 병에서 회복해서 기쁘다. (감정의 형용사 뒤에서 부사절을 이끈다.)

4 **It is surprising** that **he failed the driver's license test.**
그가 운전면허 시험에 떨어졌다는 게 놀랍다. (진주어를 이끈다.)

5 **They agreed** that **the concert should be postponed indefinitely.**
그들은 콘서트를 무기한 연기해야 한다는 데 동의했다. (목적어를 이끈다.)

6 **The fact is** that **the woman was not home nor at the office at that time.**
사실은 그 여자가 그 시각에 집에도 사무실에도 없었다는 것이다. (보어를 이끈다.)

7 **I am convinced** that **the victim's ex-husband and his lover are the culprits.**
난 희생자의 전남편과 그 사람 애인이 범인이라고 확신해. (확신의 형용사 뒤에서 부사적을 이끈다.)

8 **I know** that **the movie is about the second generation of Cuban immigrants.**
나는 그 영화가 쿠바 이민 2세대를 다룬 것이라는 걸 알고 있다. (목적어를 이끈다.)

9 **The broadcasting company promised** that **they would not repeat the same mistake again.**
그 방송사는 동일한 실수를 반복하지 않겠다고 약속했다. (목적어를 이끈다.)

10 **The important thing is** that **patients infected with infectious diseases should be treated in isolation.**
중요한 것은 전염병에 감염된 환자들은 격리해서 치료해야 한다는 것이다. (보어를 이끈다.)

생략 (2) : 소유격 다음의 명사 생략

Your handwriting is much neater than Paul's (handwriting).

네 글씨체가 폴 글씨체보다 훨씬 더 단정하다.

- 소유격 뒤에 오는 명사가 앞에 나온 명사와 같을 때 생략할 수 있다.
- 소유격 뒤에 house, shop, store, office, clinic 등 장소나 건물을 나타내는 명사는 생략할 수 있다.

패턴에 유의하며 각 문장을 새겨 읽고 의미를 파악해 보세요.

1   Is this white car your father's *car*?
    이 흰색 차가 너희 아버지 차니?

2   His hands are smaller than my son's *hands*.
    그의 손은 우리 아들 손보다도 더 작다.

3   Her voice is as beautiful as her mother's *voice*.
    그녀의 목소리는 자기 어머니 목소리만큼 아름답다.

4   We will spend this Christmas at Samantha's *house*.
    우리는 이번 크리스마스를 사만다 집에서 보낼 것이다.

5   This year's rice tastes better than last year's *rice*.
    올해 쌀이 작년 쌀보다 밥맛이 더 좋다.

6   You'd better not compare your situation with others' *situation*.
    자신의 상황과 남의 상황을 비교하지 마라.

7   Today, they're going to watch the soccer game at Tim's *house*.
    오늘 그들은 팀의 집에서 축구 경기를 볼 것이다.

8   That black jacket is not Mr. Hoffman's *jacket* but Mr. Robertson's *jacket*.
    저 검정색 재킷은 호프먼 씨 것이 아니라 로버트슨 씨 것이다.

9   The band's new song ranks higher on the charts than Jennifer's *new song*.
    그 밴드의 신곡이 제니퍼의 신곡보다 차트에서 순위가 더 높다.

10 I have to get off work early and go to the dentist's *clinic* this afternoon.
    오늘 오후에는 일찍 퇴근하고 치과에 가야 한다.

생략 (3) : 비교 구문에서의 생략 / 반복을 피하기 위한 동사 생략

It rains much more this summer than (it rained) last summer.

• 비교 구문에서 반복되는 주어와 동사 또는 동사 생략

올 여름에는 지난 여름보다 비가 훨씬 더 많이 온다.

• 영어는 경제성을 중시하는 언어여서 이처럼 반복되는 내용은 생략한다.

패턴에 유의하며 각 문장을 새겨 읽고 의미를 파악해 보세요.

1 She speaks Chinese better than ⌣*she speaks* English.
그녀는 영어보다 중국어를 더 잘한다.

2 David plays soccer much better than James ⌣*plays soccer*.
데이비드는 제임스보다 축구를 훨씬 더 잘한다.

3 Some people study at the library, others ⌣*study* at home.
어떤 사람들은 도서관에서 공부를 하고 다른 사람들은 집에서 공부를 한다.

4 She dances still more naturally than last time I saw her ⌣*dance*.
그녀는 지난번에 봤을 때보다 훨씬 더 자연스럽게 춤을 춘다.

5 He leads the meeting better than the former chairman ⌣*leads the meeting*.
그는 전 의장보다 회의를 더 잘 이끈다.

6 She goes to work by subway, while her husband ⌣*goes to work* by bus.
그녀는 지하철을 타고 출근을 하는 반면에 그녀의 남편은 버스를 타고 출근한다.

7 This plant grows better on the veranda than ⌣*this plant grows* in the living room.
이 식물은 거실에서보다 베란다에서 더 잘 자란다.

8 After parting, Tom went toward City Hall and John ⌣*went* to the subway station.
헤어진 후 톰은 시청 쪽으로 갔고 존은 지하철역으로 갔다.

9 He makes a living by fishing, and his neighbor ⌣*makes a living* by running a restaurant.
그는 어업을 생업으로 하고, 그의 이웃은 식당을 해서 먹고산다.

10 I spend weekends reading books or watching TV, and my husband ⌣*spends weekends* playing soccer or going fishing.
나는 책을 읽거나 TV를 보며 주말을 보내고, 내 남편은 축구를 하거나 낚시하러 가면서 주말을 보낸다.

What brought you here?

무슨 일로 오셨어요?

- 우리말에는 없는 어법으로, 사람을 주어로 하는 것보다 덜 직설적인 느낌을 준다. 우리말로 해석할 때는 사람을 주어로 하는 게 자연스럽다.
- allow(허락하다), bring(데려오다), use(사용하다), compel(~하도록 (억지로) 만들다), cost(가격이 들게 하다), deprive(빼앗다), drive(몰고 가다), enable(~이 가능하게 하다), forbid(~을 못하게 막다), force(~하도록 강제하다), help(도와주다), hinder(~하는 것을 방해하다), keep(~을 못하게 하다, ~인 상태로 유지시키다), make(~하게 하다), motivate(~하도록 동기를 부여하다), oblige(~하도록 강제하다), prevent(~하는 것을 막다/방해하다), prohibit(~하는 것을 금하다), remind(~을 상기시키다), show(~을 보여 주다/알려 주다), take(~을 데려가다, 시간이 ~ 걸리다, ~을 잡아 두다) 등 많은 동사가 무생물을 주어로 쓴다.

패턴에 유의하며 각 문장을 새겨 읽고 의미를 파악해 보세요.

1 **What took you so long?**
왜 그렇게 오래 걸렸어? (= 뭐가 널 그렇게 오래 잡아 뒀어?)

2 **His constant nagging drove me crazy.**
그가 계속 잔소리를 해서 난 미칠 것 같았다. (= 그의 끊임없는 잔소리가 나를 미치게 몰고 갔다.)

3 **Nothing can compel me to change my mind.**
그 무엇도 내 마음을 바꾸도록 강요할 수는 없다.

4 **The heavy snow prevented the train from running.**
폭설로 열차가 운행하지 못했다. (= 폭설은 열차가 운행하는 것을 막았다.)

5 **Heating costs an arm and a leg in the winter time.**
겨울에는 난방비가 아주 많이 든다. (= 난방은 겨울에 엄청난 비용이 들게 한다.)

6 **The song played from the store reminded me of him.**
상점에서 흘러나온 노래를 듣자 그 사람 생각이 났다. (= 상점에서 흘러나온 노래가 그 사람을 떠올리게 했다.)

> played from the store는 주어 the song을 꾸미는 수식어구(과거분사 played가 이끄는 형용사구)

7 **Lack of sleep and physical fatigue can cause migraines.**
수면 부족과 육체 피로 때문에 편두통이 생길 수 있다. (= 수면 부족과 육체 피로는 편두통을 일으킬 수 있다.)

8 **The extreme heat kept them in air-conditioned rooms only.**
너무 더워서 그들은 냉방이 되는 실내에만 있었다. (= 극도의 더위는 그들을 냉방이 되는 실내에만 있게 했다.)

9 **The law forbids stores to sell cigarettes and liquor to minors.**
상점에서 미성년자들에게 담배와 술을 판매하는 것은 법으로 금지되어 있다.
(= 법은 상점이 미성년자들에게 담배와 술을 파는 걸 막는다.)

10 The epidemic deprived **people of free social life and meetings.**
전염병 때문에 사람들은 자유로운 사회생활과 모임을 할 수 없게 되었다.
(= 전염병은 사람들에게서 자유로운 사회생활과 모임을 앗아갔다.)

11 The story of a grandfather and grandson on TV made **me cry.**
TV에 나온 할아버지와 손자의 이야기를 보고 난 울었다.
(= TV에 나온 할아버지와 손자 이야기가 날 울게 만들었다.)

12 Sports do not build **character. They reveal it.** (Heywood Broun)
스포츠는 인격을 키워 주지 않는다. 인격을 드러낼 뿐이다. (헤이우드 브룬, 미국의 언론인)

13 A strong wind forced **the plane to make an emergency landing.**
강풍에 비행기가 비상 착륙할 수밖에 없었다. (= 강풍이 비행기가 비상 착륙을 하도록 강제했다.)

14 Positive attitude and steady effort helped **her achieve her dream.**
긍정적인 태도와 꾸준한 노력이 그녀가 꿈을 이루는 데 도움이 되었다.

15 International public opinion obliged **the country to release the man.**
국제 여론 때문에 그 나라는 그 남자를 석방하지 않을 수 없었다.
(= 국제 여론은 그 나라가 그 남자를 석방하게끔 강제했다.)

16 Their songs comforted **and gave hope to those who were tired of life.**
그들의 노래가 삶에 지친 사람들을 위로하고 그들에게 희망을 줬다.

17 Excessive exercise can lead **to muscle damage and a weakened immune system.**
과도한 운동은 근육 손상과 면역력 약화로 이어질 수 있다.

18 The application allows **you to manage the amount of exercise and time of day.**
그 애플리케이션을 사용하면 하루의 운동량과 시간을 관리할 수 있다.
(= 그 애플리케이션은 당신이 하루의 운동량과 시간을 관리할 수 있게 해 준다.)

19 The player's winning the LPGA Championship motivated **many children to learn golf.**
그 선수가 LPGA 챔피언십에서 우승하면서 많은 어린이들이 자극을 받아 골프를 배우게 되었다.
(= 그 선수의 LPGA 챔피언십 우승은 많은 아이들이 골프를 배울 수 있도록 동기를 부여했다.)

20 The survey results show **that many people are not familiar with the concept of basic income.**
설문 결과가 보여 주는 건 많은 사람들이 기본 소득 개념을 잘 모른다는 사실이다.

21 His remarks would hinder **the formation of friendly relations between the two countries.**
그의 발언은 양국 간의 우호 관계 형성에 방해가 될 것이다.

Writing a letter to her, he recalled **her face** he saw last time.

- 관계대명사절/관계부사절과 **to**부정사구가 함께 쓰인 문장
- 관계대명사절/관계부사절과 분사구가 함께 쓰인 문장

그녀에게 편지를 쓰면서 그는 지난번에 본 그녀의 얼굴을 떠올렸다.

패턴에 유의하며 각 문장을 새겨 읽고 의미를 파악해 보세요.

1 **He went to** the department store **where he bought the shoes to exchange them.**
그는 신발을 교환하기 위해 그걸 산 백화점에 갔다.
(관계부사절과 to부정사구가 함께 쓰인 문장)

2 **He decided to drink** milk **every day that he doesn't like to get more calcium.**
그는 칼슘을 더 섭취하기 위해 좋아하지 않는 우유를 매일 마시기로 했다.
(관계대명사절과 to부정사구가 함께 쓰인 문장)

3 **It was so nice** to get together after a long time **that we missed** the train we had booked.
오랜만에 모인 게 너무 반가워서 우리는 예약해 놓은 기차를 놓쳤다.
(관계대명사절과 to부정사구가 함께 쓰인 문장)

4 **I was so happy** to see my favorite star on TV **that I forgot** the food that I had put on the gas stove.
나는 TV에서 좋아하는 스타를 보고 너무 좋아서 가스레인지에 올려놓은 음식을 잊어버렸다.
(관계대명사절과 to부정사구가 함께 쓰인 문장)

5 **In order not to forget those days, I sometimes listen to** the songs I used to listen to when I lived there.
그 시절을 잊지 않기 위해서 나는 내가 거기 살았던 시절에 들었던 노래들을 가끔 듣는다.
(관계대명사절과 to부정사구가 함께 쓰인 문장)

6 **He has not given up** his dream **to become one of the best rappers which he had had since childhood days.**
그는 어린 시절부터 갖고 있던 최고의 래퍼 중 하나가 되겠다는 꿈을 포기하지 않았다.
(관계대명사절과 to부정사구가 함께 쓰인 문장)

7 While taking classes, **he keeps remembering** <u>the moments</u> when he dated his girlfriend.

수업을 들으면서 그는 여자 친구와 데이트했던 순간들을 계속 떠올린다.
(관계부사절과 분사구가 함께 쓰인 문장)

8 Watching TV, **I ate** <u>beer and snacks</u> that I bought at the convenience store on my way home.

TV를 보면서 나는 집에 오는 길에 편의점에서 산 맥주와 과자를 먹었다.
(관계대명사절과 분사구가 함께 쓰인 문장)

9 Turning right there, **you'll see** <u>the coffee shop</u> where we had coffee and cake the other day.

거기서 우회전을 하면 요전에 우리가 커피를 마시고 케이크를 먹었던 커피숍이 보일 거야.
(관계부사절과 분사구가 함께 쓰인 문장)

10 Arriving 10 minutes late, **he couldn't see off** <u>the friend</u> who left for the States to study there.

그는 10분 늦게 도착해서 미국으로 공부하러 떠나는 친구를 배웅하지 못했다.
(관계대명사절과 분사구가 함께 쓰인 문장)

> **The book I am reading these days** is **a mystery novel**
> **which was written by an English author.**
> - 한 문장에 관계대명사절/관계부사절이 두 번 이상 쓰인 문장
> - 관계대명사절/관계부사절과 가정법이 함께 쓰인 문장
>
> 요즘 내가 읽고 있는 책은 영국 작가가 쓴 추리소설이다.

패턴에 유의하며 각 문장을 새겨 읽고 의미를 파악해 보세요.

1 My boss, who is younger than me, **comes from** a small town I've never heard of.
나보다 나이가 어린 내 상사는 내가 한 번도 들어 본 적 없는 작은 마을 출신이다.
(관계대명사절이 두 번 쓰임)

2 The man who is a romanticist **still remembers** the day vividly when he first met his wife.
로맨티시스트인 그 남자는 아내를 처음 만났던 날을 아직도 생생히 기억한다.
(관계대명사절과 관계부사절이 쓰임)

3 This book that I started reading by chance **stimulated** some nostalgia that I had in my heart.
우연히 읽기 시작한 이 책은 내가 마음속에 품고 있던 어떤 향수를 자극했다.
(관계대명사절이 두 번 쓰임)

4 The teacher, who was in a bad mood that day, **persistently questioned** the reason why the students were late.
그날 기분이 좋지 않았던 선생님은 학생들이 지각한 이유를 끈질기게 캐물었다.
(관계대명사절과 관계부사절이 쓰임)

5 If she had received her portrait you painted, **she would have been very happy.**
그녀가 네가 그린 그녀의 초상화를 받았다면 무척 기뻐했을 텐데.
(관계대명사절과 가정법이 함께 쓰임)

6 If I hadn't believed the information that he gave me, **I wouldn't be like this now.**
내가 그가 준 정보를 믿지 않았다면 지금 이 꼴이 되지는 않았을 텐데.
(관계대명사절과 가정법이 함께 쓰임)

7 If you had read <u>the book</u> I recommended, **you could understand what I am saying.**

내가 추천해 준 책을 네가 읽었다면 지금 내가 하는 말을 이해할 수 있을 텐데.
(관계대명사절과 가정법이 함께 쓰임)

8 If you had listened to <u>the advice</u> your mother gave you, **you could have avoided it.**

네가 어머니가 해 주신 조언을 들었다면 그런 일은 피할 수 있었을 텐데.
(관계대명사절과 가정법이 함께 쓰임)

9 If it had not been for <u>the one</u> who was a little better than you, **you might have won.**

너보다 실력이 조금 더 뛰어난 그 사람이 없었다면 네가 우승했을지도 모르는데.
(관계대명사절과 가정법이 함께 쓰임)

10 **I wouldn't be as happy as I am** if it were not for <u>my aunt</u> whom **I trust and depend on the most.**

내가 가장 믿고 의지하는 우리 이모가 없다면 나는 지금처럼 행복하지 않을 거야.
(관계대명사절과 가정법이 함께 쓰임)

Insulin, **which controls the level of sugar in the blood, was** first **discovered** in 1921.

• 수동태와 관계대명사절/관계부사절이 함께 쓰인 문장

혈중 당도를 조절하는 인슐린은 1921년에 처음 발견되었다.

패턴에 유의하며 각 문장을 새겨 읽고 의미를 파악해 보세요.

1 **The cafeteria** where employees have lunch and dinner is cleaned up **every day.**
직원들이 점심과 저녁을 먹는 구내식당은 매일 청소된다.
(관계부사절과 수동태가 함께 쓰인 문장)

2 **The amusement park** where I first rode the roller coaster was built **in the 1970s.**
내가 롤러코스터를 처음 탔던 놀이공원은 1970년대에 지어졌다.
(관계부사절과 수동태가 함께 쓰인 문장)

3 **The movie** I've been waiting for since last year will **finally** be released **next week.**
내가 작년부터 기다려 온 영화가 드디어 다음 주에 개봉할 것이다.
(관계대명사절과 수동태가 함께 쓰인 문장)

4 Whatever their skin colors are or wherever they live, **all human beings must be loved.**
피부색이 무엇이든 어디에 살든, 모든 인간은 사랑받아야 한다.
(관계부사절과 수동태가 함께 쓰인 문장)

5 **He** was chosen **as** the star who people most wanted to go with **on their summer vacation.**
그는 사람들이 여름휴가에 가장 함께 가고 싶은 스타로 뽑혔다.
(관계대명사절과 수동태가 함께 쓰인 문장)

6 **Nothing** is known **about** the new coach of the baseball team, who is **due to come next week.**
다음 주에 오기로 되어 있는 야구팀 새 감독에 대해서 알려진 게 하나도 없다.
(관계대명사절과 수동태가 함께 쓰인 문장)

7 **The donations collected** will be provided **to** <u>those</u> who are in need of help due to flood damage.

모인 성금은 수해로 도움이 필요한 사람들에게 지원될 것이다.
(관계대명사절과 수동태가 함께 쓰인 문장)

8 <u>**The culprit**</u> who entered the university campus and killed more than 20 people was shot to death.

대학교 교정에 들어가 20여 명을 살해한 범인이 총에 맞아 사망했다.
(관계대명사절과 수동태가 함께 쓰인 문장)

9 **The musician** was awarded <u>a Grammy</u> which is one of the most prestigious music awards in the world.

그 뮤지션은 세계에서 가장 권위 있는 음악상 중 하나인 그래미상을 수상했다.
(관계대명사절과 수동태가 함께 쓰인 문장)

10 **I was born in 2001,** <u>the year</u> when the 9/11 terrorist attacks which shocked people all over the world occurred.

나는 2001년에 태어났는데, 그해는 전 세계인들에게 충격을 준 911 테러가 발생했던 해다.
(관계부사절, 관계대명사절, 수동태가 함께 쓰인 문장)

> the year when the 9/11 terrorist attacks which shocked people all over the world occurred에서 when ~ occurred까지는 the year를 꾸미는 관계부사절, which ~ world까지는 the 9/11 terrorist attacks를 꾸미는 관계대명사절

부록

행복한 왕자 The Happy Prince

by 오스카 와일드(Oscar Wilde)

High above the city, on a tall column, stood the statue of the Happy Prince.
He was gilded all over with thin leaves of fine gold, for eyes he had two bright sapphires,

패턴 96, 99(행위자 없는 수동태, 주로 수동태를 쓰는 경우)

and a large red ruby glowed on his sword-hilt.
He was very much admired indeed. "He is as beautiful as a weathercock,"

패턴 96, 99(행위자 없는 수동태, 주로 수동태를 쓰는 경우)

remarked one of the Town Councillors who wished to gain a reputation for having

패턴 54(명사 + who + 동사)

artistic tastes; "only not quite so useful," he added,
fearing lest people should think him unpractical, which he really was not.

패턴 102(분사구문 : ~하면서)

"Why can't you be like the Happy Prince?" asked a sensible mother of

패턴 40(의문사 + 조동사 의문문)

her little boy who was crying for the moon.

패턴 54(명사 + who + 동사)

"The Happy Prince never dreams of crying for anything."
"I am glad there is some one in the world who is quite happy,"

패턴 189(glad 뒤의 접속사 that 생략)   패턴 54(명사 + who + 동사)

muttered a disappointed man as he gazed at the wonderful statue.

패턴 123(접속사 as)

"He looks just like an angel," said the Charity Children as they came out of the

패턴 12(주어 + look like + 명사 보어)   패턴 123(접속사 as)

cathedral in their bright scarlet cloaks and their clean white pinafores.
"How do you know?" said the Mathematical Master, "you have never seen one."

패턴 82(현재완료 : 경험)

"Ah! but we have, in our dreams," answered the children; and

패턴 82(현재완료 : 경험)

the Mathematical Master frowned and looked very severe,

패턴 12(주어 + look + 형용사 보어)

for he did not approve of children dreaming.

패턴 117(접속사 for)

도시의 우뚝 솟은 기둥 위에 행복한 왕자의 동상이 서 있었다.

행복한 왕자의 온몸은 순금의 금박으로 얇게 덮여 있었고, 두 눈에는
반짝이는 사파이어가 박혀 있었으며, 칼자루에서는 커다란 빨간 루비가
빛나고 있었다.

정말로 많은 사람들이 행복한 왕자를 찬양했다. "그는 수탉 모양
풍향계만큼 아름다워요." 예술적 취향이 있다는 명성을 듣고 싶어 하는
시 의원 한 사람이 말했다. 그리고 사람들이 자신을 실용적이지 않다고
생각할까 두려워서 이렇게 덧붙였다. "풍향계만큼 쓸모가 있지 않을
뿐이지요." 사실 그는 실용적이지 않은 사람은 아니었다.

"너는 행복한 왕자님 같을 수 없니?" 달을 따 달라고 우는 어린 아들을
가진 분별 있는 엄마가 물었다. "행복한 왕자님은 뭘 달라고 우는 건
꿈도 꾸지 않을 거야."

"저렇게 행복한 사람이 세상에 있다니 기쁘네." 실망에 빠진 한 남자가
멋진 동상을 가만히 바라보면서 중얼거렸다.

"행복한 왕자님은 꼭 천사 같아요." 보육원 아이들이 밝은 진홍색 망토에
깨끗한 흰색 긴 앞치마를 입고 대성당에서 나오면서 말했다.

"어떻게 아니?" 수학 선생님이 말했다. "너희는 천사를 본 적이 없잖아."

"아! 하지만 꿈에서 봤어요." 아이들이 대답했다. 수학 선생님은 눈살을
찌푸렸고 아주 엄한 표정을 지었다. 그는 아이들이 꿈을 꾸는 것을
좋게 생각하지 않았기 때문이다.

두 도시 이야기 A Tale of Two Cities

by 찰스 디킨즈(Charles Dickens)

1부. 되살아나다 Recalled to Life

6장. 구두 짓는 사내 The Shoemaker

"Good day!" said Monsieur Defarge, looking down at [the white head that bent low over the
패턴 102(분사구문 : ~하면서) 패턴 56(명사 + that + 동사)

shoemaking].
It was raised for a moment, and a very faint voice responded to the salutation, as if it were at a distance:
패턴 96(행위자 없는 수동태) 패턴 113(as if 가정법)

"Good day!"
"You are still hard at work, I see?"
패턴 5(주어 + be동사 + 형용사 보어)

After a long silence, the head was lifted for another moment, and the voice replied,
패턴 96(행위자 없는 수동태)

"Yes—I am working." This time, a pair of haggard eyes had looked at the questioner, before the face had
dropped again.
The faintness of the voice was pitiable and dreadful. It was not the faintness of physical weakness,
패턴 5(주어 + be동사 + 형용사 보어) 패턴 5(주어 + be동사 + 명사구 보어)

though confinement and hard fare no doubt had their part in it. Its deplorable peculiarity was that it was
패턴 125(접속사 though) 패턴 9(주어 + be동사 + that절 보어)

the faintness of solitude and disuse.
It was like the last feeble echo of a sound made long and long ago. So entirely had it lost the life and
패턴 51(명사를 꾸미는 과거분사구)

resonance of the human voice, that it affected the senses like a once beautiful colour faded away into
a poor weak stain. So sunken and suppressed it was, that it was like a voice underground.
So expressive it was, of a hopeless and lost creature, that a famished traveller, wearied out by lonely
패턴 51(명사를 꾸미는 과거분사구)

wandering in a wilderness, would have remembered home and friends in such a tone before
lying down to die.

"안녕하셨습니까!" 드파르주 씨가 구부정하게 허리를 굽히고 구두를
만들고 있는 백발의 노인을 내려다보며 말했다.
노인은 잠깐 고개를 들어 마치 멀리서 말하는 것처럼 아주 희미한
목소리로 대답했다.
"어서 오게!"
"여전히 열심이시네요."
오랜 침묵 끝에 노인이 잠깐 고개를 들고 대답했다. "응, 일하고 있지."
이번엔 초췌한 두 눈으로 드파르주 씨를 힐끗 쳐다본 다음 다시 고개를
떨궜다.
노인의 목소리는 너무 작고 힘이 없어서 측은하기도 했고 무섭기도 했다.
분명 갇혀 지내고 식사가 부실해서 몸이 허약하겠지만 몸이 허약해서
목소리가 약한 건 아니었다. 개탄스러운 점은 혼자 외롭게 지내다 보니
쓸 일이 없어서 목소리가 더 힘이 없어졌다는 점이었다.
아주, 아주 오래전에 난 소리에서 마지막으로 남은 희미한 메아리 같았다.
인간 목소리의 생기와 울림을 완전히 잃은 그 목소리는 한때 아름다웠던
색이 바래서 낡고 흐린 얼룩이 된 듯한 느낌을 주었다. 어찌나 낮고 감정을
억눌렀는지 지하에서 들려오는 목소리 같았다. 홀로 황야를 떠돌다
지치고 굶주린 여행자가 쓰러져 죽기 직전에 고향과 친구들을 떠올렸을
것 같은, 절망하고 방황하는 생명체의 목소리였다.

오만과 편견 Pride and Prejudice

by 제인 오스틴(Jane Austen)

Chapter 1

It is a truth universally acknowledged, that [a single man in possession of a good fortune],
패턴 **178**(It is ~ that 강조 구문)　　　　　　　　　　　　　패턴 **50**(명사를 꾸미는 전치사구)

[must be in want of a wife].
패턴 **94**(must : 틀림없이 ~이다)

However little known the feelings or views of such a man may be on his first entering a neighbourhood,
패턴 **131** (however : 아무리 ~해도)

this truth is so well fixed in the minds of the surrounding families, that
he is considered the rightful property of some one or other of their daughters.
패턴 **96, 99**(행위자 없는 수동태, 주로 수동태를 쓰는 경우)

"My dear Mr. Bennet," said his lady to him one day, "have you heard that
패턴 **37**(현재완료 의문문) / 패턴 **82**(현재완료 : 경험) / 패턴 **19**(주어 + 동사 + that절 목적어)

[Netherfield Park is let] at last?"
패턴 **96, 99**(행위자 없는 수동태, 주로 수동태를 쓰는 경우)

Mr. Bennet replied that he [had not].
패턴 **19**(주어 + 동사 + that절 목적어)　패턴 **86**(과거완료)

"But it is," returned she; "for Mrs. Long [has just been here], and [she told me all about it]."
　　　　　　　　　　　　패턴 **117**(접속사 for)　패턴 **84**(현재완료 : 완료)　　　　패턴 **22**(주어 + 동사 + 간접목적어 + 직접목적어)

Mr. Bennet made no answer.
"Do you not want to know who [has taken it]?" cried his wife impatiently.
패턴 **17**(주어 + 동사 + to부정사 목적어)　　패턴 **84**(현재완료 : 완료)

"You want to tell me, and I have no objection to hearing it." This was invitation enough.
"Why, my dear, you must know, Mrs. Long says that [Netherfield
　　　　패턴 **93**(must : ~해야 하다)　패턴 **19**(주어 + 동사 + that절 목적어)

is taken by a young man of large fortune from the north of England];
　　　　　패턴 **95**(수동태 + by + 행위자)

that he came down on Monday in a chaise and four to see the place, and was so much delighted with it,
　　　　　　　　　패턴 **100**(to부정사 : ~하기 위하여)

that he agreed with Mr. Morris immediately; that he is to take possession before Michaelmas, and some
of his servants are to be in the house by the end of next week."
"What is his name?"
"Bingley."
"Is he married or single?"
패턴 **5**(주어 + be동사 + 형용사 보어)

"Oh! Single, my dear, to be sure! A single man of large fortune; four or five thousand a year.
What a fine thing for our girls!"
　패턴 **41**(what으로 시작하는 감탄문)

"How so? How can it affect them?"
　　패턴 **40**(의문사 + 조동사 의문문)

재산이 꽤 있는 독신 남성에게 아내가 꼭 필요하다는 것은 보편적으로 인정하는 진리다.

그런 남자가 처음 이웃이 되면 그 사람의 감정이나 생각을 거의 모른다 하더라도, 이 진리가 주변에 사는 가족들의 마음에 너무 확고하게 자리 잡고 있어서 그 사람을 자기 딸들 가운데 하나가 차지해야 할 정당한 재산으로 여긴다.

"여보," 어느 날 베넷 부인이 남편에게 말했다. "드디어 네더필드 파크 세가 나갔다는 얘기 들었어요?"

베넷 씨는 못 들었다고 대답했다.

"나갔대요." 베넷 부인이 대꾸했다. "롱 부인이 방금 왔다 갔는데, 다 얘기해 주고 갔어요."

베넷 씨는 대답하지 않았다.

"누가 들어오는지 알고 싶지 않아요?" 부인이 조바심 내며 소리 높여 말했다.

"말하고 싶은 눈치인데, 듣기 싫지는 않소." 이 정도면 말하라는 것이었다.

"왜요, 여보, 당신도 알아야죠. 롱 부인 말로는 네더필드 파크에 들어오기로 한 사람은 잉글랜드 북부 출신 재력가 청년이래요. 월요일에 마차로 와서 집을 둘러봤는데 마음에 들어 하고는 모리스 씨와 바로 합의했대요. 성 미카엘 축일 전에 이사 올 거고, 다음 주말까지는 하인들 몇 명이 올 거래요."

"이름이 뭐랍니까?"

"빙리요."

"결혼했대요, 미혼이래요?"

"아유! 미혼이래요, 여보! 확실히요! 돈 많은 총각이에요! 연 수입이 4, 5천이래요. 우리 애들한테 정말 잘된 일이죠!"

"어째서요? 그게 애들한테 무슨 상관이에요?"

위대한 개츠비 The Great Gatsby

by F. 스콧 피츠제럴드(F. Scott Fitzgerald)

I

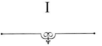

In my younger and more vulnerable years <u>my father gave me</u> [some advice that
패턴 22(4형식)　　패턴 59(명사 + that + 주어 + 동사)

[I've been turning over in my mind] ever since].
　　　패턴 85(현재완료진행)

"Whenever you [feel like criticizing anyone]," he told me,
패턴 134(whenever : ~할 때면 언제나)　　패턴 155(feel like + 동사-ing : ~하고 싶다)

"just remember that <u>all the people in this world</u> [haven't had the advantages that you've had]."
　　　　패턴 170(부분 부정)　　　　　패턴 82(현재완료 : 경험)

He didn't say any more, but <u>we've always been unusually communicative in a reserved way</u>, and
패턴 83(현재완료 : 계속)

I understood that he meant a great deal more than that. In consequence, I'm inclined to reserve all
judgements, <u>a habit that has opened up many curious natures to me</u> and also made me the victim of
　　　　패턴 56(명사 + that + 동사) / 패턴 84(현재완료 : 완료)

not a few veteran bores. The abnormal mind is quick to detect and attach itself to this quality when
it appears in a normal person, and so it came about that in college
<u>I was unjustly accused of being a politician</u>, because I was privy to the secret griefs of wild,
패턴 96, 99(행위자 없는 수동태, 주로 수동태를 쓰는 경우)

unknown men. <u>Most of the confidences were unsought</u>—frequently <u>I have feigned sleep, preoccupation,</u>
　　　패턴 96, 99(행위자 없는 수동태, 주로 수동태를 쓰는 경우)　　　　　패턴 82(현재완료 : 경험)

or a hostile levity when <u>I realized by some unmistakable sign that an intimate revelation was quivering</u>
패턴 19(주어 + 동사 + that절 목적어)

on the horizon; <u>for the intimate revelations of young men</u>, or at least
　　　패턴 117(접속사 for)

[the terms in which they express them], are usually plagiaristic and marred by obvious suppressions.
패턴 68(전치사 + 관계대명사 which)

지금보다 어리고 쉽게 상처받던 시절, 아버지는 나에게 충고 한마디를
해 주셨는데, 지금도 나는 그 충고를 마음속에서 되새기고 있다.
"누군가를 비판하고 싶을 때면 이 사실을 기억해라." 아버지는 말씀하셨다.
"이 세상 사람들 모두가 너처럼 유리한 입장을 가져 보지는 못했다는 걸."
아버지는 더 이상 말씀하지 않으셨지만, 아버지와 나는 늘 특이하게도
말을 많이 하지 않고도 서로 통했고, 나는 아버지의 그 말씀이
더 많은 걸 뜻한다는 것을 알았다. 결과적으로 나는 모든 판단을 유보하는
경향이 생겼고, 그런 습관 때문에 꼬치꼬치 캐묻기 좋아하는 사람들이
나에게 접근하는 일이 많았고 노련하고 말 많은 사람들에게 적잖이
시달려야 했다. 비정상적인 사람은 정상적인 사람에게서 그런 특성이
나타나면 재빨리 감지하고 달라붙는다. 그래서 대학 때도 그런 일이
일어났고, 나는 부당하게 정치적이라는 비난을 받았는데,
내가 알지도 못하는 제멋대로인 사람들의 비밀스러운 슬픔을
알고 있었기 때문이다.
대부분의 비밀은 원하지도 않는데 알게 되었다.
그래서 은밀한 비밀을 털어 놓으려는 조짐이 확실히 보이면 나는
자는 척을 하거나 뭔가에 몰두하고 있는 척을 하거나 아니면
비밀을 듣지 않으려고 일부러 경박하게 굴었다. 왜냐하면
젊은이들이 털어 놓는 사적인 비밀은, 아니면 적어도 그들이
비밀을 표현하는 언어는 보통 남의 말을 표절한 것이고
억제하려다 보니 흠이 나 있기 때문이다.